Schlichtung

Band 2

Werner Nothdurft

Konfliktstoff

# Schriften des Instituts für deutsche Sprache

Band 5 Schlichtung

5.1 Werner Nothdurft (Hg.), Streit schlichten

5.2 Werner Nothdurft, Konfliktstoff

5.3 Peter Schröder (Hg.), Schlichtungsgespräche

Herausgegeben von

Werner Nothdurft
Gerhard Stickel

Walter de Gruyter · Berlin · New York
1997

# Schlichtung

Band 2

Werner Nothdurft

# Konfliktstoff

## Gesprächsanalyse der Konfliktbearbeitung in Schlichtungsgesprächen

Walter de Gruyter · Berlin · New York
1997

∞ Gedruckt auf säurefreiem Papier,
das die US-ANSI-Norm über Haltbarkeit erfüllt.

*Die Deutsche Bibliothek – CIP-Einheitsaufnahme*

**Schlichtung.** – Berlin ; New York : de Gruyter.
Bd. 2. Konfliktstoff : Gesprächsanalyse der Konfliktbearbeitung in Schlichtungsgesprächen / Werner Nothdurft. – 1997
(Schriften des Instituts für Deutsche Sprache ; Bd. 5,2)
ISBN 3-11-013623-6
NE: Nothdurft, Werner; Institut für Deutsche Sprache <Mannheim>: Schriften des Instituts ...



Printed in Germany

Druck: Werner Hildebrand, Berlin
Buchbinderische Verarbeitung: Lüderitz & Bauer-GmbH, Berlin

# INHALT

## 0. Einleitung

I.

Dieses Buch ist der Bericht über die Erforschung des Mikrokosmos von Streiten und Schlichten.

Dieser Mikrokosmos entsteht immer dann, wenn ein unabhängiger Dritter versucht, zwischen zwei Streitparteien einen Konsens über ihren Streit herzustellen.

Im Zentrum des Mikrokosmos steht „der Konflikt", jener Gegenstand, um den es beim Streiten und beim Schlichten geht; der die Streitparteien entzweit hat, der ihre Gemüter erhitzt, der zwischen ihnen steht, der sie zum Schlichter geführt hat und den dieser zum Gegenstand seiner Anstrengungen macht, zwischen den Beteiligten eine Einigung zustandezubringen.

Dieser Konflikt bildet sich im Reden der Streitparteien und des Schlichters sukzessive heraus, er wird stofflich, wird zum textuellen Gewebe, an dem die Beteiligten arbeiten, an dem sie weben, flicken und das sie aufdröseln.

So besteht der Mikrokosmos des Streitens und Schlichtens wesentlich aus dem Reden der Beteiligten über den Streit; aus den sprachlichen Streitdarstellungen der Betroffenen und den Formulierungsanstrengungen des Schlichters, mit denen er versucht, ein Einvernehmen über „das, was passiert ist" herzustellen; der Streit wird gebildet von den Argumenten, mit denen die Parteien ihre Positionen stützen und den rhetorischen Tricks, mit denen sie die Position des Gegners attackieren; er wird gebildet aus den Mustern des Bezugnehmens, in denen die Beteiligten aufeinander eingehen und er wird gebildet durch die Gesprächsdynamik, die sich zwischen den Beteiligten entwickelt und in die sie verstrickt werden. Folgt man den Pfaden der Auseinandersetzung, begegnet man Beschuldigungen, Entgegnungen, Versionen des Gleichen, gerät man in ein Dickicht von Hintergründen, Mutmaßungen und Forderungen, wird getragen in die luftigen Höhen fiktiver Welten, durch die Ausarbeitung geschönter Versionen – „könnte es nicht so gewesen sein?" – und wird hin-und-her gerissen angesichts rivalisierender Beschreibungen – jede ist plausibel und beide sind doch unvereinbar miteinander. Man gerät in die Gleise eingefahrener Beziehungsmuster zwischen den Beteiligten, verstrickt sich mit ihnen, in den Versionen oder im Geschehen, läuft im Kreis oder läuft sich tot.

Dieser Mikrokosmos entzieht sich unter normalen alltagsweltlichen Umständen der Wahrnehmung der Beteiligten; er besteht aus gesprochener Sprache und ist somit flüchtig und nur sehr partiell in der Erinnerung präsent; in ihm wird mit suggestiven sprachlichen Mustern und rhetorischen Formeln operiert, auf deren Wirksamkeit die Beteiligten vertrauen, die sie in ihrem Funktionieren jedoch nicht durchschauen; er entwickelt sich im Verlauf des Handelns der Beteiligten heraus, aber die Aufmerksamkeit der Handelnden ist primär auf die

Durchsetzung ihrer Ziele gerichtet und der Interaktionszusammenhang, der sich durch ihr Handeln herausbildet, wird mehr vage erahnt als klar durchschaut: „Der will mich aufs Kreuz legen!".

Die Erforschung dieses Mikrokosmos bedarf eines anderen Zugangs als den alltagsweltlicher Wahrnehmung. Eines Zugangs, der es möglich macht, das Geschehene in seiner Flüchtigkeit anzuhalten und Bezüge herzustellen, die in keinem Gedächtnis präsent sein können; der es möglich macht, die sprachlichen Muster unter die Lupe zu nehmen und die Produktion von Sinn und Bedeutung, die sich in ihnen vollzieht, im Einzelnen zu rekonstruieren; der es möglich macht, Äußerungen aus verschiedenen Gesprächen auf ihre Gemeinsamkeiten zu vergleichen und damit über die Erfahrungsbasis der einzelnen Gesprächsteilnehmer hinauszugehen; der es möglich macht, die diffusen Globaleindrücke auf das interaktive Geschehen selbst zu beziehen und sie in ihrem Zustandekommen transparent zu machen. Dazu bedarf es der Konservierung der Gespräche durch Tonbandaufnahmen, ihrer Verschriftlichung und ihrer sprach- und kommunikationswissenschaftlichen Analyse, kurz: der gesprächsanalytischen Untersuchung.

## II.

Die Ergebnisse einer gesprächsanalytischen Untersuchung des sprachlichen Umgangs der Schlichtungs-Beteiligten mit dem Konflikt werden in diesem Buch vorgestellt.

Die Darstellung ist strikt auf die zugrundeliegenden Gesprächsmaterialien bezogen und ergebnisorientiert; die Darstellung der einschlägigen Literatur beschränkt sich auf solche Arbeiten, die für die eigene analytisch-empirische Tätigkeit direkt herangezogen wurden; Forschungsüberblicke werden nicht gegeben. Auch die Ausführungen zur Methodik sind strikt auf die jeweilige analytische Fragestellung bezogen; grundsätzliche Fragen soziolinguistischer bzw. gesprächsanalytischer Methodologie und Methode werden hier nicht diskutiert.

Im 1. Kapitel werden konflikttheoretische Arbeiten auf ihren Ertrag für die vorliegende Untersuchung hin diskutiert. Ziel der Diskussion ist eine Schärfung des eigenen Blickes für die folgende Untersuchung. Die diskutierten Arbeiten sind erhellend, sie zeigen, daß das, was ein Konflikt ist, von kulturellen Wahrnehmungsmustern und subjektiven Werten abhängt, und sie zeigen, daß das, was ein Konflikt ist, sich im Verlauf seiner Entstehung und des Umgangs mit ihm verändert.

Andererseits zeigt die Diskussion, daß die kommunikativen Dimensionen des Konflikts, die sprachlichen Anstrengungen, in denen die Beteiligten ihre Sichtweisen darstellen, und die interaktiven Prozesse, in denen sie sich auseinandersetzen und versuchen, sich anzunähern, in vorliegenden Ansätzen gerade nicht berücksichtigt werden.

Nach dieser Positionsbestimmung der vorliegenden Untersuchung im konflikttheoretischen Feld geht es an die Darstellung der empirischen Ergebnisse selbst.

Die Darstellung folgt der Logik der Schlichtungssituation:

Im 2. Kapitel wird dargestellt, wie der Initiant des Schlichtungsgeschehens seine Anschuldigung präsentiert; Anschuldigungen, so die Ausgangsüberlegung, verstehen sich als solche nicht von selbst, sondern müssen in dieser ihrer Bedeutung eigens sprachlich konstituiert werden. Entsprechend wird in diesem Kapitel gezeigt, wie der Initiant des Schlichtungsgesprächs Bezug nimmt auf Ereignisse, die sich zugetragen haben (sollen) und wie er diese sprachlich ausgestaltet, es wird gezeigt, was für eine komplexe Textgestalt Anschuldigungen haben, und es wird gezeigt, wie der Initiant seine Position als Anschuldigender nachdrücklich in Szene setzt.

Im 3. Kapitel kommt sein Gegner zu Wort; es wird aufgezeigt, wie Angeschuldigte reagieren – meistens bestreiten sie die Anschuldigung – und wie sie ihre Reaktion stützen und untermauern. Hier finden sich die erstaunlichsten sprachlichen Phänomene von Beschwörungsformeln bis hin zu kunstvollen rhetorischen Verfahren der Gegner-Diskreditierung: Spätestens hier zeigt sich, daß es kommunikative Prozesse sind, in denen sich der Konflikt konstituiert, und daß eine Konfliktaustragung von den Charakteristika dieser kommunikativen Prozesse abhängig ist.

Im 4. Kapitel geht es darum, was der Schlichter mit diesen Konfliktdarstellungen macht und vor allem, wie er aus ihnen eine beidseitig akzeptable Version dessen, was geschehen ist, „strickt". Es zeigt sich u.a., daß Schlichter nicht wählerisch sind, daß sie rasch eine einmal entwickelte Version fallenlassen, wenn ihnen eine andere durchsetzbar erscheint, daß sie mit jedem Konfliktaspekt arbeiten, wenn er nur die Erreichung eines Konsenses verspricht. An den Umgangsformen des Schlichters mit dem Streit wird die fiktionale Kraft sprachlicher Leistungen deutlich, und es beeindruckt, wie der Schlichter es versteht, eine Gratwanderung zwischen Bezügen zum Realen und Konstruktionen einigungsfähiger fiktionaler Versionen zu vollbringen.

In diesen Kapiteln werden die sprachlichen Leistungen der drei Beteiligten für sich betrachtet. Dadurch gelingt es, die interne, textuelle Systematik in den sprachlichen Beiträgen der Beteiligten zu erkennen. Es könnte aber durch diese Darstellungsweise der Eindruck entstehen, als bestünde der Mikrokosmos des Streitens und Schlichtens aus Monologen der Beteiligten.

Tatsächlich aber ist dieser Mikrokosmos wesentlich dadurch geprägt, daß und wie die Beteiligten *miteinander* reden. Was der Konflikt ist, kann sich angesichts der antagonistischen Positionen der Beteiligten – wenn überhaupt – nur im Austausch miteinander ergeben, dadurch, daß der Konflikt ausgehandelt wird. Im 5. Kapitel werden daher die Muster des Bezugnehmens, in denen die Beteiligten aufeinander eingehen, und die Gesprächsdynamik, die sich aus diesen Mustern entwickelt, vorgestellt. Hier zeigt sich, wie es kommt, daß Gespräche sich im Kreise drehen, daß Beteiligte einander blockieren und sich ineinander verbeißen. Hier lassen sich die Spiele erkennen, die die Beteiligten miteinander spielen, hier amüsiert, wie die Beteiligten sich gegenseitig nerven und macht erschrocken, wie sie sich einander erkennbar gegen ihren Willen in die Auseinandersetzung verstricken.

Der Gedanke keimt auf, daß die Beteiligten in der Art, wie sie miteinander umgehen, vielleicht mehr über ihren Streit enthüllen, als in den tausend Worten, in denen sie ihn darstellen.

## III.

Die Erforschung des kommunikativen Umgangs der Beteiligten mit ihrem Interaktionsgegenstand, dem Konflikt, war Bestandteil des Forschungsprojekts „Schlichtung – Gesprächs- und Interaktionsanalyse eines Verfahrens zur Regelung sozialer Konflikte", das in den Jahren 1983 – 1988 mit Unterstützung der DFG am IDS, Mannheim, durchgeführt wurde. In diesem Projekt wurden zum ersten Mal im deutschen Sprachraum überhaupt authentische Schlichtungsgespräche auf ihre sprachlichen und kommunikativen Charakteristika untersucht (Zur Geschichte des Projekts und seinen Ergebnissen siehe Nothdurft 1995a).

Datengrundlage des Projekts waren Tonbandaufnahmen aus verschiedenen gesellschaftlichen Institutionen des Schlichtens. Die hier vorgestellte Untersuchung basiert auf ca. 30 - 40 Schlichtungsgesprächen aus den verschiedensten Institutionen. Die Gesprächsausschnitte, die in diesem Bericht wiedergegeben werden, sind jeweils mit ihrer Gesprächssigle versehen; z.B. 3002/01: 16/4ff., aus der die jeweilige Institution zu erkennen ist.

Es bedeutet:

3000/...: Schlichten im Rahmen von Familieninteraktion

3001/...: Schlichtungsverhandlungen vor der Vergleichsbehörde (in Baden-Württemberg)

3002/...: Güteverhandlung vor dem Schiedsmann (in Nordrhein-Westfalen)

3003/...: Gütetermin vor dem Arbeitsgericht (in Baden- Württemberg)

3005/...: Schiedsverhandlung in einer Handwerkskammer und einer Schiedsstelle für den Gebrauchtwagenhandel

Nach dem Querstrich in der Sigle ist die laufende Nummer des Gesprächs angegeben, nach dem Doppelpunkt Seite und Zeile des Transkripts, auf der der Ausschnitt beginnt.

## IV.

Der Linguist S.J. Hayakawa wurde einmal nach einem heftigen Streit gefragt, worum es denn gegangen sei. „Words" war seine knappe Antwort, „just words".

Die Wirklichkeit des Konflikts als Gegenstand von Schlichtungsgesprächen beruht auf den sprachlichen Darstellungen und interaktiven Prozessen, durch die er in seiner Bedeutung konstituiert und in seiner Geltung ausgehandelt wird. In ihrem gemeinsamen, gegeneinander gerichteten Handeln konstituieren Streitgegner und Schlichter den Wirklichkeitscharakter dessen, worüber sie reden. Diese Wirklichkeit ist vielfach gebrochen – ganz zu schweigen von dem, was die Parteien nach Ende des Schlichtungsgesprächs „draußen" erwartet.

Ziel von Schlichtungsgesprächen ist es, „die Kuh vom Eis zu holen", aber dieses Eis ist außerordentlich dünn, es besteht aus einer Schicht symbolischer Leistungen und interaktiver Bezüge, die vage sind, laufende Quelle von Mißverständnissen, instabil und wenig verläßlich. Kein Wunder, daß die Beteiligten oft „einbrechen". Dennoch gibt es zu diesem „dünnen Eis" keine Alternative. In der Tat stellt es die Basis praktischen, alltagsweltlichen Handelns dar. Man sollte von ihr nicht zu viel erwarten. Unverständnis scheint eher der Normalfall menschlicher Kommunikation zu sein.

## 1. Der symbolische Charakter „des Konflikts" in der Schlichtungssituation. Zur Notwendigkeit eines kommunikationstheoretischen Konflikt-Begriffs

Wenn man Schlichtung in erster Annäherung begreift als bestimmte Form des interaktiven Umgangs mit einem Konflikt, so folgt daraus, daß die Erscheinungsweise des Konflikts geprägt ist

- durch seinen Charakter als symbolischer Gegenstand, d.h. dadurch, daß „der Konflikt" in der Interaktionssituation in Form sprachlicher Darstellungen von Weltausschnitten präsent ist;
- durch seinen Charakter als in der Schlichtungsinteraktion zustandekommender Gegenstand, d.h. dadurch, daß „der Konflikt" sich erst im Verlauf eines Schlichtungsgesprächs aufgrund der Redebeiträge der Beteiligten und ihres Zusammenhangs als Redegegenstand herausbildet und von den Beteiligten als solcher bestätigt und anerkannt wird.

Diese beiden Merkmale bestimmen den Stellenwert vorliegender Konflikt-Begriffe und ordnen die Untersuchung in das Feld konflikttheoretischer Untersuchungen wie folgt ein:

### 1.1. „Der Konflikt" als symbolisch präsenter Gegenstand

Um „den Konflikt" als symbolisch präsenten Gegenstand zu begreifen, sind jene Konflikt-Begriffe wenig hilfreich, die von einer sprachunabhängigen Existenz von Konflikt ausgehen und sich darum bemühen, ein Substrat von Konflikt zu bestimmen wie

> „Konflikt als eine Konkurrenzsituation, in der die Beteiligten sich der Unvereinbarkeit ihrer möglichen Positionen bewußt sind und in der jede Partei eine Position einnehmen möchte, die unvereinbar ist mit den Wünschen anderer" (Boulding, zitiert nach Röhl 1977),

oder:

> „ein Konflikt existiert dann, wenn nicht zu vereinbarende Handlungstendenzen aufeinanderstoßen." (Deutsch)[1]

oder:

> „Konflikte sind: Diskrepanzen bei mindestens zwei Personen im Bezug auf Sachverhalte, von denen man glaubt, man könne Übereinstimmung erwarten." (Schank 1987, S. 25)

oder:

> „soziale Situationen, deren Änderung von einer der beteiligten Parteien in der Weise erstrebt wird, daß die Interessen einer anderen Partei gegen deren durch irgendeine Handlungsweise zum Ausdruck gebrachten Willen tangiert werden." (Gessner 1976, S. 10),

---

[1] Diese Definition ist entnommen Röhl (1977).

So unterschiedlich diese Bestimmungen im einzelnen auch sein mögen, so haben sie doch als gemeinsames Merkmal, daß sie „den Konflikt" als Faktum annehmen und nach Bedingungen seiner Veränderung etc. fragen. Demgegenüber fragt der in diesem Beitrag entwickelte Ansatz nach den kommunikativen Prozessen, durch die ein Konflikt als Interaktionsgegenstand symbolisch hergestellt wird. Nicht, was ein Konflikt ist, ist ausschlaggebend für die analytisch leitende Fragestellung dieses Beitrags, sondern, welches die sozialen Prozesse und kommunikativen Mittel sind, mit denen „der Konflikt" in ein Schlichtungsgespräch eingeführt, behandelt und als solcher formuliert wird.

In der konflikttheoretischen Literatur werden solche Prozesse als 'Kodierung' verstanden. Das Konzept der 'Kodierung' ist von Galtung (1972) entwickelt worden. Bei genauer Betrachtung zeigt sich allerdings, daß dieses Konzept die Prozesse, die es begreifen will, nur unzureichend und irreführend erfaßt. Galtung untersucht die allgemeinen Merkmale institutioneller Konfliktlösungsverfahren. Er macht darauf aufmerksam, daß ein Konflikt nicht ohne weiteres von Mechanismen oder Verfahren der Konfliktlösung bearbeitet werden kann, sondern vielmehr erst von den Beteiligten in einer Weise definiert werden muß, die es dem Verfahren ermöglichen, im Falle des Konflikts „zu greifen"; Galtung spricht davon, daß der Konflikt 'kodiert' werden muß.

> „Wir können ... nicht erwarten, daß der Mechanismus unseren Bericht über die Problemlage „verstehen" kann oder daß er seine Antwort in einer unmittelbar verständlichen Form äußern kann. Daher müssen wir einen Prozeß der Kodierung zwischen Problem und Mechanismus und einen Prozeß der Dekodierung zwischen Mechanismus und Lösung einschieben." (Galtung 1972, S. 125)

```
Beschreibung                unabhängige  abhängige                   Beschreibung
des Konflikt-  →Input  →Variablen  →  Variablen  →Output  →des Lösungs-
zustandes                                                          zustandes
                ↑                          ↑                          ↑
           Kodierung                  relevante                  Dekodierung
                                     Bedingungen
```

Schema: Vervollständigte Darstellung des Lösungsmechanismus bei Galtung (1972)

Galtung sieht richtig, daß jeder Prozeß der Konfliktbearbeitung Aktivitäten der Beteiligten voraussetzt, durch die diese „den Konflikt" symbolisch darstellen und in Hinblick auf die Verfahrenserfordernisse umdefinieren. Unter Gesichtspunkten der Konfliktbearbeitung wird die „Substanz" des Konflikts daher vergleichsweise uninteressant; was vor allem interessiert, ist der Konflikt in kodierter Form und die Kodierungsprozesse selbst. Galtungs Verdienst ist es, auf die symbolische Dimension der Konfliktkonstitution aufmerksam gemacht zu haben. Im einzelnen sind ihm allerdings einige folgenschwere Verwechslungen unterlaufen, die es nicht geraten erscheinen lassen, seinen Begriff der Kodierung für die eigene analytische Arbeit zu übernehmen:

1. Galtung kennzeichnet die Institution der Konfliktlösung als Mechanismus zur Lösung eines Problems:

> „Idealiter wäre die Institution, die wir als Lösungsmechanismus bezeichnen, eine Art *Maschine* (aber mit sozialen, nicht mit mechanischen Komponenten), der das *Problem*, nämlich der Konflikt, eingegeben wird und die dann eine Lösung anbietet." (1972, S. 124)

In Galtungs Ausführungen taucht denn auch häufiger der Begriff des 'Problems' als der des 'Konflikts' auf. Dadurch kommt es bei Galtung unterschwellig zu einer entscheidenden Umdefinition seines Gegenstandes: während es für Konfliktdarstellungen gerade charakteristisch ist, daß sie bei den Betroffenen unterschiedlich ausfallen – also die Darstellungen selbst kontrovers sind –, ist dies bei der Darstellung von Problemen nicht notwendig der Fall: Für die Bearbeitung eines Problems gelten andere Bedingungen als für die eines Konflikts. Galtung spricht in dem obigen Zitat auch nicht von Konfliktdarstellung, sondern von „Bericht über die Problemlage" , einen Darstellungstyp also, der eher aus der Position eines unbeteiligten Dritten erfolgt, der den umstrittenen Sachverhalt bereits in eine konzise Darstellung gebracht hat, als aus der Position einer Streitpartei, die den Sachverhalt einseitig-betroffen schildert. Das Stadium der Divergenz-Explikation wird damit konzeptuell ausgeblendet. Die Darstellung eines Konflikts als „Bericht über die Problemlage" setzt ihrerseits bereits erhebliche Prozesse der Konfliktdefinition und -bearbeitung voraus, die bei Galtung gerade nicht berücksichtigt werden. Das Konzept der 'Kodierung' ist daher allenfalls zur Kennzeichnung einer bereits fortgeschrittenen Phase der Konfliktbearbeitung geeignet, nicht aber zur analytischen Bestimmung des ganzen Prozesses, insbesondere der Prozesse symbolischer Konstitution selbst.

2. Galtung beansprucht, ein allgemeines Konzept für Prozesse der Konfliktbearbeitung entwickelt zu haben, orientiert sein Kodierungskonzept implizit aber nur am Bearbeitungstyp 'entscheidungsförmiges Gerichtsverfahren': Dafür spricht nicht nur, daß er davon ausgeht, am Ende einer Konfliktbearbeitung gäbe es einen Verlierer und einen Gewinner (S. 121), sondern auch die starke inhaltliche Ausrichtung des Kodierprozesses an entscheidungsorientierten Verfahrenserfordernissen:

> „... um auf die spezifischen Probleme des Einzelfalls eingehen zu können ... ist es ... notwendig, daß alle wesentlichen Informationen zumindest durch eine der Parteien kodiert und in den Mechanismus eingegeben werden." (1972, S. 137)

Die Phrase „alle wesentlichen Informationen" setzt voraus, daß es einen Kriterienkatalog gibt, aufgrund dessen eine solche Beurteilung erfolgen kann; dies mag für Fälle der Subsumption eines Konflikts unter einen abstrakten Falltypus richtig sein, kann aber für Schlichten generell nicht gelten, weil die für eine Konsensfindung erforderlichen „wesentlichen Informationen" sich erst im Verlauf des Gesprächs selbst ergeben können. So richtig daher Galtung sieht, daß die Gestalt der symbolischen Repräsentation von dem Typ des jeweiligen Konfliktlösungsverfahrens abhängt, so irreführend ist doch, den Typ des gerichtsförmigen Verfahrens als Prototyp symbolischer Repräsentationen schlechthin zu benutzen.

Es zeigt sich also, daß Galtung in seiner Bestimmung des Kodierungsbegriffs 1) zu sehr am gerichtsförmigen Verfahren und seinen Darstellungserfordernissen orientiert ist, und 2) der Begriff der Kodierung nur eine entschärfte Phase des gesamten Darstellungsprozesses erfaßt und die Prozesse diskursiver, insbes. kontroverser Konfliktdarstellung gerade ausklammert. Um aber diese vorgelagerten Prozesse symbolischer Konfliktdarstellung in dem informellen Konfliktlöseverfahren Schlichten erfassen zu können, wird daher die Entwicklung spezifischer analytischer Konzepte erforderlich sein (siehe Kapitel 2.).

## 1.2. „Der Konflikt" als interaktiv zustandekommender Gegenstand

„Der Konflikt" erscheint in einer solchen Perspektive als Zwischenresultat im Rahmen und im Verlauf einer komplexen Interaktionsgeschichte. Zwar können die Beteiligten unter Ausnutzung seiner resultathaften Eigenschaften in weiteren konfliktbezogenen Aktivitäten sich darauf beziehen und berufen, was „der Konflikt" „ist", aber auch in seiner Resultathaftigkeit ist „der Konflikt" immer von den Interaktionsbedingungen geprägt, unter denen er als symbolisch repräsentiertes Objekt zustandekam.

Es ist daher verkürzt, etwa zwischen „dem Konflikt" und seiner (bloßen) Bearbeitung zu unterscheiden. Diese Unterscheidung sitzt der interaktiv produzierten Resultathaftigkeit auf und verdinglicht sie in analytischen Kategorien.

Der Unterschied von Konflikt und Konfliktbearbeitung suggeriert, daß es eine Konfliktsubstanz gäbe, die von der Bearbeitung zu trennen wäre[2] Diese Trennung setzt aber voraus, daß man in dem gesamten konflikthaften Prozeß zu einem Zeitpunkt $t_x$ Zwischenergebnisse bestimmen kann, von denen man gerechtfertigt behaupten kann, dies sei nun „der Konflikt" – und das Folgende „nur" noch seine Bearbeitung. Ein solches Segmentieren oder Interpunktieren der Ereigniskette ist aber nur dann gerechtfertigt, wenn sie sich von den

---

[2] Ein gutes Beispiel für diese Auffassung ist Röhl (1977, S. 102). Röhl unterscheidet „zwischen dem Konflikt und strukturellen Bedingungen, die als Konfliktursache bezeichnet werden können, einerseits und den unterschiedlichen Regelgungsformen andererseits".
Bei genauer Betrachtung löst sich in dieser Bestimmung „der Konflikt" auf in seine Ursachen einerseits und seine Regelungsformen andererseits, durch die der Konflikt als Gegenstand der Regelung neu definiert wird.

Segmentierungsleistungen der Beteiligten selbst leiten läßt, d.h. ihre Verdeutlichungen, Ergebnissicherungen und Formulierungen des Interaktionsstandes berücksichtigt. Dann aber muß man auf einen extra-kommunikativ[3] bestimmten Konfliktbegriff verzichten. „Der Konflikt „ist von seiner Bearbeitungsgeschichte nicht zu trennen.

Dennoch ermöglicht es eine prozeßorientierte Auffassung, interaktiv zustandegekommene (Zwischen)-Resultate, in denen „der Konflikt" formuliert bzw. definiert ist („Aggregatzustände" (Schönholz 1984, S. 64, 70f.), miteinander zu vergleichen und so die Karriere eines Konflikts partiell über die Stufen seiner Fixierung zu rekonstruieren.

Aus einer solchen prozeßorientierten Perspektive heraus werden vor allem solche konflikttheoretischen Ansätze wichtig, die die Geschichte eines Streitfalles betonen.

Hier ist vor allem der Ansatz der fall-geschichtlichen Analyse von Konflikten zu berücksichtigen, sowie das konflikttheoretische Konzept der sogenannten 'Transformationsanalyse'.

Die 'fall-geschichtliche Analyse' ('case-history') ist ein in der Rechtsanthropologie verfolgter Ansatz, in dem die Entwicklungsgeschichte eines Konfliktfalles von seinem ersten Manifestwerden bis – möglichst – zu seiner endgültigen Befriedung oder Lösung ethnographisch verfolgt wird. Zwischen „dem Konflikt" und seinen Ursachen, seiner Bearbeitung und seinen Folgen wird also gerade nicht getrennt, sondern das Gesamte wird als in sich strukturierte Untersuchungseinheit betrachtet, und die Strukturen, Zusammenhänge und Bezüge innerhalb dieser Einheit werden zu rekonstruieren versucht. Nader/Todd (1978) vertreten diesen Ansatz programmatisch. Sie unterscheiden drei Stadien, in die sich ein Konfliktfall gliedern läßt (S. 14f.):

- „grievance stage", das sind Umstände, die eine Person als Schädigung oder Unrecht wahrnimmt und die eine Beschuldigung („complaint") begründen;
- „conflict stage", das sind die Aktivitäten, mit denen sich der Geschädigte in der Sache an einen anderen – die andere Partei – wendet, also der Streit im engeren Sinne;
- „dispute stage", das ist die Veröffentlichung des Konflikts über die zwei Parteien hinaus. In dieser Phase können die meisten institutionellen Verfahren der Konfliktbearbeitung aktualisiert werden.

Ziel des Ansatzes ist, die kulturspezifische „Logik" von Konfliktentstehung, -entwicklung und -bearbeitung und den Stellenwert von Konflikten im soziokulturellen Zusammenhang der jeweiligen Gesellschaft zu bestimmen.[4]

---

3 Zum Begriff vgl. Ungeheuer (1972).

4 Ähnlich auch Comaroff/Roberts (1981).

Das Verdienst dieses Ansatzes liegt darin, auf den Charakter eines Konflikts als eines sich entwickelnden, entfaltenden sozialen Ereignisses aufmerksam gemacht zu haben, der in seinem Zustandekommen und in seiner Karriere von den sozialen Handlungen der Konfliktbeteiligten und deren soziokulturellem Hintergrund abhängt.

Eine noch differenziertere Phasierung der Entwicklungsgeschichte eines Konflikts erfolgt in der 'Transformationsanalyse', der es vor allem um die Bestimmung der subjektiven Voraussetzungen der Definition und Verfolgung von Rechtsansprüchen geht.

Felstiner et al. (1980) unterscheiden bei der subjektiven Konstitution von Konflikten drei Phasen:

- In einer sozialen Situation erlebt einer der Beteiligten ein bestimmtes Ereignis als ihn verletzend („naming").
- Er schreibt die Verantwortung für dieses Ereignis einem der Situationsbeteiligten zu und macht die Verletzung zur Grundlage eines Vorwurfs („blaming").
- Er erhebt Kompensationsforderungen aufgrund der erlittenen Verletzung („claiming").

Die einzelnen Phasen sind an diese Reihenfolge nicht notwendig gebunden; ein Geschädigter kann sich z.B. gleich an die Öffentlichkeit wenden; ein Konflikt kann nach öffentlicher Behandlung wieder auf bilateralem Niveau weiterbehandelt werden. Die Phasen stellen aber Einheiten in der Konfliktgeschichte mit je besonderen Verlaufscharakteristika und typischen Resultaten dar.

Ob Konfliktanlässe zu manifestem Konfliktverhalten führen, wie sich die Konfliktaustragung entwickelt und welche Form von Konfliktlösung von den Beteiligten angestrebt und zustandegebracht wird, hängt von einer Vielzahl subjektiver und soziokultureller Faktoren ab; dazu gehören:

- die Sozialbeziehungen zwischen den Streitparteien und ihr Einfluß auf die Konfliktgeschichte (z. B. Lohnabhängigkeit, Freundschaft, Verwandtschaft, Nachbarschaft),
- die Typen von Gegenständen (materielle Schädigung, Normverletzung, Streit um knappe Ressourcen) ihre kulturspezifische Interpretation und deren Auswirkung auf den Konfliktverlauf,
- die Ziele und Strategien, die die Streitparteien in der Konfliktbearbeitung verfolgen und deren Änderung die Konfliktgeschichte mitbeeinflußt,
- die Zeitspanne zwischen Zeitpunkt der Schädigung und Konfliktbearbeitung in ihrer kulturdifferenziellen Bedeutung (entweder verhärten sich die Fronten oder der Konflikt verliert an Bedeutung),
- die kulturspezifischen Werte, die mit Streitfällen verknüpft sind und ihr Einfluß auf den Prozeß der Konfliktbearbeitung (z.B. Familienloyalität, Verpflichtungen, Schamgefühl, Emotionen) und die kulturell vorgegebe-

nen Möglichkeiten, subjektive Verletzungen nicht als Unglück, sondern als Schuld anderer darzustellen. Außerdem die kulturspezifische Streitideologie, d.h. die Einstellung Konflikt und Streit gegenüber (in einigen Kulturen ist Konflikt normaler Bestandteil des Alltagslebens, in anderen herrscht extreme Empfindlichkeit schon gegenüber leisen Mißstimmigkeiten),

- die kulturspezifische Rolle, die Idenditätsmerkmale wie „Urteilsfähigkeit", „Charakter", „Empfindlichkeit", „Stolz", „Ehre", „Mut" im Zusammenleben spielen,
- die sozialdifferenzielle Zugänglichkeit der einzelnen Verfahren der Konfliktbearbeitung,
- sowie die subjektiven Empfindlichkeiten, Anspruchsniveaus und Risikobereitschaften der jeweiligen Streitbeteiligten.

Schönholz (1984) beschreibt die Auswirkungen solcher Transformationsprozesse auf „den Konflikt":

> „Besonders wichtig ... ist die Veränderung, die mit dem Konflikt selbst während des Transformationsprozesses vor sich geht: Die verfolgten Ziele ändern sich mit den Definitionsangeboten, die der gewählte Konfliktaustragungsmechanismus bereit hält. Die Weichen hierzu werden schon durch Bezugsgruppen des Betroffenen und dann durch Beratungsinstitutionen gestellt, die je nach ihrer eigenen Konfliktperspektive bzw. ihren institutionellen Möglichkeiten, Konflikte zu behandeln, die Definition des Problems beeinflussen und die Austragung in bestimmte institutionelle Bahnen lenken." (S. 66)

Die Bedeutung der beiden skizzierten Ansätze liegt darin, daß sie auf die „Plastizität von Konflikten" (Gulliver 1973, S. 672) aufmerksam gemacht haben: Auf die subjektiven Voraussetzungen der Konstitution von Konflikten, auf die kulturspezifischen Bedingungen dessen, was in einer Gemeinschaft als „Konflikt" gilt und auf die Veränderungen der Konfliktgestalt im Verlauf von Konstitution und Bearbeitung.

Die Ansätze betrachten die Konstitution von Konflikt jedoch weitgehend von der subjektiven Seite des Konflikterlebens bzw. der soziokulturellen Seite der Konfliktbewertung aus. Der intersubjektive Prozeß der Konfliktkonstitution, der Prozeß der sprachlichen Darstellung und Verdeutlichung einer „verletzenden sozialen Situation" etwa, ist gerade nicht Untersuchungsgegenstand: Der fall-geschichtliche Ansatz verfolgt zwar die Karriere „des Konflikts" durch die verschiedenen Bearbeitungsverfahren und -instanzen hindurch, klammert das „Innenleben" innerhalb der Verfahren aber gerade aus und betrachtet nur die jeweils zustandegekommenen Resultate in Beziehung zueinander.

Die Transformationsanalyse bestimmt zwar die subjektiv relevanten Gesichtspunkte in Konfliktwahrnehmung und -durchsetzung, untersucht aber nicht, wie diese Gesichtspunkte in Darstellungs- und Durchsetzungsprozessen sprachlich dargestellt, handlungstaktisch eingesetzt, diskursiv entwickelt und durchgesetzt und interaktiv ausgehandelt werden.

Beide Ansätze bezeichnen sich m.a.W. auf faktisch vorliegende, objektiv gegebene oder subjektiv erlebte Sachverhalte, aber gerade nicht auf symbolisch hergestellte bzw. sprachlich dargestellte Sachverhalte. Es sei dahingestellt, inwieweit ein solches Konzept von 'Konflikt' generell haltbar ist, für die Zwecke meiner Fragestellung ist es jedenfalls nicht geeignet, gefordert ist vielmehr ein Konflikt-Begriff, in dem der symbolische, sprachlich vermittelte Charakter von Konflikt gerade thematisch wird.

### 1.3. Dimension eines umfassenden Konflikt-Begriffs

Auf der Grundlage dieser Überlegungen komme ich zu einem komplexen Begriff von 'Konflikt', bei dem folgende Dimensionen unterschieden werden:

- 'Konflikt' im Sinne der überdauernden sozialen Verhältnisse, in deren Rahmen sich die Konfliktentstehung und -austragung ereignet hat (z.B. soziologische Konflikttheorie (Macht, Klassenverhältnisse)),
- 'Konflikt' im Sinne des sich im Verlauf der Entstehung und Austragung herausbildenden, von den Beteiligten konstituierten 'Aggregatzustandes' des Konflikts (fallgeschichtlicher Ansatz, Transformationsanalyse),
- 'Konflikt' im Sinne des Prozesses der Entstehung und Bearbeitung insgesamt (Eskalation, Bereinigungsversuche) (z.B. fallgeschichtlicher Ansatz, Transformationsanalyse),
- 'Konflikt' im Sinne der symbolischen Repräsentation des Geschehens in seinen subjektiv wahrgenommenen Zusammenhängen in einer Situation der Konfliktbearbeitung (z.B. Anschuldigungsformulierung in einem Schlichtungsgespräch),
- 'Konflikt' im Sinne der Diskrepanz zwischen den Repräsentationen des Geschehens bei den Streitbeteiligten in einer Situation der Konfliktbearbeitung und der sich aus dieser Diskrepanz ergebenden Entfaltung 'des Konflikts' als Redegegenstand.

In dieser Arbeit geht es um die empirische Analyse der beiden letztgenannten Dimensionen dieses Konflikt-Begriffs. Es geht nicht darum, wie es wirklich war, sondern darum, wie die Streitparteien darstellen, wie es war – und was der Schlichter mit diesen Darstellungen macht. Wie es „wirklich" war, ist für die nachfolgenden Analysen irrelevant. Die Faktizität des Konflikts ergibt sich in einer solchen Perspektive erst als Resultat des interaktiven, sprachlichen Handelns der Beteiligten. Der Weg hin zu diesem Resultat soll in der folgenden Darstellung in seinen wichtigsten Momenten nachgezeichnet werden.

## 2. Die Etablierung der Position: Die Anschuldigung

### 2.1. Die Interaktionsaufgabe

Der Gegenstand eines Schlichtungsgesprächs ist ein Konflikt, den zwei Streitparteien miteinander haben und den der Schlichter auf gütlichem Wege beizulegen versucht.

Dieser Konflikt ist aber nicht von Anfang des Gesprächs an „da", d.h. als Interaktionsgegenstand gegeben, sondern muß erst im Verlauf des Gesprächs herausgearbeitet, entfaltet und formuliert werden.

Der erste Schritt dieser Herausarbeitung besteht darin, daß die Streitbeteiligten ihre Versionen „des Konflikts" darstellen. Konflikt-Rekonstruktionen in Schlichtungs-Gesprächen beginnen in aller Regel mit einer Phase der Anhörung beider Streitparteien. Diese Phase ist für die Abwicklung von Schlichtung in vielfacher Hinsicht funktional:

In Fällen spontan zustande kommender Schlichtung kann sich der Schlichter in ihr mit den Positionen beider Streitparteien vertraut machen; außerdem stellt die Phase durch ihren Vollzug bereits eine Unterbrechung des ablaufenden streitigen Handlungsflusses dar und verlangt den Parteien eine metakommunikative Vergegenwärtigung des streitigen Geschehens ab, die bereits eine distanzierende, „abkühlende" Wirkung haben kann. Darüber hinaus bewirkt die Einleitung einer solchen Phase eine Orientierung der Streitparteien auf eine Streitregelung hin.

In Fällen institutionell vorbereiteter Schlichtung kennt der Schlichter bereits die Position desjenigen, der das Verfahren in Gang gesetzt hat. Es geht ihm in der Anhörung dann primär darum, die Position des Streitgegners in Erfahrung zu bringen. In vielen institutionell vorbereiteten Schlichtungs-Verfahren sind dem Schlichter sogar bereits beide Positionen bekannt (Arbeitsgericht, Handwerkskammer, Gebrauchtwagen-Schlichtung). In solchen Fällen erfüllt die Anhörung eher rituelle Funktionen:

- Das Prinzip der Mündlichkeit der Fallbearbeitung wird verdeutlicht und damit die Bedeutung des laufenden Schlichtungs-Gesprächs hochgestuft;
- das Prinzip der Gleichbehandlung beider Parteien wird demonstriert („Jeder kommt zu Wort") und damit der Charakter des Geschehens als faires Verfahren unterstrichen;
- den Streitparteien wird Gelegenheit gegeben, durch eine nochmalige Darstellung ihrer Positionen „Dampf abzulassen" und sich dadurch viel gelassener an der weiteren Verhandlung beteiligen zu können.

Anhörungen sind trivialerweise in zwei Teile gegliedert: in eine Anhörung der einen und eine Anhörung der anderen Partei. Die Darstellungen der Parteien differieren dadurch nicht nur in der Sache, sondern auch in der gesamten Anlage der Darstellung, und zwar entsprechend der Position, die sie gegenüber dem Schlichtungsverfahren insgesamt inne haben: In den Fällen, in denen das Schlichtungsgespräch auf Betreiben eines der Beteiligten zustande kommt, ist dieser auch in initiativer Position, er ist 'Antragsteller', 'Beschwerdeführer', 'Kläger'.

Dieser Position entspricht die Form seiner Streitdarstellung, die als 'Anschuldigung gegenüber dem anderen' angelegt ist. Dem Initianten geht es primär darum, darzustellen, wie er vom anderen geschädigt, verletzt, gekränkt oder hintergangen worden ist. Seine Darstellung ist geprägt vom Moment des Einseitigen, des einseitigen Angriffs durch den anderen und der Verletzung eigener Interessen. Diese Schädigung ist der Beweggrund, aus dem heraus der Betreiber das Gespräch angeregt bzw. beantragt hat, und die Behandlung dieser Schädigung ist für ihn der Zweck, den er mit dem Gespräch verbindet. Ihm geht es primär um die Durchsetzung seiner Interessen und nicht so sehr um eine „Einigung um jeden Preis".[5]

Aber auch in solchen Schlichtungsgesprächen, die durch Initiative des Schlichters in einem laufenden oder unterbrochenen Konflikt zustande kommen, bildet die 'Anschuldigung' den substantiellen Ausgangspunkt des Gesprächs. Die Anschuldigung setzt Aktivitäten eines Dritten zur Konfliktbearbeitung erst in Gang. Daraus ergibt sich für diejenige Partei, die zuerst „dran" ist, ein starker initiativer Zug für ihre Darstellung: Die Gelegenheit, den anderen beschuldigen zu können, ohne sich mit dessen Position bereits auseinandersetzen zu müssen, kommt im Gespräch nicht wieder und sie wird von Parteien in initiativer Position auch genutzt – im folgenden Fall eines Kinderstreits von Doris (A) nach Intervention des schlichtenden Vaters (C):

```
A: <ich war noch gar nich ich war nur #←ei:nma:l↓→># *
B:                        <doris>
K:                                    #WEINERLICH#

A:                                           (FÄNGT ZU WEINEN AN)
C:                 #←ja: was is denn lo:s↓→# *
B: →dann darfst←
K:                 #BETRITT WIEDER DEN SCHAUPLATZ#

B: dann darfst- ** doris * darf↓
C:                         was is denn lo:s doris↓
```

[5] Diese Haltung manifestiert sich in einer Vielzahl von Äußerungen von Antragstellern in den Schlichtungs-Gesprächen selbst und in Nachgesprächen mit den Projektmitarbeitern. Dem subjektiven Erleben der meisten Antragsteller nach handelt es sich bei „ihrem" Schlichtungs-Gespräch um eine Veranstaltung, in der ihre berechtigten Ansprüche erfüllt werden sollen. In einigen Fällen teilen die Schlichter diese Situationsauffassung mit den Antragstellern, in anderen divergiert die Situationsdefinition. Auf diese Divergenz ist eine Vielzahl von Irritationen und Mißverständnissen in den Schlichtungsgesprächen zurückzuführen.

```
A: i war nur ei"nmal↓                     #ich hab jetz ←nur
K:                                        #WEINERLICH
C:                    wa"s denn einmal↓

A: ei"nmal gespru:ngen↓→#
K: WEINERLICH#

[3000/01: 1/5ff.]
```

'Anschuldigungen', die eine Streitpartei gegen die andere erhebt, stellen charakteristischerweise den Ausgangspunkt von Konfliktrekonstruktionen dar. Mit ihnen bezieht eine Partei, die ein Schlichtungsgespräch initiiert hat, ihre Position für das weitere kommunikative Geschehen. Aufgabe des Schlichters ist es dann gerade, aus Anschuldigung und nachfolgender Stellungnahme eine Konfliktversion des Geschehens herauszuarbeiten, die das wechselseitig bezogene konfliktäre Geschehen in den Vordergrund stellt bzw. beide Sichtweisen repräsentiert und damit dem Streitgeschehen als wechselseitig bezogenem Konflikt eine neue Qualität verleiht.

## 2.2. Manifestationsweisen von Anschuldigungen

Die Anschuldigung stellt den substanziellen Ausgangspunkt der Konfliktrekonstruktion in Schlichtungsgesprächen dar. Für ihre Darstellung ist im Handlungsmuster Schlichten[6] eigens eine Position in der Folge der Bearbeitungsschritte vorgesehen, die als 'Etablierung der Anschuldigung' definiert werden kann.

Unter 'Etablierung der Anschuldigung' sollen diejenigen Aktivitäten der Schlichtungsbeteiligten verstanden werden, mit denen diese die Schädigung, Kränkung etc. eines der Streitbeteiligten als einen gerechtfertigt eingebrachten Interaktionsgegenstand im Gespräch einführen.

Es versteht sich, daß an der Etablierung der Anschuldigung nicht alle Interaktionsbeteiligten in gleichem Maße beteiligt sind: Primär ist die Etablierung Aufgabe derjenigen Streitpartei, die das Schlichtungsgespräch angeregt bzw. beantragt hat; allerdings kann der Schlichter, wenn er in einem Vorgespräch zu der Auffassung kommt, die Anschuldigung sei behandlungswürdig, im Gespräch selbst Etablierungsaufgaben übernehmen und den Antragsteller davon entlasten. Die Bewältigung der Aufgabe, die Anschuldigung zu etablieren, wird dem Schlichter dadurch erleichtert, daß an einer bestimmten Position im Geschehen der Schlichtungsverhandlung die Darstellung der Anschuldigung erwartbar ist und er selbst diese Darstellung als Darstellung-einer-Anschuldigung durch entsprechende sprachliche Markierungen verdeutlichen kann.

6 Vgl. dazu Klein/Nothdurft (1987).

Insgesamt lassen sich im Korpus vier Formen beobachten, in denen die Etablierung der Anschuldigung erfolgt. Die Formen sind systematisch dadurch unterschieden, daß sie an unterschiedlichen Punkten der Kurve der Konflikt-Bearbeitung ansetzen und der Grad der Etabliertheit bzw. schlichtungsspezifischen Prägung der Anschuldigung variiert. Die Variation reicht von der in der Streitsituation selbst vom Initianten erfolgenden spontanen Anschuldigung über Formen vorbereiteter, kodifizierter Darstellung bis zu Konflikt-Reformulierungen des Schlichters, in denen die Anschuldigung in eine bereits deutlich auf Einigung abzielende Darstellungsfigur eingebunden ist.

Die Formen im einzelnen:

1. Die Streitpartei in initiativer Position formuliert die Anschuldigung:

```
C: hey was is denn hier für ne schreierei:↑
A:                                          der philip der

A: philip sagt * ich soll nich mit ihm (SEUFZT) spieln↓
```

[3000/05: 2/1ff.]

2. Der Schlichter formuliert die Anschuldigung stellvertretend für den Antragsteller (z. B. auf der Grundlage eines „Vorgesprächs" zwischen ihm und dem Antragsteller im Falle des Schiedsmannes oder aufgrund der Aktenlage in arbeitsgerichtlichen Fällen):

```
C: *3* #folgende sachlage-# *2* frau scheer- * fühlt
K:     #PAPIERRASCHELN#

C: sich- * zurecht- * verängstigt- * durch schikanierung- **
   und dadurch- * daß ihr gesacht worden ist- * ich schlag dich
   tot↓ ** glaube wir sind uns darüber einig- * daß man ältere
   bürger- * nicht verängstigt- * oder- ** geschweige denn- *
   so etwas- * sagt↓
```

[3002/43: 4/5ff.]

Bei dieser Variante erfährt die Anschuldigung oft bereits eine juristische Überformung: Sie wird im Hinblick auf kodifizierte Normen, Regeln und Prädikate formuliert. Dadurch erhält sie eine besondere „Armierung", was ihre Etablierung beschleunigt, ihre Durchsetzung erleichtern, ihre Verhandelbarkeit hin zu einer konsensfähigen Version aber erschweren kann.

3. Der Schlichter setzt die Anschuldigung als bekannt voraus und verweist auf sie nur noch (nachdem er sie vorab in einer „Ladung" zu dem Schlichtungsgespräch schriftlich bekannt gemacht hatte):

```
C: so"↓ #nun darf ich sie bitten *# herr herrmann sie sind ja nun- *
K:      #QUIETSCHEN#
```

```
C: sie haben das ja gelesen was- * frau blank ihnen vorwirft- *

B: ←mhm→
C:        wenn sie sich bitte mal mit frau b/ unterhalten

[3002/32: 1/17ff.]
```

Diese Variante der Etablierung der Anschuldigung bietet für das weitere Geschehen zwei Vorteile, den der Verhandlungsökonomie und den der Konfliktentschärfung: Zum einen wird die Verhandlung dadurch beschleunigt, daß die Anschuldigung als bekannt vorausgesetzt werden kann; sie braucht nicht mehr eigens formuliert zu werden. Zum anderen braucht die Anschuldigung bzw. der Konflikt an dieser Stelle des Gesprächs nicht konkret benannt zu werden, sondern es braucht nur auf ihn verwiesen zu werden. In vielen Fällen von Beleidigungen, in denen bereits die Nennung des beleidigenden Ausdrucks den Betroffenen abermals diskreditieren würde, kann so eine Verschärfung des Verhandlungsklimas vermieden werden.

Ein Nachteil dieser Variante besteht darin, daß der Antragsteller an dieser Stelle keine Gelegenheit hat, seine Sicht der Dinge nochmals im Gespräch darzustellen, was dazu führen kann, daß er dies an späterer, weniger funktionaler Stelle „nachholt".

4. Der Schlichter führt die Anschuldigung als Teil einer resümierenden Darstellung der Standpunkte beider Streitparteien ein und geht unmittelbar zu einer Reformulierung des Konflikts über:

```
C: wie isch hier aus den akten seh=un aus ihrem vortrag herr rat *
   äh: * is zwar ä ziemlisch massive * belei"dichung * im raum *
   aber * die dürfte trotzdem net so: gewaltisch sein * äh: daß
   man darüber * nischt hinwegkäme- * allerdings wird sie: vom
   herrn kreuzer * ja in seinem * schriftsatz * bestritten↓ * im
   grund genumme ging=s ja praktisch nur um ä dose
   ölfarbe net- * seh ich=s- (LACHT) (...) mit kleinigkeite

A: (...) eim=s aug raus net so u:gfähr-
C:                          (LACHT) ah ja es is wie in de ehe

A:           ja:                         (RÄUSPERT SICH)
C: au"ch net- die geht auch * net an de große entscheidunge

A:                                     ja
C: ob amerika england de krieg erklärt    geht de streit los *

C: ob=s mittagesse verbrannt is oder net- * so is es hier auch↓

[3001/06: 4/6ff.]
```

Diese Form der Anschuldigungsetablierung kann nur in vorbereiteten Schlichtungsgesprächen erfolgen, in denen der Schlichter aufgrund von Vorgesprächen oder Aktenlage die Positionen beider Streitparteien hinreichend zu kennen glaubt. Die Form taucht im Korpus meist in Güteterminen im Arbeitsgericht auf.

C: so jetzt streiten zunächst die parteien darüber- * ob sie

C: #nun auch ein arbeitsverhältnis# verband- * und wenn ja- * ob die
K: #STÖRUNG IN AUFNAHME#

C: fristlose kündigung berechtigt war oder nicht↓ *3,5* bezüglich- *

C: der erstgenannten fra:ge- ** #mhm:- * möchte ich mal die vermutung
K: #BLÄTTERRASCHELN

C: äußern# daß es dahingestellt sein kann- ** denn- * ich will
K: #

C: mal annehmen daß die- * klägerin- * kein größeres vermögen hat
sondern daß sie wirtschaftlich abhängig ist↓ * dann ist sie auch
als nichtarbeitnehmerin gut aufgehoben- * beziehungsweise
dieses ist zuständig um mal des gut aufgehoben wegzulassen↓ **
ähm zum zweiten↑ * die frage ob die fristlose kündigung
bere"chtigt ist oder nicht kommt es wiederum net auf die frage
an ob=s ne arbeitnehmerin is oder nicht denn auch für das freie
dienstverhältnis- * wär is ja ne kündigungsfrist vereinbart
worden und der paragraph sechshundertse"chsundzwanzig bgb der gilt
für bei"de dienstverhältnisse- * und für=s arbeitsverhältnis↓ *
in beiden fällen die frage zu prüfen- * äh ob umstände vorliegen
die es dem kündigenden unzumutbar machen das arbeitsverhältnis
auch nur bis zum ablauf der ordentlichen kündigungsfrist- *
beziehungsweise dem vereinbarten ende fo"rtzusetzen↓ *
ob also- * nachdem ja- * man sich eigentlich schon einig
war darüber daß die klägerin ausscheidet zum↑

A1: ja (RÄUSPERT SICH)
B1: zu ende januar↓
B2: ja
C: dreißigsten↑ ende ende januar-

B2: einunddreißigsten ersten↓
C: ja- * ob deswegen bereits- * im

C: dezember fristlos gekündigt werden- * mu"ßte↓ ** denn wenn ich
aus dem- * konvolut von- * vorträgen des richtig filtriere
geht=s im wesentlichen um die frage inwieweit↑ * die- *
ballettschülerinnen- * von der klägerin- * versucht worden

**sind beeinflußt zu werden daß sie die ausbildungsverträge kündigen↓**

[3003/51: 2/5-7/2]

Mit diesen Manifestationsformen sind die äußeren Rahmenverhältnisse beschrieben, in denen Anschuldigungen in Schlichtungsgesprächen eingeführt werden. Diese Rahmenverhältnisse entbinden den Initianten bzw. Schlichter nicht von der Aufgabe, den angekündigten bzw. referierten Sachverhaltszusammenhang sprachlich so darzustellen, daß dessen Qualität als 'Anschuldigung' deutlich wird.

## 2.3. 'Anschuldigung': Ein Darstellungsmuster

Anschuldigungen in Schlichtungsgesprächen müssen auf symbolischem Wege mit sprachlichen Mitteln präsent gemacht und verdeutlicht werden. Es besteht die Anforderung, „an der Sache" selbst, im Zuge ihrer Darstellung, deutlich zu machen, daß der dargestellte Sachverhaltszusammenhang die charakteristischen Merkmale einer Anschuldigung besitzt und von den Beteiligten als solcher erkannt und verstanden werden soll. Dazu bedarf es der speziellen Auswahl „passender" Aspekte des zugrundeliegenden Ereigniszusammenhangs, ihres geschickten Arrangements und der Markierung und Herausarbeitung ihrer jeweiligen Bedeutung im Darstellungszusammenhang. Erst in diesen Prozessen und durch sie kommt „die Anschuldigung" als Gegenstand eines Schlichtungsgesprächs zustande. Ziel einer Gesprächsanalyse der Konfliktrekonstruktion in Schlichtungsgesprächen muß es daher sein, die konstitutiven Bestandteile einer Anschuldigungsdarstellung zu bestimmen, die kommunikativen Prozesse der Etablierung selbst zu rekonstruieren und die typischen sprachlichen Mittel, die dabei benutzt werden, deutlich zu machen.

Die hier vertretene Auffassung steht im Gegensatz zu einer empirischen Auffassung, daß die sprachliche Darstellung nur ein Abbild eines real existierenden Sachverhalts oder des Resultats kognitiver Verarbeitungsprozesse ist (so z.B. Loftus/Palmer 1974).[7]

Gegenüber einer solchen empiristischen Auffassung wird in einer Vielzahl von Untersuchungen betont, daß der Charakter einer Anschuldigung als Anschuldigung symbolischer bzw. verbaler Qualität ist, d.h. daß eine Anschuldigung ihren Charakter als Anschuldigung erst aufgrund des Einsatzes spezieller sprachlicher Mittel gewinnt und ein Produkt routinierter kommunikativer Darstellungsleistungen ist (z.B. Hoffmann 1983, Caesar-Wolff 1984).

---

[7] Auf die erheblichen methodologischen und erkenntnistheoretischen Unterschiede zwischen diesen beiden Positionen kann ich im Rahmen dieser Arbeit nicht eingehen. Ich verweise stattdessen auf die Diskussion in Lakoff (1987).

Dieser Grundannahme der symbolischen Qualität der verhandelten Sachverhalte ist auch die hier vorliegende Arbeit verpflichtet. Was die analytischen Prädikate zur genauen Bestimmung dieser symbolischen Qualität angeht, ist allerdings Vorsicht geboten:

1. In den meisten einschlägigen Arbeiten erfolgt der Nachweis des symbolischen Charakters des Streitsachverhalts über die analytische Rekonstruktion der Interaktionsprozesse, in deren Verlauf eine Sachverhaltsdarstellung institutioneller Bearbeitungsprinzipien angepaßt und in ihrer Kontur verändert wird (z.B. Bogoch/Danet 1984). Der symbolische Charakter des Sachverhalts selbst wird nicht genauer thematisiert. Indem man den symbolischen Charakter des verhandelten Sachverhalts auf Merkmale des Aushandlungsprozesses bezieht und die sprachliche Qualität der Sachverhaltsdarstellung selbst außen vor läßt, beschränkt man analytisch die Extension der Annahme der symbolischen Qualität der Sachverhaltskonstitution und läuft damit Gefahr, die Bedeutung dieses Ansatzes zu reduzieren.
2. In denjenigen Arbeiten, in denen die symbolische Qualität der Sachverhaltsdarstellung selbst im einzelnen aufgewiesen werden soll, erfolgt dieser Nachweis stets auf der Grundlage eines narrativen Modells der Sachverhaltspräsentation (z.B. Benett/Feldmann 1981). Man geht von der Annahme aus, daß der Präsentation des Streitsachverhalts das konversationelle Erzählschema unterliegt und die Sachverhaltsdarstellung daher von dessen Zwängen und Ausdrucksmöglichkeiten bestimmt ist. Dazu ist anzumerken: Das Erzählschema ist wohl geeignet, das Produkt bestimmter Formen von Sachverhaltsrekonstruktionen analytisch zu bestimmen – eine in sich plausible, widerspruchsfreie Sachverhaltsdarstellung, es wäre aber falsch, die Merkmale dieses Produkts den einzelnen Sachverhaltsdarstellungen der Streitparteien als Darstellungsstruktur analytisch zu unterlegen.

Außerdem gilt das Erfordernis einer lückenlosen Sachverhaltsdarstellung nur für den Konfliktbearbeitungstyp des Gerichtsverfahrens, aber nicht für den Bearbeitungstyp Schlichten, wo es nicht um die Konstitution einer möglichst konsistenten und widerspruchsfreien Sachverhaltsversion geht, sondern um die Ausarbeitung einer konsensfähigen Version in relativer Unabhängigkeit von ihrem Wahrheitsgehalt. Auch wegen dieses in der Struktur des Verfahrens liegenden Unterschieds wäre eine Übernahme narrativer Kategorien als Analyseinstrument unangemessen. Die Entwicklung analytischer Prädikate, mit denen die sprachliche Konstitution von Anschuldigungen rekonstruiert werden soll, erfolgt daher nicht mit Hilfe von „Schemata der Sachverhaltsdarstellung", sondern auf der Grundlage der Annahme, daß Anschuldigungen ein bestimmtes, sozial konventionalisiertes Darstellungsmuster zugrundeliegt, in dem Weltausschnitte und Erfahrungen von Streitteilnehmern in spezifischer Weise sprachlich repräsentiert und organisiert sind. Hoffmann schreibt im Hinblick auf die Darstellungsleistungen von Streitparteien vor Gericht:

> „Die entscheidende Interpretationsleistung besteht darin, konkrete Ereignisse der Wirklichkeit in eine Form zu bringen, die sie als Instanz (d.h. Fall (W.N.)) eines abstrakten, normativen Ereignistyps erscheinen läßt." (1990, S. 2)

Als Beleg für die Existenz eines solchen alltagsweltlichen, normativen Konzepts lassen sich die Ergebnisse sozialpsychologischer Aggressionsforschung anführen. Demnach gibt es ein alltagsweltlich normatives Konzept für die Wahrnehmung einer Handlung als aggressiv, demzufolge wesentliche Gesichtspunkte bei der Wahrnehmung bzw. Beurteilung einer Handlung als aggressiv sind:
daß ein Schaden angerichtet wurde,
daß der Schaden beabsichtigt herbeigeführt wurde,
daß das schädigende Verhalten situativ unangemessen war
(vgl. Mummendey et al. 1982, Tedeschi/Lindskold 1976).

Es scheint plausibel anzunehmen, daß ein solches Wahrnehmungsmuster auch für die Darstellung einer 'Anschuldigung' relevant ist.[8] Gegenüber den abstrakten Prädikaten zur Bestimmung der Komponenten einer Erzählung („Story") hat die Betrachtung von Anschuldigungen als Realisationen eines bestimmten konventionalisierten Darstellungsmusters für Sachverhaltstypen unter anderem den Vorteil, die spezifische positionale Qualität des Dargestellten als „erster Zug" in der Konfliktrekonstruktion analytisch mitberücksichtigen zu können. Anschuldigungen werden gerade nicht als „irgendwelche Geschichten" dargestellt bzw. untersucht, sondern als erste, initiative Sachverhaltsdarstellungen, mit denen Streitparteien ihre Ausgangspositionen für das folgende Gespräch beziehen.

Ein dargestellter Sachverhalt ist nur dann eine Anschuldigung, wenn er eine bestimmte symbolische Gestalt annimmt, d.h. in bestimmter Weise dargestellt ist. Um 'Anschuldigung' zu sein, muß ein Sachverhalt in bestimmter Weise verdeutlicht und ausgestaltet werden. Eine Anschuldigung wird als 'Anschuldigung' erst im symbolischen Prozeß geschaffen, symbolisch konstituiert. Es wird nicht etwa ein präformierter Sachverhalt einfach nur abgebildet, oder ein subjektiver Zustand ausgedrückt. Aus dieser Gegenposition zur Substrat-Auffassung ergibt sich methodisch: Eine Anschuldigung wird nicht als gegebenes Faktum betrachtet, sondern als Faktum, das unter interaktiven Bedingungen d.h. unter Gesichtspunkten von Intersubjektivität als solches symbolisch dargestellt wird. 'Anschuldigung' erscheint so nicht als gegebene Eigenschaft von berichteten Sachverhalten, sondern als sozial konventionalisiertes Erfahrungs- und Deutungsmuster, denen sich Sachverhaltsdarstellungen, wenn sie als Anschuldigungen beabsichtigt sind, anpassen müssen.

---

[8] Rehbein spricht in ähnlichem Zusammenhang davon, daß Interaktionsbeteiligte über „innere Modelle von Handlungen" verfügen (1972, S. 292), ohne diesen Begriff jedoch näher zu erläutern.

Bei diesem Anpassungsprozeß müssen ein Reihe von Darstellungsaufgaben bewältigt werden:
Für jede Darstellung von Sachverhalten gilt, daß in ihr aus einer Vielzahl erwähnenswerter Aspekte eine Auswahl getroffen werden muß (Selektionsaspekt), daß die berichteten Aspekte in ihrer Bedeutung für die Konstitution des Dargestellten als Sinnzusammenhang verdeutlicht werden müssen (Typisierungsaspekt) und daß der komplexe Sachverhaltszusammenhang in eine sequenzielle Folge einzelner Informationen verkettet wird (Linearisierungsaspekt).[9] Für die Darstellung eines Sachverhalts als „Anschuldigung" konkretisieren sich diese allgemeinen Aspekte zu folgenden Darstellungsgesichtspunkten:

- Der Schädigungscharakter des dargestellten Sachverhalts muß herausgearbeitet werden.
- Die Normverletzung, die mit den geschilderten Ereignissen verbunden ist, muß verdeutlicht werden.
- Die Glaubwürdigkeit der Darstellung muß gesichert werden.
- Die Nachprüfbarkeit der berichteten Ereignisse muß ermöglicht werden. etc.

Diese Gesichtspunkte tauchen in Anschuldigungsdarstellungen in Schlichtungsgesprächen in der Tat immer wieder auf, freilich in unterschiedlicher Kombination und differierender Ausprägung. Welche dieser Gesichtspunkte der jeweiligen Anschuldigung ihr eigenes Profil geben, wird von den Besonderheiten des Einzelfalles und institutionellen Vorgaben abhängen.

„Anschuldigungen" sind in aller Regel empirisch als komplexe sprachliche Gebilde (Texte) realisiert, in denen diesen verschiedenen Darstellungsgesichtspunkten Rechnung getragen wird. Ein einfacher Aussagesatz mit dem Inhalt einer Normverletzung würde auf dem Hintergrund eines alltagsweltlichen Konzeptes von „Anschuldigung" als unvollständig gelten und würde z.B. für die Verfahrenseinleitung in institutionellen Versionen von Schlichten nicht ausreichen.
In jedem Fall ist das, was als „Anschuldigung" in Schlichtungsgesprächen erscheint, geformt durch diese Darstellungsgesichtspunkte und grundsätzlich zu unterscheiden von dem, was etwa ein Antragsteller „im Kopf" hatte, als er das Schlichtungsgespräch veranlaßt hatte. Er muß dieses vielmehr in eine Art soziale Schablone einpassen, um es als „ordentliche", d.h. verständliche und potentiell akzeptable Anschuldigung vorbringen zu können.

Diese Überlegungen sollen im folgenden an zwei Beispielen von Anschuldigungen in Schlichtungsgesprächen illustriert werden.

---

[9] Zum Linearisierungsaspekt vgl. Ehlich/Koster (1983).

Erstes Beispiel:

```
C: äh zur sache selbst- ** herr be:ntz sie" haben ja mit der
   ladung zu dem heutigen termi:n auch den schriftsatz von herrn
   rechtsanwalt klein erha"lten:- * sie wissen also: * wessen sie
   * hier beschuldigt werden * daß sie also hier den herrn *
   meinrath den antragsteller * beleidigt hätten * ohne
   veranlassung * äh hau doch ab du simpl hätte=se also zu ihm
   gesacht * un isch mein wenn auch si"mpl * äh: nach lexikon en
   simpler en einfacher mensch ist abber * im u"mgangsto:n kommt
   ach noch uff die fo"rm drauf an wie man=s au"sdrückt i"s=es
   halt doch eine belei"digung * →was habbe sie dazu zu sa:che←
   herr-
```

[3001/05: 4/6ff.]

Es handelt sich bei diesem Beispiel um die Anfangsphase eines Schlichtungsgesprächs in einer baden-württembergischen Vergleichsbehörde. Herr Meinrath hatte gegen Herrn Bentz über seinen Anwalt Anzeige wegen Beleidigung erstattet. Diese war von der zuständigen Staatsanwaltschaft an die örtliche Vergleichsbehörde weitergeleitet worden, und diese hatte die Streitparteien zu einem Vergleichsgespräch geladen. Im Ladungstext war auch die Anschuldigung Herrn Meinraths gegenüber Herrn Bentz enthalten.

Dem zitierten Gesprächsausschnitt vorausgegangen war die Phase der Situationsorientierung, in der der Schlichter sich den Parteien vorgestellt und die Aufgaben der Vergleichsbehörde erläutert hatte. Der zitierte Gesprächsausschnitt stellt den gesamten Komplex 'Etablierung der Anschuldigung' in diesem Schlichtungsgespräch dar: der Komplex wird eingeleitet mit dem Fokusmarkierer *äh zur sache selbst- ** herr bentz,* mit dem der Gegenstand des Schlichtungsgesprächs – die *sache* – aufgerufen wird, und der Komplex wird abgeschlossen mit der 'Aufforderung zur Stellungnahme an den Beschuldigten' *→was habbe sie dezu zu sa:che← herr-.*

Die Manifestationsweise der Anschuldigung ist eine Kombination der Typen drei und zwei (s.o. Kap. 2.2): Zunächst stellt der Schlichter fest, daß Herrn Bentz die Anschuldigung durch das Schreiben des Rechtsanwalts bekannt sei und daß er als Beschuldigter gelte, dann stellt der Schlichter selbst nochmals die Anschuldigung dar; diese Darstellung erfolgt in folgenden Schritten:

Als erstes bestimmt der Schlichter das Delikt, das dem Beschuldigten vorgeworfen wird *daß sie also hier den herrn * meinrath den antragsteller * beleidigt hätten*; in einer Apposition sichert der Schlichter dabei die Identität von Antragsteller und Opfer der Beschuldigung und sichert damit ab, daß der Antragsteller aus gutem Grunde das Verfahren angestrengt hat: er ist der Betroffene. Dieser Bestimmung von Delikt und Betroffenem schiebt der Schlichter die präpositionale Ergänzung *ohne veranlassung* nach, durch die eigens betont wird, daß der Beschuldigte keinen Grund für den Vollzug der Beleidigung gehabt habe. Durch das nachfolgende *äh* kommt eine kleine Zäsur zustande und danach erfolgt in direkter Rede die Wiedergabe dessen, was der Beschuldigte gesagt haben soll *hau doch ab du simpl hätte=se also zu ihm gesagt **. Der Zusammenhang zwischen Ereignis und Delikt wird einfach durch die textuelle Nähe dieser beiden Stücke gestiftet.

Dem soweit formulierten Zusammenhang folgt noch eine Passage, in der der Schlichter eigens herausarbeitet, daß durch das beschriebene Geschehen in der Tat eine Beleidigung vollzogen wurde: *un isch mein wenn auch simpl" * äh nach lexikon en simpler en einfacher mensch ist abber * im um"gangsto:n kommt ach noch uff die form" drauf an wie man=s aus"drückt is=es halt doch eine * belei"digung **. In dieser Passage entkräftet der Schlichter ein mögliches Gegenargument gegen die Deliktqualität der Äußerung und führt alltagsweltliche Merkmale *umgangston, form* an, bei deren Vorliegen der Deliktcharakter einer Beleidigung gegeben ist. Der Schlichter expliziert hier also den Interpretationshintergrund, auf dem die Zuschreibung des Delikts erfolgt. Die Zuschreibung selbst wird durch Partikeln *halt, doch* gegen mögliche Einwände abgeschirmt.

Der Schlichter bedient sich in diesem Beispielfall folgender Mittel, um den Anschuldigungscharakter des Dargestellten zu verdeutlichen:

- Er benennt die Konstellation zwischen beiden Streitbeteiligten: *beschuldigt werden.*
- Er benennt eine Verhaltensweise, die der Beschuldigte vollzogen hat, mit einem deliktbenennenden Ausdruck: *beleidigt hätten.*
- Er schreibt dem Beschuldigten eine bestimmte motivationale Haltung bei Vollzug seines Verhaltens zu, die dieses Verhalten ungerechtfertigt erscheinen läßt: *ohne veranlassung.*
- Er beschreibt das konkrete Geschehen, in dem sich das Verhalten des Beschuldigten manifestiert hatte.
- Er stellt fest, daß dieses Geschehen in einer bestimmten Realisierungsweise den Kritikern für das Vorliegen eines Delikts genügt: *is"=es halt doch eine * belei"digung.*

Zweites Beispiel:

```
C: vor dem unterzeischneten schiedsmann äh- ** #erscheint * frau *
K:                                            #STOCKEND

C: klara * may # beethovenplatz vier dreiundvierzignulldrei
K:             #

   karlsberg * und erklärt gegen frau johanna düster wohnhaft
   schulstraße zwo zweiundvierzignulldrei- * erhebt folgende *
   beschuldigung↓ am achtunzwanzigsten achten
   neunzehnhundertvierunachzig gegen acht uhr dreißig * kam frau
   düster an meine wohnung klingelte- * und als ich die türe
```

öffnete wurde ich von ihr beiseite gestoßen und ging in meine wohnung↓ do"rt hat sie mich äh tätlich angegriffen wobei ich geschlagen * und an den haaren gezogen wurde↓ * es hat eine richtje rauferei stattgefunden↓ ich versuchte sie zu beruhijen und wollte sie aus meiner wohnung weisen↓ * sie aber schrie weiter und wurde- * von ihr weiter- * weiterhin geschlagen↓ * gemäß paragraph zwohundertdreiundzwanzig in verbindung mit hundertdreiun/ mit zwohundertdreiundzwanzig ist dies hausfriedensbruch und körperverletzung↓ * ich verlange daß frau düster ein schmerzensgeld und ein bußgeld zahlt↓ * die höhe sollte in der verhandlung festgelegt äh festgesetzt werden↓ * ich bitte den termin zur sühneverhandlung zu bestimmen vorgelesen und genehmigt un unterschriem die unterschriften↓

[3002/03: 2/37ff.]

Es handelt sich bei dem Gesprächsausschnitt um die Verlesung des Antrags in einer Güteverhandlung vor dem Schiedsmann (3002/03). Der Text des Antrags kam aufgrund eines Vorgesprächs zwischen Antragstellerin und Schiedsmann zustande.
Die Anschuldigung ist in zwei Darstellungskomplexe gegliedert, in die 'Schilderung des Vorfalls' und die 'Bewertung des Vorfalls'.

Die 'Schilderung des Vorfalls'

Die Schilderung des Vorfalls beginnt mit der Darstellung des Auftritts von Frau Düster (*kam frau düster an meine wohnung ...*) und umfaßt das Geschehen, das sich in Frau Mays Wohnung abgespielt hatte. Die Schilderung des Vorfalls insgesamt ist komplex angelegt und weist unterschiedliche Foki auf; gliedert man die Textpassage nach dem jeweiligen Fokus, erhält man folgenden Befund:

1. Fokus: Die Verletzung von Privatheit:
*kam frau düster ... und ging in meine wohnung.*

Zentrum der Darstellung ist die Art und Weise, in der Frau Düster in Frau Mays Wohnung eingedrungen ist. Die Darstellung beginnt mit der Angabe der normalen Schritte des Zugelassenwerdens in den privaten Raum (ankommen - klingeln - Tür geöffnet bekommen), um dann diese aufgebaute Normalität mit dem weiteren Verhalten von Frau Düster zu kontrastieren (beiseite gestoßen werden, (einfach) in die Wohnung gehen).
Zwei Darstellungselemente dieser Sequenz finden sich in 'Anschuldigungen' immer wieder: Der Aufbau eines Normalzustandes mit kontrastierender Darstellung einer - plötzlichen, unerwarteten - Normabweichung und die Angabe des 'Schauplatzes', auf dem sich das berichtete Geschehen abgespielt hat. Durch den 'Schauplatz' ist vor allem der Gesichtspunkt der Integrität

und Würde des Betroffenen angesprochen. Typische Varianten sind die Beobachtbarkeit des Ereignisses, wenn es sich im öffentlichen Raum zugetragen hat (Blamage) und die Verletzung von Privatheit, wie im vorliegenden Fall, in dem die Angeschuldigte das gesellschaftlich übliche Muster des Zugelassen-Werdens im privaten Raum verletzt. Mit Angabe des 'Schauplatzes' ist häufig in den Augen des Anschuldigenden auch implizit bereits ein Schaden verknüpft (Kränkung, Degradierung), ohne daß dieser nochmals explizit formuliert würde.

2. Fokus: Der körperliche Angriff
*dort hat sie mich äh tätlich angegriffen* [...]
*rauferei stattgefunden*

In dieser Passage stehen die Aktivitäten im Vordergrund, die quasi die „materielle Grundlage" der Anschuldigung darstellen. Diese Aktivitäten tauchen in drei unterschiedlichen Formulierungen auf:

- zunächst in Form einer fachsprachlichen Deliktformulierung (*tätlich angegriffen*),
- dann in Form einer Konkretisierung (*geschlagen, haaren gezogen*)
- und abschließend in Form einer zusammenfassenden alltagssprachlichen Kategorisierung für intensive körperliche Auseinandersetzungen (*rauferei*), wobei auf die Angemessenheit der Kategorisierung eigens hingewiesen wird (*richtige rauferei*).

3. Fokus: Die Schuld für den Vorfall:
*ich versuchte sie zu beruhigen* [...] *weiterhin geschlagen.*

In dieser Passage steht die Frage nach der Verantwortlichkeit für die *rauferei* im Vordergrund, möglicherweise deswegen, weil das Prädikat *rauferei* einen eher beiderseitigen Anteil am Vorfall suggerieren könnte. In dieser Passage werden die unterschiedlichen Handlungsanteile der Streitparteien am Zustandekommen des Geschehens deutlich gemacht. Dazu wird eine für Anschuldigungen sehr gebräuchliche Darstellungsfigur benutzt, die 'gescheiterte Beschwichtigung'. In dieser Figur werden zunächst Versuche des Opfers geschildert, nach dem inkriminierten Streit die Situation von sich aus zu normalisieren und den Vorfall zu beenden und dann wird berichtet, wie der Täter diese Normalisierungsanstrengungen zunichte machte. Diese Figur hat erstens die Funktion, die Absichtlichkeit und Zielgerichtetheit des inkriminierten Vorfalls zu verdeutlichen, zum zweiten die Friedlichkeit des eigenen Handelns zu belegen und drittens den Eindruck zu vermitteln, daß die Situation so, wie sie zustandegekommen ist, ohne eigenes Zutun zustandekam.

Die 'Bewertung des Vergehens'

Die Bewertung des Vergehens beginnt mit der Angabe der einschlägigen Paragraphen (*gemäß paragraph ...*) und endet mit der Forderung nach Schmerzensgeld.
Die Bewertung weist zwei unterschiedliche Orientierungen auf: Die eine zielt auf eine justiziable Kategorisierung des Vergehens; dieses wird in juristische Termini gefaßt (*hausfriedensbruch ...*) und auf die Quellen der Kategorisierung verwiesen (*gemäß paragraph ...*). Die juristische Kategorisierung des Anschuldigungs-Vergehens durch den Schiedsmann ist in Güteverhandlungen ein gängiger Bestandteil von Anschuldigungen. Durch sie erhält das Vergehen seine Eigenschaft, 'Delikt' zu sein. Die andere Orientierung zielt auf Kompensation des erlittenen Schadens (*schmerzensgeld*), freilich ohne daß die Voraussetzung der Forderung, die erlittene Schädigung, explizit gemacht wurde. Durch die textuelle Koppelung von 'Delikt' und 'Forderung' erscheint die justiziable Bestimmung des Vorfalls als Begründung für die Forderung nach Kompensation und das Moment des subjektiv erlittenen Schadens wird überspielt. Insgesamt erscheinen die einzelnen Elemente der Vorfallsbewertung verklammert über die Angabe der Paragraphen. Dadurch erhält der Zusammenhang zwischen Vorfall und Forderung zum einen eine deutliche Stringenz – was justiziabel bestimmt ist, läßt sich nicht mehr verhandeln, zum anderen wird das subjektive Konflikterleben des Opfers als Element der Anschuldigung ausgeblendet und steht ebenfalls nicht für das Gespräch zur Disposition.

Soweit ist die Etablierung der Anschuldigung abgeschlossen, was Frau May dem Schiedsmann auf dessen Frage hin auch bestätigt (*frau may ham sie zu ihrem antrach noch irndwie etwas zu san↑- reicht*).
Der Schiedsmann hat aufgrund des Vorgesprächs mit der Antragstellerin aus der Fülle der vorgefallenen Ereignisse mitsamt ihren komplexen Hintergründen geeignete Aspekte ausgewählt, in ihrer Bedeutung herausgearbeitet und in einen Zusammenhang gebracht, der den Charakter des Sachverhalts als 'Anschuldigung' in alltagsweltlich-standardisierter Bedeutung verdeutlicht; er hat auf gängige Versatzstücke zurückgegriffen, die eine 'Anschuldigung' markieren und diese mit den Fallbesonderheiten integriert – und er hat an dieser zentralen Stelle von Güteverhandlungen erste Weichen gestellt für die Auseinandersetzung mit dem Konflikt und den Fortgang der Güteverhandlung.

Bei ihren Darstellungsanstrengungen greifen Initianten von Schlichtungsgesprächen, als Anschuldigender oder Verfahrenswalter, auf ein Repertoire von Darstellungsmitteln und -figuren zurück, die sich über das Korpus von Anschuldigungen in Schlichtungsgesprächen immer wieder nachweisen lassen. Es handelt sich um systematisch in Anschuldigungen auftretende sprachliche Gestaltungsmittel, die in spezifischer Weise den Charakter des Dargestellten als „Anschuldigung" zu verdeutlichen vermögen und ihm eine besondere Anschaulichkeit verleihen. Solche Standardelemente von „Anschuldigung" werden im

Folgenden als 'Stücke' der Anschuldigung bezeichnet.[10] Durch 'Stücke' werden diejenigen Sachverhaltsaspekte verdeutlicht und diejenigen Informationen beigesteuert, die erforderlich sind, um einen berichteten Sachverhaltszusammenhang als „Anschuldigung" wahrzunehmen. Die Analyse der Etablierung der Anschuldigung setzt an diesen Stücken an. In analytischer Einstellung werden Anschuldigungsdarstellungen in Schlichtungsgesprächen in ihre markanten Gestaltungselemente zerlegt und die einzelnen Darstellungen mit Hilfe des so gewonnenen Beschreibungssystems abstrakt bestimmt. Man gelangt so zu einer Art „Anatomie" von Anschuldigungen in Schlichtungsgesprächen bzw. zur Aufdeckung der sprachlichen Mikroorganisation eines standardisierten Erfahrungsmusters 'Anschuldigung', dessen Organisation und rhetorische Wirkung einem Kommunikationsteilnehmer in aller Regel selbst nicht bewußt ist.

## 2.4. Illustration des methodischen Vorgehens

Ziel der Analyse ist es, die Konstitution von Gesprächspassagen als „Anschuldigungen" gesprächsanalytisch zu rekonstruieren, d.h. als das Zustandekommen alltagsweltlicher Bedeutungskomplexe aus der Perspektive der Beteiligten selbst nachzuzeichnen. Bei der Gesprächsanalyse in extrakommunikativer Position kann man zwei Prinzipien methodisch ausnutzen, mit deren Hilfe die Gesprächsteilnehmer selbst ihre Redebeiträge konstruieren und ausgestalten: das Prinzip hörerbezogener Darstellung und das Prinzip systematischen Beitragsaufbaus.

Das Prinzip hörerbezogener Darstellung besagt, daß Gesprächsteilnehmer in der Darstellung ihrer Redebeiträge die den Hörern präsupponierten Wahrnehmungen bzw. Interpretationskategorien in Rechnung stellen und die sprachliche Gestaltung ihrer Redebeiträge auf diese Kategorien hin ausrichten (sog. „Recipient-Design" Sacks/Schegloff 1979). Entsprechend kann sich der Gesprächsanalytiker bei seiner Analyse eines Redebeitrags die Verdeutlichungsleistungen der Interaktionsbeteiligten und das auf Erkennbarkeit der Beiträge abzielende Rede-"design" zunutze machen und zum Zwecke der Segmentierung des Handlungskontinuums in einzelne Bestandteile und der Bestimmung der einzelnen Sachverhalte ausnutzen.

Das Prinzip der 'Systematik des Beitragsaufbaus' (Rehbein 1976, Nothdurft 1984) besagt, daß Gesprächsteilnehmer ihre Rede häufig beitrags- bzw. äußerungsübergreifend planen und organisieren, sodaß sie die Qualität einer komplexen Gestalt erhält und den einzelnen Äußerungen innerhalb dieser Gestalt spezielle Funktionen zukommen.

Entsprechend kann der Gesprächsanalytiker bei der Bestimmung der einzelnen Bestandteile von Anschuldigungen begründet davon ausgehen, daß jeder in Anschuldigungen dargestellte Sachverhalt seinen vom Sprecher bezweckten

[10] Zum Konzept des 'Stückes' siehe ausführlich Nothdurft (1984).

Stellenwert und seine spezifische Bedeutung im Darstellungszusammenhang hat.

Diese beiden Prinzipien eröffnen dem Gesprächsanalytiker die Möglichkeit, seine analytische, isolierende und abstrahierende Aktivität verständig, d.h. unter Berücksichtigung der Sichtweisen der Beteiligten auf das Gespräch, durchzuführen.

Das konkrete analytische Vorgehen bei der Bestimmung der einzelnen Bestandteile von Anschuldigungen erfolgt in folgenden drei Schritten:

1. Bestimmung des Handlungsschemakomplexes „Etablierung der Anschuldigung" im jeweiligen Schlichtungsgespräch.
   Diese Bestimmung orientiert sich wesentlich an den Markierungen des Schlichters, mit denen dieser den Teilnehmern Beginn und Ende des Aktivitätskomplexes signalisiert. In aller Regel sind Anfang und Ende hinreichend markiert.
   Zum Beispiel: (Anfang): *und verlese zuerst mal den antrag* ... (Abschluß): *ham sie zu ihrem antrag noch irndwie etwas zu san* ... (Überleitung zum nächsten Verfahrensschritt): *frau düster dann können sie dazu stellung nehmen jetz* [3002/03].
2. Bestimmung der einzelnen Sachverhalte, die in der Anschuldigung dargestellt werden.
   Diese Bestimmung orientiert sich neben dem notwendigen inhaltlichen Verständnis der Aussagen an Signalen, mit denen die Teilnehmer selbst die einzelnen Sachverhalte bzw. Informationseinheiten voneinander abgrenzen (z.B. Pausen, Intonationsverlauf, Kohärenzmarkierungen, Rückmeldesignale). Als analytische Maxime gilt, den Text möglichst kleinschrittig in Aussagen zu zerlegen.
3. Bestimmung der Leistung der einzelnen Aussagen für die Konstitution von „Anschuldigung".
   Diese Bestimmung erfolgt dadurch, daß für jede Aussage bestimmt wird, welchen Beitrag sie zur Verdeutlichung des Dargestellten gerade als „Anschuldigung" leistet. Als Heuristik läßt sich formulieren: „Was tragen die einzelnen Aussagen in einer Anschuldigung dazu bei, den Charakter des Dargestellten insgesamt als Anschuldigung erkennbar und verständlich zu machen?". Dieser Heuristik liegt die Annahme zugrunde, daß jede Aussage in einem Text ihre besondere textkonstitutive Funktion erfüllt. Sie macht ihren Sinn und kommt nicht nur zufällig vor; dies auch dann, wenn von der Erscheinungsweise der Textorganisation dieser Sinn gelegentlich nicht unmittelbar evident ist. Die heuristisch leitende Frage sollte für jede einzelne Aussage stets mit Bezug zum gesamten Darstellungszusammenhang beantwortet werden. Bei der Beantwortung kann man sich an den oben angeführten Darstellungserfordernissen (Schädigung, Normverletzung, Glaubwürdigkeit, Nachprüfbarkeit) orientieren, ohne daß dadurch die Entdeckung anders ausgerichteter Stücke ausgeschlossen wäre.

Man erhält so eine Liste der 'Stücke' der Anschuldigungen, die in je spezifischer Weise dazu beitragen, den Charakter des Dargestellten als „Anschuldigung" deutlich und intersubjektiv verständlich zu machen.

## 2.5. Empirische Ergebnisse: Darstellungselemente von Anschuldigungen

Insgesamt ließen sich in einem Korpus von 23 Anschuldigungen verschiedene Stücke feststellen, durch die die einzelnen Aspekte von Anschuldigungen beleuchtet werden.

Darüber hinaus wiesen die Anschuldigungen noch ein Rahmungselement auf, durch das die besondere Sachverhaltsqualität des Darzustellenden - meist vorgreifend - verdeutlicht wurde: die 'Klage-Formel'.

### Die Klage-Formel

In diesem Sachverhaltskomplex wird der Handlungsaspekt verdeutlicht, der aus der Perspektive des Gesprächsinitianten, i.d.R. der Schlichter, mit dem Anschuldigungssachverhalt verbunden ist. Der Charakter des Dargestellten wird damit vorgreifend oder stellvertretend für den Sachverhalt selbst verdeutlicht.

`hier wird ihnen zur last gelegt [3002/42: 8/2]`

`erhebt folgende beschuldigung [3002/03: 2/54]`

`es dreht sisch also darum daß ihnen frau beck vorwirft [3001/03: 2/16]`

`isch lesen ihne gern=ämol vor wat ihne vorgeworfe wird [3002/01: 2/15]`

`sie wissen also: wessen sie hier beschuldigt werden [3001/05: 4/9]`

`erhebe isch folgende beschuldigung [3002/01: 7/4]`

`und die beschuldigung von herrn gehlenberg hab ich ihnen ja mitgeteilt [3002/31: 15/4f.]`

`sie haben das ja gelesen was- * frau blank ihnen vorwirft- * [3002/32: 1/18f.]`

In denjenigen Fällen, in denen die Anschuldigung weitergehend geschildert wird, leistet die Klage-Formel eine Fokussierung der Wahrnehmung, durch die Verstehensprozesse der Zuhörer für die nachfolgende Schilderung kanalisiert und die Interpretationen der einzelnen Aussagen zu einem einheitlichen Deutungszusammenhang homogenisiert werden sollen. Die Klage-Formel liefert außerdem eine erste Orientierung auf den zu erwartenden Geschehensablauf. In denjenigen Fällen, in denen in der Klage-Formel auf die Anschuldigung nur verwiesen wird, besteht ihr Beitrag zur Etablierung der Anschuldigung im wesentlichen darin, daß die „Anschuldigung" als Resultat eines vorherigen institutionellen Prozesses dargestellt und als „Anschuldigung" bezeichnet wird bzw. darauf verwiesen wird, daß sie als Resultat eines solchen Prozesses dem Angeschuldigten bekannt sei. Eine wesentliche Leistung der Klage-Formel liegt darin, daß die vollzogene Sachverhaltsdarstellung als „Anschuldigung" verdeutlicht ('formuliert') wird. Die bedeutungskonstitutive Leistung dieser Formulierung ist der Kraft einer explizit performativen Formel vergleichbar (so auch Hoffmann 1983, S. 57): Durch sie wird die Relevanz und Tragweite des zu behandelnden Sachverhalts verdeutlicht. Wenn es der Schlichter ist, der die Anschuldigung im Gespräch etabliert, wenn er dem Gesprächsinitianten quasi die Etablierungsaufgabe abnimmt, macht er oft deutlich, daß er in diesem Moment nur als „Sprachrohr" des Initianten agiert und es nicht „seine" Anschuldigung ist, die er darstellt (auch wenn es häufig wohl so ist, daß er selbst sie aufgrund eines Vorgesprächs mit dem Antragsteller formuliert hat).[11] Um diese Distanzierung vom Vorgetragenen zu erreichen, geben Schlichter den Antragsteller als Autor der Anschuldigung namentlich an (*sie haben ja gelesen was- * frau blank ihnen vorwirft- **), markieren den Vortrag als Zitat (*isch les ihne jetz für ... erhebe isch folgende beschul*digung) oder sie bedienen sich passivischer Konstruktionen ohne Benennung des Agens (*wird zur last gelegt*).

Die Stücke selbst lassen sich in mehrere Gruppen gliedern. Eine erste Gruppe kreist um das damalige Ereignis, in dessen Mittelpunkt jene Verhaltensweisen des Streitgegners stehen, die in der Anschuldigung beanstandet werden. In diesen Stücken geht es darum, „was passiert ist".

Es handelt sich im einzelnen um folgende Stücke:

1. Der Schauplatz

In diesem Stück werden die situativen Umstände herausgearbeitet, unter denen sich das inkriminierte Verhalten des Streitgegners vollzog; diese Umstände werden als normal und ungewöhnlich geschildert, derart, daß sie keinen Anlaß für das inkriminierte Verhalten boten. Durch die geschilderte Szenerie ist außerdem oft der Gesichtspunkt der Integrität und Würde des Anschuldigenden angesprochen. Typische Varianten sind die Beobachtbarkeit des Ereignisses, wenn es sich im öffentlichen Raum zugetragen hat (Blamage) (*auf der straße in der hasenwiese* [3001/01]) und die Verletzung von Privatheit, z.B. wenn der Angeschuldigte das gesellschaftlich übliche Muster des Zugelassenwerdens im privaten Raum verletzt (*kam frau düster an meine wohnung klingelte- * und als ich die tür öffnete wurde ich von ihr beiseite gestoßen und ging in meine wohnung*↓ [3002/03]. Mit der Angabe der Szenerie ist häufig in den Augen des Anschuldigenden implizit bereits ein Schaden verknüpft (Kränkung, Degradierung), ohne daß dieser eigens explizit formuliert würde.

[11] Siehe die Arbeit von Klein (1995) zur Güteverhandlung.

2. Das Vergehen des Streitgegners

Das Vergehen des Streitgegners, von dem in der Anschuldigung behauptet wird, daß es den Streit ausgelöst oder eine Schädigung des Anschuldigenden verursacht hat:

**do"rt hat sie mich äh tätlich angegriffen wobei ich geschlagen * und an den haaren gezogen wurde↓ * es hat eine richtje rauferei stattgefunden↓ [3002/03: 3/11ff.]**

**hau doch ab du simpl hätte=se also zu ihm gesagt [3001/05: 4/12]**

**sie sind ein scheißkerl so was doofes habe ich noch nicht gesehen [3002/20: 2/1f.]**

**gröhlte brüllte mich herr blanehauf auf der straße vor unserm haus grundlos an [3002/01: 7/5f.]**

**er wäre doch asozial [3001/01: 3/13]**

**da haben sie" herr fli"ck gegenüber dem herrn malefi"tzky:↑ * sin ja beide mieter des gleichen hauses geäußert↑ * gu:t↑* daß hit"ler nicht mehr da is"↑ * sonst wären ja die polaggen raus:↓ [3001/20: 7/5ff.]**

In der Darstellung des Verhaltens ist der Sprecher um eine Authentizität und Präzision vermittelnde Darstellungsweise bemüht; in Fällen von Beleidigungen wird häufig die direkte Redewiedergabe benutzt, um die inkriminierte Äußerung anschaulich und authentisch wiederzugeben. Außerdem wird in der Darstellung des Verhaltens herausgearbeitet, daß das Verhalten situativ unangemessen war bzw. ohne vernünftigen Grund erfolgte: *grölte brüllte mich herr blanehauf auf der straße vor unserm haus grundlos an* [3002/01] oder ungewöhnlich in Umfang und Intensität ausfiel: *do"rt hat sie mich äh tätlich angegriffen wobei ich geschlagen * und an den haaren gezogen wurde↓ * es hat eine richtje rauferei stattgefunden↓* [3002/03].

In diesen Darstellungsgesichtspunkten findet sich das oben angeführte alltagsweltliche Wahrnehmungsmuster für aggressives Verhalten wieder. Globales Darstellungsziel ist es, das inkriminatorische Moment des beschriebenen Verhaltens deutlich zu machen.

Die Ausdrucksseite der Darstellung ist entsprechend geprägt von Elementen, die das gegnerische Verhalten dramatisieren (direkte Rede) und bisweilen geradezu mystifizieren.

**V: ja * aber die sendung * die hatte grad schon angefangen. und es hat mich interessiert. und da kann mer ja auch schlecht noch lange unterhaltung führn. sonst tut mer ja die pointe versäumen. gell * und na ja ich hab dann gehört. Und * meine frau hat sich dann auch dazugesetzt. is * mein die sendung die**

war net so wie mer des vielleicht hätte erwarten können. gell * es war bischen arg primitiv .... ... und so mittendrin * die sich da grad * wie die grad wied er so'n paar äh .. kalauer gebracht haben * gell. un da fährt se mich so plötzlich von der seite an: was wird'n jetz morgen? gell * ich mein * das hat jetz auf mich gewirkt. morgen is wieder dein freier tach * was wird wieder damit? bleibst wieder im bett liegen? oder was hätte das noch alles bedeuten können? gell. also es war mir vollkommen unklar. gell * jetz hab ich erst mal überlegt * was bedeuten das? aber innerlich hat ich mich schon aufgeregt * weil ich des da so * so unvorbereitet da äh .. hingeworfen bekam.

[3007/12: 6/29ff.][12]

Bisweilen wird im Vergehen nicht punktuelles Verhalten des Gegners dargestellt, sondern ein zeitlich überdauerndes Verhaltensmuster des Gegners. In diesen Fällen wird das Dauerhafte des Konflikts oft durch zusammenfassende Etiketten für das Verhalten des Gegners verdeutlicht: (Schikanierung [3002/43]).
In solchen Fällen wird die Darstellungs- bzw. Inszenierungsdimension der Dramatik ersetzt durch die der 'Penetranz', in der das Chronische, das durch Dauer des Verhaltens Störende herausgearbeitet wird.

C: daß sie- * zeit jahren"- * die familie- * bauer- * traktieren↓

B: ha ha da muß ich erstmal lachen↓
C: * in anführungszeichen↓ ja (SEUFZT)

B: da muß ich erstmal lachen↓
C: äh frau heuler es ist also folgendes↑ * es is ja ich hab

C: äh mich also- * äh informiert"- * es is ja (SEUFZT) schon

C: neunzehnhundertdreiunachzig↑ * ein ermittlungsverfahre gege

B: ja-
C: sie gelaufe↑ * und da"ma:ls äh als polizei bei ihnen war

C: des darf ich vielleicht grad emal vorausschicke- * ähm war

B: mhm-
C: ihr sohn anwesend- und der- * beginnt=s also auch schon

C: daß sie äh- * die familie bauer ähm- * des diebstahls und so weiter beschuldigt haben- * aus ihrem keller- * oder von einer

---

12 Dieser Transkriptionsausschnitt entstammt dem Korpus von Familieninteraktionen, das mir Professor Oevermann (Frankfurt) freundlicherweise zur Verfügung gestellt hat. Die Transkripte sind in einem anderen System transkribiert und dem vom Projekt Schlichtung benutzten angepaßt.

`glühbirne damals- * un da hat ihr sohn- * also * geäußert daß des alles aus der luft gegriffen ist↓`

`[3001/22: 5/1ff.]`

3. Gescheiterte Beschwichtigung

In diesem Stück geht es um eigene Bemühungen zur Mäßigung bzw. Beilegung des Streits. Die Darstellungen weisen meist folgende charakteristische Binnenstruktur auf: Zunächst wird der Versuch des „Opfers" geschildert, nach dem inkriminierten Akt des „Täters" die Situation wieder zu normalisieren und den Vorfall von sich aus ungeschehen zu machen. Dann wird das Scheitern eines solchen Versuchs dargestellt und das Andauern der inkriminierten Handlung trotz Intervention deutlich gemacht:

`ich versuchte sie zu beruhijen und wollte sie aus meiner wohnung weisen↓ * sie aber schrie weiter und wurde- * von ihr weiter- * weiterhin geschlagen↓`

`[3002/03: 3/23ff.]`

`ich hab ihn=n paa"r mal an der jartentür jesacht frau itteritz überle:gen sie bitte was sie sprechen das hab ich ihn=n paa"r mal jesacht ... immer wieder und immer wieder haben sie jeschimpft und es wurde ja immer schlimmer diese schimpferei`

`[3002/20: 2/7ff.]`

Dieses Darstellungselement hat offenbar die Funktion, eigene Handlungsanteile am Streitgeschehen als rational und versöhnungsorientiert darzustellen – vor allem in textueller Nähe und Kontrast zum agressiven Akt des Gegners – und die Handlungen des Angeschuldigten als nicht korrigierbar und absichtlich so durchgeführt deutlich zu machen. Eine Abwandlung dieses Darstellungselements ist die Figur des 'gebremsten Zorns', in der dargestellt ist, wie die eigene berechtigte Reaktion um des lieben Friedens willen zurückgehalten wurde:

`diese fortwährendn äußerungen die ganze zei"t * und de"s jetzt dazu des is" mir zu vie"l↑ * des dulde ich nicht↓ ich hab zu ich hab auch zu herr boos ga"r kein wort gesagt sonst wäre vielleicht i"ch aus/ auch außer kontrolle geraten und hätte vielleicht auch etwas gesagt was man nicht sagn so"llte↓ deswegn hab ich geschwiegn↓ * und hab mich beratn lassn vom herr karg und er hat mir diesn weg vorgeschlagn↓`

`[3001/08: 4/18ff.]`

4. Die Verankerung

In der Verankerung geht es um die Validität der Darstellung; diese wird durch Angabe von Ort und Zeit sowie durch Verweis auf Zeugen unterstrichen:

**am achtundzwanzigsten achten neunzehnhundertvierundachzig gegen acht uhr dreißig [3002/03: 2/54ff.]**

**am samstag den siebten april neunzehnhundertvierundachzig gegen dreiundzwanzig uhr fünfzehn [3002/01: 7/4ff.]**

Bei diesen Stücken ging es um die anschuldigungsspezifische Darstellung der Ereignisse. Bei den folgenden Stücken geht es um die Bewertung der Ereignisse und die Darstellung ihrer Konsequenzen.

5. Die Schädigung

In diesem Stück werden die Auswirkungen des Vergehens für den Anschuldigenden dargestellt, oft in Termini des Ausdrucks subjektiver Befindlichkeit.

**ich fühle misch durch das verhalten des ehepaar blanehauf bedroht und habe große angst [3002/01: 9/5f.]**

**frau scheer fühlt sich zu recht verängstigt [3002/43: 4/6f.]**

**frau beck gibt also hier an sie hätte also zwei näschte lang furschbare herzkrämpfe gehabt un sie hätte also angst gehabt daß sie also äh des vielleischt nischt üwersteht [3001/03: 3/4ff.]**

Es versteht sich, daß diese Auswirkungen immer als negative geschildert werden: Als verletzend, kränkend, schmerzhaft, als finanzielle Einbuße bzw. laufenden Ärger. Darstellungsgesichtspunkte sind das Ausmaß und die Erheblichkeit des Schadens. Im folgenden Beispiel, aus der Gebrauchtwagenschlichtung, bedient sich der Anschuldigende einer rhetorischen Figur, durch die hervorgehoben wird, wie groß der Schaden – abgefallene Vorderachse – hätte ausfallen können:

**wem=mer=s auf=e autobahn passiert wär ich hatte v/ vo:rgehabt am samstach mit=em kleinen jungen- * den wagen ma auszufahrn wenn mir das passiert wär ich- * was wär dann gewesen- was hätt ich dann gemacht↑ [3005/01: 113/1ff.]**

Die 'Schädigung' erfüllt meist mehrere Funktionen im Zusammenspiel der Stücke einer Anschuldigung: Erstens fungiert sie als Motiv dafür, daß der Anschuldigende das Schlichtungsverfahren in Gang gesetzt hat; zweitens dient sie implizit als Verurteilungsinstanz für den Vorfall, wobei man sich bei der Darstellung offenbar auf alltagsweltlich geläufige Bewertungsmaßstäbe stützt: Wer Prellungen erlitten hat, ist eben erheblich geschädigt. Drittens bildet die Schädigung die Grundlage dafür, im weiteren Gesprächsverlauf Kompensationsforderungen aufstellen zu können. Um diese Funktionen erfüllen zu können, ist es allerdings erforderlich, daß die Schädigung deutlich mit dem Vorfall gekoppelt wird, denn nur über diese Koppelung können Schuldzuweisungen an den Angeschuldigten erfolgen und Kompensationsforderungen gegen ihn entwickelt werden. In Fällen von Gebrauchtwagenschlichtung erweist sich diese Koppelung gerade systematisch als Problem, weil der Angeschuldigte zwar nicht bestreitet, daß ein Schaden vorhanden ist, aber eigene Verantwortlichkeit für das Zustandekommen des Schadens ablehnt. Sprachlich wird die Koppelung meist über Folgen benennende Verben hergestellt.

**es kam zu einer hornhautverletzung [3002/30b: 9/10]**

**die konsequenz daraus ist [3002/42: 8/6f.]**

Die Darstellung der Schädigung erfolgt meist mit sprachlichen Ausdrücken, die stereotyp negativ besetzt sind und negative Zuständlichkeiten in kürzelhafter Form substantivisch benennen.

Oft lassen es Antragsteller oder Schlichter bei der Etablierung der Anschuldigung mit der Angabe des Vorfalls bewenden, ohne den angerichteten Schaden zu explizieren. Der Vorfall wird offenbar für selbstexplikativ gehalten und vom Schlichter in einer Weise zu bereinigen versucht, die mehr seiner eigenen Auffassung als der des Betroffenen entsprechen mag. Der Schlichter verstrickt sich u.U. in den Maschen seines eigenen rhetorischen Designs – zum Nachteil der Betroffenen, denen ganz andere Gesichtspunkte der Schädigung wichtig gewesen wären.
Im Fall improvisierter Schlichtung eignet sich die Schädigung gut als „Aufhänger" zur Etablierung der Anschuldigung:

**der eh philipp kommt traurig zu mir an und weint↓ * und sagt judith daß du ihm ga:r ←nicht→ * polster zum spielen gibst↓**

**[3000/02: 2/1ff.].**

6. Das Delikt

In diesem Darstellungskomplex wird der Vorfall in einem normativen Bewertungssystem interpretiert und beurteilt.

**ist dies hausfriedensbruch und körperverletzung [3002/03: 3/43f.]**

**und sie hätten ihn also beleidigt [3001/01: 3/13]**

**daß sie seit jahren die familie wander traktieren in anführungszeichen [3001/22: 5/1f.]**

**sie hätten sie ... * äh tätlich angegriffen [3001/02a: 4/6f.]**

**daß sie also hier den herrn * meinrath den antragsteller * beleidigt hätten [3001/05: 4/10f.]**

`sie hätten üble und böse nachrede- * geführt- * über die antragstellerin frau ar"nold [3002/42: 8/3f.].`

In der Regel wird das Verhalten des Gegeners bzw. der Vorfall mit einer abstrakten Kategorie belegt, die ihre Bedeutung aus einem gesellschaftlich etablierten Beurteilungssystem gewinnt (soziale Regeln, moralische Urteile, juristische Kategorien). Das allgemeine Realisierungsmuster für das 'Delikt' lautet: „das (Verhalten des Angeschuldigten) ist ein X", wobei X eine Deliktnennung ist.

```
C: #herr <he"rrmann-> *# bei allem was passiert is- *
K: #KLINGT WIE AUFRUF#

C: #mach möglich sein- *# aber- * dieser berühmte satz- *
K: #GENUSCHELT          #

C: den sie dort gegenüber frau blank- * haben laut werden
   lassen- * das- * ist natürlich ne bel/- * ne beleidigung↓

[3002/32: 3/1ff.]
```

Durch das 'Delikt' erhält der dargestellte Sachverhalt seine Dignität als Anschuldigung: Er erfährt seine Qualität, Anschuldigung zu sein, nicht nur aus den im Vergehen angegebenen Merkmalen, sondern vor allem dadurch, daß er typisiert wird und in einen konventionellen Sinnzusammenhang eingeordnet wird. Das konstative Muster, in dem das 'Delikt' meist formuliert wird, („... ist ein X"), suggeriert die Unverrückbarkeit der normativen Kategorisierung. Dieser Charakter als fraglos gegebenes Faktum wird durch besondere sprachliche Mittel sichergestellt; so z.B. durch die Partikeln *halt doch* in *is=es halt doch eine * beleidigung* [3001/05: 4/15].

7. Der Codex

Die Delikt-Qualität wird in aller Regel ohne Rechtfertigungsaufwand konstatiert; manchmal erfolgen aber auch gesonderte Anstrengungen, durch die die Definition eines Geschehens als 'Delikt' erläutert wird. Dies geschieht im 'Codex':

```
gemäß paragraph zwohundertdreiundzwanzig in verbindung mit
hundertdreiun/ mit hundertdreiundzwanzig ist dies ...

[3002/03: 3/35ff.]

glaube wir sind uns darüber einig * daß man ältere bürger nicht
verängstigt * oder ** geschweige denn * so etwas * sagt

[3002/43: 4/8ff.]

un isch mein wenn auch simpl" äh nach lexikon en simpler äh
einfacher mensch is abber- * im um"gangston: kommt ach uff die
```

form" drauf an wie man=s aus"drückt is=es halt doch eine- *
belei"digung

[3001/05: 4/12ff.].

Der Codex kann aber auch in Gestalt einer 'Normalform' präsentiert werden, d.h. durch die Darstellung dessen, „was sich gehört" oder „was man eigentlich tut". Es werden

> „Gegenüberstellungen des faktischen Ereignisablaufes mit alternativen, hypothetischen oder ebenfalls faktischen Abläufen benutzt, wobei die Normalität der herangezogenen Alternativen und die Fraglosigkeit der entsprechenden Normalformvorstellung für kompetente Mitglieder der Gemeinschaft einerseits und die „Unmöglichkeit" des inkriminierten Ablaufs andererseits markiert werden." (Kallmeyer 1979, S. 80)

Als Beispiel:

```
B: ach herr eckert sie machn det immer mit=n einzelne frau

A: nei:n nein neinein↑              ich ha"be sie aber
B: machn s=et i"mmer so herr eckert↓        jaja↓

A: aufjefordert und danach müßn=sisch denn nich-↑
B:                  naja aufgefordert sie         hättn det

A:          ick bin ja auch ick bin ja auch bloß ausführendes
B: könn- im netten ton sa=n↓

A: orga"n nich wahr↑
B: sie hättn det könn- im nettn ton sa=n herr eckert und dabei
C:                                                       sind

A:                        i bin vorsitzender der kolonie↓
B: bleibe ich↓                               ja na ebn    als
C: sie vorsitzender dort-

A:                ja ja ja-
B: vorsitzender da hätte er mir ja nett- der weiß daß man allei"n
C: naja-

B: is un als daß er hätte könn=n nett- * ein   #entgegenkommen
K:                                             #DEN TRÄNEN NAHE
C:                                    frau-

B: und so un dabei →blei"b ick herr eckert-←#
K:                                          #

[3002/20: 5/7ff.]
```

8. Forderung

In der 'Forderung' wird der Anspruch auf Kompensation bzw. Entschädigung formuliert, der auf Grund des Vorfalls und bzw. oder des angegebenen Schadens (s.o.) erhoben wird.

**ich verlange daß frau düster ein schmerzensgeld und ein bußgeld zahlt↓* die höhe sollte in der verhandlung festgelegt äh festgesetzt werden [3002/03: 2/47ff.]**

**un ob sie bereit sin sisch also hier entsprechend zu entschuldigen [3001/10: 4/3ff.]**

**frau brille fordert ersatz des ihr entstandenen schadens- * und- (HUSTET) ein angemessenes- * schmerzensgeld- * für ihren sohn- * philipp- * [3002/50: 4/18ff.]**

Nach bisherigen Analysen taucht die 'Forderung' selten in Anschuldigungen auf, wiewohl sie ein wesentlicher Bestandteil des Schlichtungsgeschehens insgesamt ist. Darstellung und Aushandlung von 'Forderungen' ist von der Verfahrensstruktur von Schlichtung erst an späterer Stelle „dran", nämlich im Kontext der Herbeiführung von Einigung.

## 3. Die Explikation der Gegenposition: Die Stellungnahme zur Anschuldigung

### 3.1. Die Interaktionsaufgabe

Ist die Anschuldigung etabliert, folgt als nächster Schritt im Bearbeitungsprogramm der Konflikt-Rekonstruktion die 'Stellungnahme des Angeschuldigten'. In diesem Bearbeitungsschritt ist es Aufgabe des Angeschuldigten, seinen Standpunkt zum Konflikt und im Konflikt zu verdeutlichen und seine Sicht der Dinge zu explizieren.

Mit diesem Bearbeitungsschritt werden in handlungsschematischer Hinsicht eine ganze Reihe von Aufgaben bzw. Problemen (formal) gelöst: Dadurch daß der Angeschuldigte dem Schlichter seine Auffassung nahe bringt, wird der Schlichter in den Stand versetzt, die konflikterzeugenden Differenzen in den Auffassungen der Streitenden zu erkennen und auf dieser Grundlage Reformulierungen des Konflikts zu entwickeln und Schlichtungsvorschläge anzubahnen. Außerdem wird dadurch, daß der Angeschuldigte zu Wort kommt, formale Beteiligungssymmetrie und Gleichbehandlung der Streitparteien durch den Schlichter hergestellt und verdeutlicht und dadurch der Neutralitätsanforderung Rechnung getragen: Jeder kommt zu Wort.

Der Bearbeitungskomplex der Explikation der Stellungnahme kommt aufgrund der beteiligungsspezifischen Leistungen des Schlichters und des Angeschuldigten zustande.
Aufgabe des Schlichters ist es, die Explikation sicherzustellen, gegen Störungen (Unterbrechungen des Anschuldigenden etc.) abzuschirmen und sie in ihrer Extension zu steuern.
Die Idealgestalt des Komplexes sieht folgendermaßen aus:

| | |
|---|---|
| Schlichter: | Aufforderung zur Stellungnahme |
| Angeschuldigter: | Stellungnahme |
| Schlichter: | Honorierung der Stellungnahme und Überleitung zu Exploration bzw. Reformulierung des Konflikts. |

Der Zug 'Aufforderung zur Stellungnahme' gibt dem Schlichter Gelegenheit, sich in dieser relativ frühen Stelle im Bearbeitungsgang als Verfahrenswalter und Steuerungsinstanz für die Konflikt-Behandlung zu stilisieren und damit Verhandlungsführerschaft zu beanspruchen. Außerdem kann er hier deutlich machen, daß er beide Seiten zu Wort kommen läßt.

Erfolgt die Explikation dem Schlichter für seine Zwecke nicht ergiebig genug, was z.B. bei einem schlichten Bestreiten des Anschuldigungssachverhaltes der Fall ist, drängt er auf ausführlichere Darstellung; z.B.:

C: ich glaube wir sind uns darüber einig- * daß man ältere bürger-

C: * nicht verängstigt- * oder- ** geschweige denn- * so etwas- *

B: (nö) nein sowas mach ich nicht↓ (LACHT)
C: sagt↓                                   ja es is nur gesagt

B: es-      ja des-                        ja↑
C: worden- * da sind also zeugen für da:- * nich- * sonst sä/

B:                                 äha-
C: sonst säßen wir hier ja nicht-      es gäbe ja keine

C: ver/ gerichtsverhandlung vor=m schiedsmann wenn da nichts

B:                         ja d/
C: jewe"sen wäre nich↑ * ja    nich sonst sä"ßen wir hier

C: nicht nech↑ ** darüber sind wer uns wohl- * klar↓ *

[3002/43: 4/8ff.]

Hegt der Schlichter andererseits die Befürchtung, die Stellungnahme könnte ausufern, die Sachlage eher noch komplizieren oder neuen Streit anfachen, versucht er dem durch vorgreifende Steuerungsmaßnahmen präventiv entgegenzuwirken; dabei bedient er sich oft alltagsrhetorisch geläufiger Formeln:

A: um ganz kurz nochemol der sach"verhalt zu klä:re↓ *     wie
C:                                                        mhm

A: die sit/ zustande*komme is"
C: <aber net bei * herr bentz> net bei adam un eva: a:fange >ganz

A: →bitte←↑       ganz" kurz genau↓
C: korz<↓     ganz korz net bei adam un eva a:fange ja #hä-#
K:                                                       #LACHEND#

[3001/05: 5/2ff.]

Aufgabe (und Chance) des Angeschuldigten ist es, seine Sicht der Dinge darzustellen, seine Haltung zu formulieren und sich gegen die Anschuldigung zur Wehr zu setzen. Wie Angeschuldigte diese Aufgabe bewältigen bzw. ihre Chance nutzen, ist Gegenstand der folgenden Abschnitte.

## 3.2. Manifestationsweisen der Stellungnahme

Es ist vom Verfahren gefordert und in der Regel auch im Interesse des Angeschuldigten, die Gelegenheit zur eigenen Sachdarstellung relativ ausgiebig zu nutzen. Kallmeyer nennt solche Phasen „Explizierungsschübe" (1979, S. 78). Eine explikative, relativ umfangreiche Stellungnahme stellt daher den im Verfahren vorgesehenen, „normalen" Realisierungstyp von Stellungnahmen dar. Solche Stellungnahmen sind breit angelegt, mit einer textuellen

Makrostruktur und Gliederungsmarkierung versehen und tragen argumentative Züge. Keineswegs ist – wie es die vorliegende Literatur zur Vorwurfs-Rechtfertigungssequenz suggeriert – eine singuläre, ohne Explikationsaufwand gegebene Reaktion der Normalfall; eine solche Reaktion würde vielmehr eigens Explikationsaufforderungen des Schlichters nach sich ziehen.[13]

Der Prototyp einer Stellungnahme läßt sich etwa durch folgenden Fall illustrieren:
Auf die Anschuldigung, einen Passanten als „simpl" beleidigt zu haben (siehe 2.3), reagiert der Angeschuldigte folgendermaßen:

```
C: was habbe sie dezu zu sa:che →herr-
A:                              das hab ich nich gesacht- *

C: ham sie net" gesacht
A: (...) es ging (...) ausführung * warum↑ * ich gesacht hab

C:                        mhm-
A: hau doch ab du simpl↑    des: hab isch kann isch gar net

A: gsacht hawwe isch hab nur gsacht das is doch wohl der gi"pfel

[3001/05: 4/16ff.]
```

Der Angeschuldigte bestreitet die Anschuldigung, aber er tut noch wesentlich mehr: Er liefert eine andere Darstellung dessen, was sich in der umstrittenen Situation abgespielt hat, speziell dessen, was er gesagt hat; er stellt den Anschuldigenden in einem bestimmten, ungünstigen Licht dar, etc. Der größte Anteil von Stellungnahmen im Schlichtungs-Korpus ist in dieser explikativen Weise realisiert. Daneben gibt es allerdings auch andere Manifestationsweisen von Stellungnahme:
- die 'knappe Reaktion' und
- der 'unterbrechende Einwurf' ('Partisanenausdrücke').

Die 'knappe Reaktion'

Bei diesem Typ beschränkt sich die Stellungnahme auf eine kurze, die Anschuldigung zurückweisende, lakonische Reaktion. Der Stellungnehmende umreißt zwar seine Position zur Anschuldigung, liefert aber keine weitere Information, die zum Verständnis seiner Haltung oder der Sachlage insgesamt beiträgt. Bei strenger Auslegung der Schema-Erwartungen handelt es sich bei diesem Typ bereits um eine Form von Verweigerung, sich an der Schema-Progression zu beteiligen. Die knappe Reaktion zieht denn auch stets Aktivitäten des Schlichters nach sich, in der Regel fokussierte, verdeutlichte Darstellungen der Anschuldigung, mit denen dieser den Angeschuldigten zu einer ausführlicheren Darstellung veranlaßt.

[13] Außer in Fällen von Schuldeingeständnis, das aber sowieso stets expliziert wird.

Beispiele:

```
C: daß sie- * zeit jahren"- * die familie- * bauer- *

B:                  ha ha            da muß ich erstmal lachen↓
C: traktiern * in anführungszeichen↓

B:                  da muß ich erstmal lachen↓
C: ja (SEUFZT) äh frau heuler es ist also folgendes↑ *

C: es is ja ich hab äh mich also- * äh informie"rt- *

C: es is ja (SEUFZT) schon neunzehnhundertdreiunachzig↑ *

B:                                   ja-
C: ein ermittlungsverfahre gege sie gelaufe↑ *

C: und da"ma:ls äh als polizei bei ihnen war des darf ich

C: vielleicht grad emal vorausschicke- * ähm war ihr sohn

B:          mhm-
C: anwesend-        und der- * beginnt=s also auch schon daß

C: daß sie äh- * die familie bauer ähm- * des diebstahls und so
   weiter beschuldigt haben- * aus ihrem keller- * oder von einer
   glühbirne damals- * un da hat ihr sohn also * geäußert daß
   des alles aus der luft gegriffen ist↓

[3001/22: 5/1ff.]

C: ich glaube wir sind uns darüber einig- * daß man

C: ältere bürger- * nicht verängstigt- * oder- ** geschweige

B:                        (nö) nein sowas mach ich nicht↓(LACHT)
C: denn- * so etwas- * sagt↓

B:                        es-     ja des-
C: ja es is nur gesagt worden- * da sind also zeugen für da:- *

B: ja↑                                        äha-
C: nich- * sonst sä/ sonst säßen wir hier ja nicht-    es gäbe

C: ja keine ver/ gerichtsverhandlung vor=m schiedsmann

B:                                   ja d/-
C: wenn da nichts jewe"sen wäre nich↑ * ja    nich sonst sä"ßen

C: wir hier nicht nech↑ ** darüber sind wer uns wohl- * klar↓ *

[3002/43: 4/8ff.]
```

Es kommt so zu einer korrektiven Struktur, die sich folgendermaßen kennzeichnen läßt:

```
Schlichter/Anschuldigender: Anschuldigung
Schlichter:                 Aufforderung zur Stellungnahme
Angeschuldigter:            Knappe Reaktion
Schlichter:                 Anschuldigung (expliziert)
Angeschuldigter:            Stellungnahme (expliziert).
```

Nach solchen korrigierenden Aktivitäten kommt es denn auch meist zu Stellungnahmen der prototypischen Form.

'Knappe Reaktionen' können mehrere Funktionen erfüllen: Zum einen zielen sie darauf ab, die Haltung des Angeschuldigten zur Anschuldigung vorgreifend anzudeuten. Sie sind speziell geeignet zum Ausdruck einer Haltung, die Anschuldigung als solche nicht anzuerkennen, ohne diese Ablehnung explizit auszudrücken. Zum andern ist es offenbar Zweck knapper Reaktionen, den Schlichter zu zusätzlichen Verdeutlichungen der Anschuldigung oder weitergehenden Aktivitäten der Konfliktreformulierung zu veranlassen, in der Hoffnung, in der Auseinandersetzung mit solchen Formulierungen besser dastehen zu können als bei einer unmittelbaren Entgegnung auf die Anschuldigung selbst. 'Knappe Reaktionen' können im Kontext von Schlichtungsgesprächen in der Position von Stellungnahmen als Ausweichmanöver genutzt werden.[14]

Das Charakteristikum, „knapp" zu sein, ist ein verstehens-relevantes Merkmal und kann von den Beteiligten ausgenutzt werden, wenn sie die Eigenschaft ihrer Reaktion, „knapp" zu sein, metakommunikativ verdeutlichen:

```
ich kann da an sich da nur eins zu sagen ... mehr kann ich zu dem
sachverhalt hier nicht sagen
```

```
[3002/31: 16/2ff.]
```

Der 'unterbrechende Einwurf' und 'Partisanenausdrücke'

Bei diesen beiden Typen wartet der Angeschuldigte nicht ab, bis die Anschuldigung etabliert ist, sondern plaziert seine Entgegnung bereits im Verlauf der Anschuldigung. Seine Entgegnung besteht in diesen Fällen nur aus einer kurzen verbalen Reaktion, einem Kommentar, oder gar aus einer Interjektion ohne lexikalisierbaren Gehalt, aber mit sehr wohl wirksamer affektiver Bedeutung.

---

[14] Woran man sieht, daß die in der Literatur vorfindlichen Kategorisierungen irreführend sind, weil sie ohne Berücksichtigung des jeweiligen Handlungskontextes erfolgen.

Beispiele:

```
A: und hat dann des öfteren mal- * des hab ich selbst gehört

A: ja↓ * mal auch diese äußerung von zigeuner *
B:                                                 ou ou ou ou↓

A: und gesindel↓ * selbst" ich habe des gehört↓

[3001/08: 5/4ff.]

C: diese ausdrücke die ihnen also hier zur last gelegt werden was
   der herr karg schreibt von dem lumpengesindel kann man
   nischts anderes erwarten diese zigeuner diese idioten sollten

B:                    ohu
C: keine kinder machen dann noch des was weider hier gschriwwe is

[3001/08: 3/9ff.]

A: nochdem isch ja beim dri"tte mol- * bedrohe ogegriffe

A: worre bin mei fra is mittlerweile a bedroht worre kann

A: sich mer ja ausrechne
B:                       ach::

[3001/01: 18/13ff.]
```

Solche Interjektionen bezeichne ich als 'Partisanenausdrücke'. Ihre spezifische alltagsrhetorische Leistung liegt darin, den gerade vorgetragenen Sachverhalt zu problematisieren und global in Frage zu stellen, ohne selber Darstellungsleistung zu erfüllen. Sie zeichnen sich ferner dadurch aus, daß sie „blitzschnell" eingesetzt werden können und kaum angreifbar sind: Sie besitzen keine lexikalisch fixierte Bedeutung, mit der man sich nach ihrem Einsatz auseinandersetzen könnte – oder was die Auseinandersetzung lohnen würde. Sie sind marginal und dennoch geht von ihnen eine Störwirkung aus, die die Darstellung einer Anschuldigung zu beeinträchtigen vermag.[15]

Unterbrechende Einwürfe bzw. Partisanenausdrücke vermögen Stellungnahmen nicht zu ersetzen; sie können aber eine bestimmte Stimmung von Unglauben, Empörung bzw. Entrüstung erzeugen, die der Angeschuldigte in seiner nachfolgenden Stellungnahme zu seinen Gunsten nutzen kann. Andererseits läuft der Angeschuldigte durch den Einsatz von Partisanenausdrücken Gefahr, vom Schlichter als unkooperativ und impulsiv eingeschätzt zu werden; Qualitäten, die bei einer Sachverhaltsbeurteilung des Schlichters zu Ungunsten des so Stilisierten zu Buche schlagen können.

[15] Zu Form und Funktion von Interjektionen insgesamt vgl. die ausführliche Arbeit Ehlich (1986).

## 3.3. Die analytischen Konzepte: 'Strategie' und 'Strategisches Mittel'

Aufgrund ihrer Position im Handlungsschema Schlichten weisen Stellungnahmen eine charakteristische Doppelstruktur auf: Erstens ist die Stellungnahme zweiter Schritt einer Sequenz mit den ersten beiden Schritten 'Anschuldigung-Stellungnahme', und zwar der reaktive Schritt auf die Anschuldigung hin; insofern ist die Stellungnahme reaktiv auf die Inhalte der Anschuldigung bezogen. Zweitens bietet die Stellungnahme dem Angeschuldigten aber auch erste Gelegenheit, seine Sicht der Dinge darzustellen; insofern bildet die Stellungnahme auf der Sachverhaltsebene eine Parallele zur Anschuldigung und ihre Ausgestaltung ist von der eigenen Perspektive auf den Streit geprägt. In diesem Sinne ist sie autonom. Diese Doppelstruktur autonomer Sachdarstellung und reaktiver Auseinandersetzung prägt die Binnenstruktur, textuelle Organisation und sprachliche Ausgestaltung von Stellungnahmen in Schlichtungsgesprächen.

Aufgabe einer Gesprächsanalyse von Stellungnahmen sollte es sein, die Systematik im Aufbau von Stellungnahmen, die Makrostruktur ihrer komplexen Textgestalt und die kommunikative Funktion der einzelnen sprachlichen Mittel und Verfahren begrifflich zu bestimmen und in ihrer empirischen Vielfalt zu erfassen und zu systematisieren.

Es liegt nahe, für diese Aufgabe auf die pragmalinguistischen Arbeiten zur Vorwurfs-Rechtfertigungssequenz zurückzugreifen (Rehbein 1972, Fritz/Hundsnurscher 1975, Frankenberg 1979, Apeltauer 1977, Holly 1979, Keller 1984), doch erweisen sich diese Studien bei näherer Betrachtung für die begriffliche und empirische Bestimmung von Stellungnahmen in Schlichtungsgesprächen als von zweifelhaftem Wert. Die geringe Brauchbarkeit vorliegender Ansätze für die eigene analytische Arbeit beruht im wesentlichen auf folgenden Mängeln:

- Die Kategorienbildung erfolgt in den Studien nicht aufgrund der Auseinandersetzung mit empirischem Datenmaterial, sondern auf der Grundlage ausgedachter sprachlicher Realisationen von Anschuldigungen und Stellungnahmen (Rehbein 1972, Fritz/Hundsnurscher 1975). Wird auf der Grundlage empirischen Materials gearbeitet, handelt es sich um Protokolle teilnehmender Beobachtungen, deren Herkunft zudem meist nicht genau angegeben ist – und nicht um Gesprächstranskripte (Sykes/Matza 1957, Scott/Lyman 1976).
- Stellungnahmen werden in den vorliegenden Arbeiten ausnahmslos als singuläre, einfach strukturierte Reaktionen begriffen und nicht als in sich komplexe, ausgedehnte Reaktionsfiguren.
- Alle pragmalinguistischen Arbeiten berufen sich wesentlich in ihrer Typenbildung von Reaktionen auf Vorwürfe auf die Arbeit zu sogenannten „praktischen Erklärungen" von Scott/Lyman (1976). Diese wiederum übernehmen einen großen Teil ihrer Begriffe aus einer Arbeit von Sy-

kes/Matza (1957) zu Formen von Rechtfertigungen eigener Verfehlungen. Sykes/Matza unterscheiden aber für ihre Typenbildung gerade nicht, ob es sich um verbal geäußerte Rechtfertigungen gegenüber anderen oder kognitiv vollzogene, „innere" Selbstrechtfertigungen handelt. Für die analytischen Zwecke, die Sykes/Matza verfolgen, ist diese Differenz auch unerheblich. Wendet man ihre Typenbildung aber umstandslos bei Studien zur interaktiven Realisation von Entgegnungen auf Vorwürfe an, ignoriert man, daß für den Vollzug kognitiver Selbstrechtfertigungen andere Produktionsbedingungen herrschen als für den Vollzug von Entgegnungen in interaktiven Kontexten. Im ersten Fall muß sich die Entgegnung nämlich am psychodynamischen System des Rechtfertigenden selbst orientieren, im zweiten Fall an gesellschaftlich geteilten Rationalitätsstandards für Entgegnungen. Diese ungeprüfte Übertragung des analytischen Konzepts auf einen anderen Gegenstandsbereich führt dann zu methodischen Artefakten.[16]

Fehlende theoretische Explizierung, fehlende empirische Fundierung, und das Vernachlässigen der komplexen textuellen Gestalt und Binnenorganisation von Stellungnahmen machen vorliegende analytische Konzepte und Kategorisierungen für gesprächsanalytische Bestimmungen des kommunikativen Funktionierens von Stellungnahmen in Schlichtungsgesprächen weitgehend unbrauchbar.

Eigene analytische Anstrengungen gehen von der oben skizzierten Doppelstruktur von Stellungnahmen in Schlichtungsgesprächen aus und versuchen, die beobachtete komplexe textuelle Gestalt auf diese Struktur zu beziehen und aus ihr zu erklären.
Bei Durchsicht des Korpus von Stellungnahmen fällt auf, daß es in den meisten Fällen bei der Anlage der Stellungnahmen eine deutliche Präferenz für den reaktiven Aspekt gibt: Von der jeweils gewählten Reaktion auf die Anschuldigung hängt offenbar ab, was „sonst noch" in der Stellungnahme vorgebracht wird. Die eigenperspektivistische Sachverhaltsdarstellung ist an die Reaktionsweise funktional angebunden, und zwar zur Stützung und Unter-

[16] Der Unterschied zwischen kognitiven und interaktiven Rechtfertigungsprozessen besteht außerdem darin, daß interaktive Prozesse einem realen, antagonistisch gestimmten Gegner gegenüber erfolgen, vor dem die Rechtfertigung bestehen muß, während kognitive Rechtfertigungen einer „inneren" fiktiven Instanz gegenüber erfolgen, die tendenziell auf Akzeptanz und Wohlwollen angelegt ist. Diese Artefakte lassen sich in der Tat in allen einschlägigen pragmalinguistischen Studien wiederfinden.
Eine genaue Analyse der wissenschaftsgeschichtlichen Karriere des Musters 'Vorwurf-Rechtfertigung' in der linguistischen Pragmatik ist einer gesonderten Darstellung wert. Diese Karriere ist bestimmt vom unkritischen Übernehmen fremder Überlegungen aus anderen Zusammenhängen, gegenseitigem Abschreiben, Kategorienbildungen ohne jegliches empirisches Datenmaterial oder Reproduktionen von Artefakten wider besserer empirischen Erfahrung.

mauerung der Reaktion auf die Anschuldigung. So werden zum Beispiel in der Reaktionsweise 'bestreiten' Aspekte des Vorfalls „aufs Korn genommen" und entsprechend wird eine alternative Darstellung des in Frage stehenden Ereignisses geliefert, während bei der Reaktionsweise 'rechtfertigen' das Ereignis selbst im wesentlichen unbestritten bleibt, aber seine Bewertung durch Aufbau eines alternativen Deutungskontextes eine andere wird.

Diese Unterscheidung von Reaktionsweisen selbst und argumentativ stützenden „Apparaten" scheint die Makrostruktur von Stellungnahmen zu bestimmen und die sprachliche Ausgestaltung der Stellungnahmen zu prägen. Angeschuldigte behalten ihre in der Stellungnahme gewählte Reaktionsweise in der Regel während der gesamten Verhandlung bei, die Reaktionsweise ordnet sich somit in die äußerungsübergreifende Haltung zur Anschuldigung ein. Die Reaktionsweise in der Stellungnahme kann in diesem Sinne als Bestandteil der 'Strategie' des Angeschuldigten im Umgang mit der Anschuldigung verstanden werden. Die konkrete Ausgestaltung der Stellungnahme erfolgt durch eine perspektivisch gewendete Darstellung des Anschuldigungssachverhalts, die die eigene Strategie stützen und untermauern soll. Eine solche untermauernde Darstellung wird im folgenden als 'strategisches Mittel' bezeichnet.[17]

Das Konzept von Strategie und strategischem Mittel sei am Beispiel einer Stellungnahme illustriert:
Bei dem Fall handelt es sich um die bereits oben zitierte Stellungnahme aus einer Verhandlung vor einer baden-württembergischen Vergleichsbehörde (3001/05), in der Herr Bentz angeschuldigt ist, Herrn Meinrath mit den Worten „hau doch ab du simpl" beleidigt zu haben:

```
C: was habbe sie dazu zu sa:che  ←herr-
A:                                das hab ich nich gesacht- *

C: ham sie net" gesacht
A: (...) es ging (...) ausführung * warum↑ * ich gesacht hab hau

C:                     mhm-
A: doch ab du simpl↑       des: hab isch kann isch gar net gesacht

A: hawwe isch hab nur gsacht das is doch wohl der gi"pfel

[3001/05: 4/16ff.]
```

Die Stellungnahme beginnt damit, daß Herr Bentz die ihm vorgeworfene Äußerung bestreitet. Dieses 'Bestreiten' stellt seine Reaktionsstrategie dar.

---

[17] Mit der Wahl dieses Ausdrucks soll auch der Alltagserfahrung Rechnung getragen werden, daß man sich als Betroffener vor Gesprächssituationen wie etwa Schlichtungsverhandlungen einen Plan macht, wie man sich im Gespräch insgesamt zu verhalten gedenkt.
Ich sehe eine Affinität solcher strategischen Mittel zu dem, was bei Pander-Maat (1985) „unterstützende Äußerungen" genannt wird.

Darauf folgen die bereits oben beschriebenen Darlegungen, was statt dessen geschehen ist, und seine negative Stilisierung des Anschuldigenden. Diese Aktivitäten stellen die 'strategischen Mittel' der Stellungnahme dar; mit ihnen versucht Herr Bentz, das Bestreiten der Anschuldigung glaubhaft und plausibel zu machen und sich so eine gute Ausgangsposition für den weiteren Fortgang der Konflikt-Rekonstruktion zu verschaffen.

### 3.4. Illustration des methodischen Vorgehens

Die gesprächsanalytische Arbeit an der Stellungnahme ist in folgende Arbeitsschritte gegliedert:

1. Segmentierung der Stellungnahme im Interaktionskontext und Bestimmung ihrer Grenzen:
   Der Anfang der Stellungnahme ist in der Regel deutlich markiert durch Aufforderungshandlungen des Schlichters (*was haben sie dezu zu sagen↑* [3001/02A]) oder Formulierungen des Stellungnehmenden, mit denen dieser ums Wort bittet (*kann isch da gleich an"twort gewwe drauf↑* [3001/20]).
   Zur Bestimmung des Endes der Stellungnahme kann man sich häufig an bekräftigenden Floskeln der Stellungnehmenden orientieren, mit denen diese ihre Positionsdarstellung abschließen (*un so" war des* [3001/03]; *mehr kann ich nicht dazu sagn↑* [3001/08]). Analytisch kann eine Stellungnahme als abgeschlossen betrachtet werden, wenn der Stellungnehmende selbst den Abschluß der Stellungnahme markiert oder einer der anderen Beteiligten mit einem Redebeitrag das Gespräch weiterführt, der nicht auf Entlastung des Angeschuldigten abzielt. Im übrigen ist es analytisch kein Problem, wenn fallweise ein Ende der Stellungnahme nicht deutlich erkennbar ist, denn die in der Stellungnahme eingeschlagene 'Strategie' des Stellungnehmenden zieht sich in aller Regel ohnehin durch sein gesamtes weiteres Gesprächsverhalten, d.h., die Stellungnahme ist ohnehin mit dem weiteren Gesprächsgeschehen verknüpft.
   Das weitere analytische Vorgehen zielt darauf ab, die o.a. Doppelstruktur von 'Stellungnahmen' herauszuarbeiten, d.h. die dominante Reaktionsstrategie zu bestimmen und die Funktionsweise des strategischen Mittels zu beschreiben.
2. Bestimmung der Reaktionsstrategie
   Diese Bestimmung erfolgt weitgehend induktiv von der Analyse der einzelnen Gespräche aus.
   Die Benennung der Strategien erfolgt in alltagssprachlich geläufigen Ausdrücken für Reaktionsweisen auf Anschuldigungen. Prädikate aus vorliegenden Kategoriensystemen (s. Literatur in 3.3) werden fallweise mitbenutzt; eine Anwendung der Systeme insgesamt ist aus den oben angeführten Gründen allerdings nicht sinnvoll.

Die Bestimmung der Strategie kann sich der heuristisch leitenden Frage bedienen: „Was für eine Haltung nimmt der Stellungnehmende gegenüber der Anschuldigung ein?"

3. Analyse der strategischen Mittel

Bei der Analyse der strategischen Mittel geht es darum,
- die jeweils zustandekommende Darstellungssystematik in der Stellungnahme zu kennzeichnen (das „Design" der strategischen Basis). Diese Kennzeichnung soll in Hinblick auf die Funktion der strategischen Mittel als Stützapparat für die eingeschlagene Reaktionsstrategie erfolgen.
  Die Kennzeichnung der strategischen Mittel kann sich als Antwort auf die heuristisch leitende Frage ergeben: „Mit was für einer Darstellungsfigur untermauert B seine Haltung der Anschuldigung gegenüber?"
- die Funktion einzelner sprachlicher Mittel im Darstellungszusammenhang zu bestimmen. Die Bestimmung erfolgt hauptsächlich dadurch, daß die alltagsrhetorische Wirksamkeit einzelner sprachlicher Figuren und Elemente aufgedeckt, das zur Interpretation erforderliche Kontextwissen expliziert und die implizit bleibenden Präsuppositionen und Implikationen eingesetzter sprachlicher Ausdrücke expliziert werden (vgl. Labov/Fanshel 1977).

## 3.5. Empirische Ergebnisse

### 3.5.1. Reaktionsstrategien in Stellungnahmen und ihre strategischen Mittel

Im folgenden werden Resultate der systematischen Analyse von 26 Stellungnahmen dargestellt.
Zunächst werde ich einen Überblick über die gefundenen Reaktionsstrategien und die eingesetzten strategischen Mittel geben (3.5.1) und daraufhin drei besonders häufig auftretende bzw. besonders interessante Mittel genauer vorstellen und ihre Wirkungsweise in Mikroanalysen vorführen (5.3.2 - 3.5.4).

Übersicht über die Ergebnisse:

Die im Korpus vorhandenen Stellungnahmen waren durch folgende Reaktionsstrategien bestimmt:[18]

Reaktionstyp:

a) Bestreiten
b) partielles Bestreiten
c) Erklären
d) Rechtfertigen
e) Zurückweisen
f) Problematisieren

Die Reaktionsstrategie des 'Bestreitens' fand sich in den im Korpus beobachteten Stellungnahmen weitaus am häufigsten (12 Fälle gegenüber 2 bis 5 bei den anderen Typen). Das Korpus bestand im wesentlichen aus Gesprächen in der Vergleichsbehörde bzw. beim Schiedsmann. Die im Korpus enthaltenen Fälle aus dem Arbeitsgericht wiesen alle die Strategie des 'Rechtfertigens' auf. Dies war auch zu erwarten, weil es im Arbeitsgericht fast immer um die gerichtliche Prüfung von Kündigungsgründen geht und der angeschuldigte Arbeitgeber die Aufgabe hat, seine Gründe zu verteidigen, d.h. sich zu rechtfertigen. Die festgestellten Häufigkeiten sind sicher in keiner Weise repräsentativ im strengen Sinne, sie weisen aber doch darauf hin, daß es – zumindest in dieser Schlichtungs-Phase – wesentlich um den Geltungsanspruch der Wahrheit geht, der in Frage gestellt wird. Die Konzentration linguistischer Arbeiten auf Entschuldigungen und Rechtfertigungen geht insofern an den empirisch vorfindbaren Verhältnissen vorbei.

---

18

| | | Gesprächsnummer | Häufigkeit im Korpus |
|---|---|---|---|
| a) | Bestreiten | 1/02A; 1/05; 1/08; 1/20; 2/01; 2/20; 2/30b; 2/31; 2/43; 3/54; 3/99a; 3/121 | = 12 |
| b) | partielles Bestreiten | 1/03; 1/09 | = 2 |
| c) | Erklären | 1/10; 2/02; 2/32 | = 3 |
| d) | Rechtfertigen | 1/22; 3/59; 3/65; 3/124; 5/02 | = 5 |
| e) | Zurückweisen | 0/02; 3/55 | = 2 |
| f) | Problematisieren | 2/42; 2/46 | = 2 |

Der erwartbare und vom Verfahrenswalter favorisierte Reaktiontyp „Anerkennen" (der Anschuldigung) findet sich selten. Die Stunde des Eingeständnisses und der Entschuldigung schlägt in Schlichtungsgesprächen meist erst am Ende eines komplexen Aushandlungsprozesses – wenn überhaupt.

a) 'Bestreiten':

```
C: hawe s=es gemacht oder hawe=s=es net gemacht↑
B:                                                        ja nein nein↓ >ne<

C: →sie hawwe gar" nix gemacht↓←
B:                                  gar nix↓
```

[3001/02A: 4/11ff.]

**das is nummer eins gelo"gen↑**

[3001/20: 8/3]

**mir mache doch kän post uff un le"sen die↑**

[3002/1: 10/4ff.]

**also daß ich so"was soll jesacht habn also * liegt mir nisch**

[3002/20: 2/5f.]

**ich hab das nicht gemacht" was da angegeben was ich da**
**angeblich da gemacht haben soll**

[3002/30b: 6/3f.]

**ja ich kann da an * sich nur eins zu sagen↓ * diese sachen**
**sind voll"kommen" aus der luft gegriffen→**

[3002/31: 16/2ff.]

```
das stimmt nischt↑ es war→ (...) es war bei→ * der→ ** frau
leonhardt (...) #kei"nerlei→ * bezahlung# vereinbart→
                #STAKKATO#
```

[3003/99a: 1/19ff.]

Bei der Strategie des 'Bestreitens' wird der Wahrheitswert der in der Anschuldigung gegebenen Vorfallsdarstellung zurückgewiesen. Für die kommunikative Umsetzung dieser Strategie gibt es eine Reihe sprachlicher Techniken des 'Widersprechens' (ausführlich Spranz-Fogasy 1986), so die unspezifische, globale 'Reklamation' (*nein nein↓ >ne<*), die 'konträre Beurteilung' (*das is nummer eins gelo"gen↑*), bei der die „Übereinstimmung der Sachverhaltsdarstellung des Gegenüber mit den dargestellten Weltausschnitten" negiert wird (Spranz-Fogasy 1986, S. 36) und die 'Gegenbehauptung', in der der Vorfall explizit in kontradiktorischer Weise formuliert wird:

```
es war bei- * der→ ** frau leonhard (...) #kei"ne"rlei"→ *
                                          #STAKKATO#
bezahlung# vereinbart
```

[3003/99a: 1/19ff.]

Wenn der Stellungnehmende bestreiten will, ist es wichtig, daß er eine bestimmte Haltung zur Anschuldigung aufbaut, die sich sprachlich in Modalitäten wie 'apodiktisch', 'entschieden', 'kräftig', 'entgegensetzend' oder auch 'empört' ausdrückt; hier spielt die intonatorische Ausgestaltung des Redebeitrags ebenso eine Rolle (relativ laut, silbenweise Betonung ('STAKKATO')) wie bekräftigende Formeln (... *nur eins zu sagen↓*; ... *mehr kann ich nicht dazu sagn↓*). Dieser Haltung entspricht oft auch der beitragsinterne Aufbau der Stellungnahme: Sie beginnt dann mit einem typischen Blockadeelement (*nein nein*) oder einem Partisanenausdruck (*ou ou ou; ach:*), liefert dann eine konträre Beurteilung (*alles gelogen*) und schließt eine 'Gegenbehauptung' an (*es war kei"nerlei* ... etc.). Diese Haltung des 'Entgegensetzenden' zeigt sich auch darin, daß zunächst die Haltung selbst verdeutlicht wird und im Anschluß daran durch ein strategisches Mittel gestützt wird.

Die Strategie des 'Bestreitens' wird nach den im Korpus gemachten Beobachtungen durch eine ganze Reihe von Darstellungsfiguren untermauert; die bemerkenswertesten sind:

- Für das umstrittene Geschehen wird eine alternative Darstellung geliefert ('rivalisierende Beschreibung') (s.u. 3.5.2).
- Das in der Anschuldigung dargestellte Geschehen wird in einer Weise formuliert und weitergesponnen, daß es unglaubwürdig und lächerlich erscheint ('absurde Konstruktionen') (s.u. 3.5.3).
- Das in der Anschuldigung dargestellte Geschehen wird uminterpretiert und zum Bestandteil einer 'Gegenanschuldigung' gemacht (s.u. 3.5.4).
- Mit dem Vorfall oder dem Streit insgesamt zusammenhängende Verhaltensweisen des Anschuldigenden werden hervorgehoben, die diesen als unglaubwürdig, unzuverlässig, streitsüchtig oder ähnliches stilisieren.
- Die Wahrheit der eigenen Darstellung und Aufrichtigkeit der eigenen Haltung wird beteuert. Diese Beteuerung erfolgt in markanter Weise durch 'Wahrhaftigkeitsoperatoren', das sind Aufrichtigkeitstopoi und ritualisierte sprachliche Floskeln, die z.T. geradezu Beschwörungscharakter haben:

```
B: also ich kann nur dazu sa:n so die"se äißerungen * do schwör

B: ich bei gott do soll i auf de a"lle zwei augn blind wern wann

B: des" von mein munde gekommen is↓  mehr kann ich nicht dazu
C: a mache se=s net so arg↓         jo

B: sagn↓
```

[3001/08: 2/12ff.]

**... so wahr isch hier sitze↓ * auf meiner mutter ihren tod**

**[3002/01: 68/1f.]**

**... wenn des so wäre→ * wäre ich der mann und würde sagen hier→ * hab ich gesagt**

**[3002/31: 102/5f.]**

**B: isch sag de wahrheit schon→isch lüge net↑ * warum soll isch**

**A: sehr oft herr blanehauf ja↑**
**B: lügen↑ isch" →ja da will (...)← ***

**B: könnten se mir die hände abhacken↓**

**[3002/01: 21/7ff.]**

- Für die Geltung der eigenen Darstellung werden Zeugen angerufen ('Berufung'):

**B: is ni"cht mehr zam aushaltn un do kenne=s in herrn heilmann sein unmittelbaren nachber den herrn * oberamtsmann hans waller seine frau frang die hot a"lles mit angehert und ob sie was weiß van messer un va de:s un va selles un van andern↓**

**[3001/08: 6/28ff.]**

b) 'partiell Bestreiten'

**B: äh viele worte haw isch ni"scht"**
**C: was hawwe sie dezu zu sagen↓**

**B: gsacht↓**

**[3001/03: 3/16ff.]**

**B: die hälfte devo stimmt net↓**

**[3001/09: 6/2]**

Die Strategie zielt auf Behandlung der Anschuldigung auf Vorfallsebene ab. Die dort präsentierte Darstellung wird bestritten, allerdings nicht vollständig, sondern nur in Teilen. Der nicht bestrittene Vorfallsteil gilt damit implizit nach alltagsweltlichem Verständnis gemeinhin als zugegeben, die Betonung bei der Haltung des 'partiellen Bestreitens' liegt aber eben beim Bestreiten (im ersten Beispiel auch intonatorisch markiert).
Die Haltung des 'partiellen Bestreitens' eröffnet beiden Streitparteien und dem Schlichter Verhandlungsspielräume für den weiteren Fortgang der Konflikt-Rekonstruktion: Anschuldigender bzw. Schlichter können sich auf

diese Haltung einlassen und im folgenden deutlich machen, daß auch bei einer soweit zugegebenen Minimalversion des 'Vorfalls' die Anschuldigung ihre Berechtigung besitzt; der Angeschuldigte kann bei Akzeptanz der geteilten Minimalversion gerade im Gegenteil die Erheblichkeit des Vorfalls in Frage stellen. In jedem Fall eröffnet diese Strategie die Möglichkeit, zu einer Einigung zu kommen, bei der beide Parteien ihr Gesicht wahren können.
Als strategisches Mittel ließ sich im Korpus die Figur der 'Opfer-Stilisierung' finden: Der Angeschuldigte stellt sich als über Gebühr angeschuldigt und damit als ungerecht behandelt dar. Während er nun schon mit dem impliziten Eingeständnis Glaubwürdigkeit demonstriert und dem anderen entgegenkommt, droht er mit einem Schwall ungerechtfertigter Anschuldigungen überschüttet zu werden. Die mit der Opfer-Stilisierung vermittelte Botschaft läßt sich paraphrasieren als: „Ich bin ja wirklich kein Engel, aber alles muß ich mir ja auch nicht anhängen lassen".

c) 'Erklären'

```
B: der sachverhalt- * so wie=s de:r- * herr doktor gschildert
   hot- * trifft zu:↓ ** awwer was isch nur dazu sagen möschte
   is- * des war nit- * ma kann sisch nit uff den ä:ne tag
   beziehe des geht jo schun jahrelang

[3001/10: 4/5ff.]

C: sie han also jelesse wat der do sä:t wat sagn se dazu- *3*

B: ha- * scheiß ha isch jebaut↑ ** isch war besoffn-
C:                                                   >mhm-< *3*

B: et künnt sin- * da=isch verrückt war↓ * wa-
C:                                            dat dat also s/ *

B:                                                   isch hatt
C: kö"nnt sin dat dat so schtimmt wat da drin steht↓

B: jesoffen ja↓      tei"lweise schtimmt et * teilweise-
C:             mhm-

[3002/02:3/9ff.]
```

Beim 'Erklären' wird das in der Anschuldigung dargestellte inkriminierte Verhalten zugegeben; der thematische Fokus der Stellungnahme ist aber darauf gerichtet, Umstände anzugeben, aus denen heraus das inkriminierte Verhalten unter alltagsweltlichen Maßstäben plausibel wird oder in einem anderen „milderen" Licht erscheint (z.B. Hinweis auf die Dauer des Konflikts bzw. die Unzurechnungsfähigkeit des Täters).
Im zweiten obigen Beispiel ist die Erklärung rhetorisch systematisch angelegt: sie beginnt mit einer globalen, diskreditierenden Charakterisierung des

eigenen Verhaltens; der Bezug dieser Kennzeichnung zum vorgeworfenen Verhalten bleibt zunächst noch offen und eine deutliche Pause verlängert den Spannungsbogen noch. Es folgt eine Kennzeichnung des eigenen Tatzustandes, die nach alltagsweltlichen Kriterien das inkriminierte Verhalten zu erklären vermag und die Verantwortlichkeit des Täters reduziert. Nach weiteren 3 Sekunden Pause nimmt B den Behauptungscharakter seiner Äußerung zurück und kennzeichnet nochmals seinen Zustand, diesmal in semantischer Nähe zum anfänglichen „Scheiß bauen". Als der Schiedsmann einen zweiten Anlauf unternimmt, eine präzise Stellungnahme zu bekommen, bestätigt B die Anschuldigungsdarstellung in sehr vermittelter Weise: Er beschreibt ein Verhalten, das nach alltagsweltlichen Interpretationsmaßstäben zu einem Zustand führen kann, aus dem heraus jene Verhaltensweise entstehen kann, die ihm vorgeworfen wird. B flankiert die so konstituierte Erklärung noch durch eine Einschränkung des impliziten Eingeständnisses, die er in der Folge dann noch ausbaut (s.o. 'Opferstilisierung').

In der Vorwurfs-Rechtfertigungs-Literatur bzw. in den Arbeiten zu „praktischen Erklärungen" wird eine solche Reaktionsweise als 'Entschuldigung' bezeichnet. Diese Bezeichnung ist im Kontext der Analyse von Schlichtungsgesprächen irreführend, da in Schlichtungsgesprächen eine Entschuldigung als formaler Akt der Wiedergutmachung nach der Herstellung einer Einigung auftritt. Während in dyadischen Situationen die inkriminierte Handlung oft beiden Parteien aufgrund gemeinsamer Wahrnehmungssituation präsent ist und eine Phase der Konfliktrekonstruktion entfallen kann und direkt die Wiedergutmachung erfolgen kann, muß bei Hinzuziehung einer dritten Partei erst eine Phase der Sachverhaltsklärung zwischengeschaltet werden, bevor eine Entschuldigung möglich wird. Daher sollte die Haltung des Angeschuldigten in der Phase der Konflikt-Rekonstruktion begrifflich unterschieden werden von der später erfolgenden Aktivität zur Wiedergutmachung.

Als strategisches Mittel für die Haltung des 'Erklärens' findet sich im Korpus die Darstellungsfigur der 'krisenhaften Vorgeschichte': Das inkriminierte, zugegebene Verhalten wird als Resultat des Auftretens des anderen oder der verfahrenen Situation dargestellt (vgl. erstes obiges Beispiel), angesichts derer man selber „den Kopf verloren habe" und im Affekt gehandelt habe. Durch diese Figur minimiert der Angeschuldigte seine Verantwortlichkeit und wirbt um Verständnis für sein Verhalten. Bei der Haltung des 'Erklärens' zielt das strategische Mittel darauf ab, Verständnis für die Tat zu erwecken. Eine gängige Darstellungsfigur ist entsprechend, erst den gesamten Interaktionskontext aufzubauen und die eigene Tat gleichsam automatisch aus dem Zusammenwirken der geschilderten Umstände heraus folgen zu lassen. Bei dieser Darstellungsfigur vermeidet man zudem, das Eingeständnis der Tat unmittelbar auf eine entsprechende Frage des Schlichters folgen lassen zu müssen; es kann vielmehr unexpliziert am Ende der Schilderung stehen.

```
B: darauf kam frau blank wutentbrannt auf=em par/ auf den
   auf ihre veranda- * und sacht mach den motor aus du
   umweltverschmutzer ich zeige dich a"n↓ * und da ist mir der

B: kragen geplatzt↓
C:                      >ja-< ** und da haben se diesen berühmten

C: ausdruck von götz von berlichingen gesagt

[3002/32:2/22ff.]
```

d) 'Rechtfertigen'

```
B: der kündigungsgrund"- ** weshalb wir herrn wernke das
   arbeitsverhältnis fristlos gekündigt haben war der- * daß er
   wäh"rend der geschäftszeit- * in den geschäftsräumen- * mit
   einer ihm unterstellten verkäuferin geschlechtsverkehr
   betrieben hat↓

[3003/59: 2/7ff.]
```

Beim 'Rechtfertigen' vertritt der Angeschuldigte die Haltung, daß sein inkriminiertes Verhalten situativ angemessen, an Normen orientiert, in jedem Fall aber „das einzig Richtige" gewesen ist. Rechtfertigungen als Haltung in der Stellungnahme sind im Schlichtungskorpus vor allem für die Gütetermine vor dem Arbeitsgericht strukturell erwartbar, da hier in der Regel der Arbeitnehmer auf Wiedereinstellung nach Kündigung klagt und der Arbeitgeber seine Kündigung, die er zugibt, als angemessene Reaktionsweise begründen, d.h. rechtfertigen muß.[19]
Im Gefolge einer solchen Rechtfertigung kommt es im Rahmen von Arbeitsgerichtsverhandlungen dann oft zu einer Umkehrung des Beteiligungsverhältnisses: der angeschuldigte Arbeitgeber wird zum Anschuldigenden, ein bestimmtes, inkriminiertes Verhalten des Arbeitnehmers zum Redegegenstand und der Arbeitnehmer gerät in die Verteidigungsposition.
An solche Verwandlungen des Beteiligungsverhältnisses dachten wohl Sykes/Matza, als sie von der „subtilen Alchemie" des Rechtfertigens gesprochen haben (S. 368).

Als strategische Mittel fürs Rechtfertigen dienen je nach Gesprächsrahmen alltagsweltlich geläufige bzw. institutionenspezifische, kodifizierte Erwartungen und Normkomplexe, die den Umgang miteinander regeln oder die als Maßstab für die Beurteilung von Handlungen dienen. Im Beispiel arbeitet der Arbeitgeber (bzw. konkret dessen Anwalt) den devianten Charakter der kündigungsbegründenden Haltung des Arbeitnehmers sprachlich dadurch heraus, daß er – durch Pausen markiert – den besonderen Ort und die besondere

---

[19] Vgl. zu den besonderen Rahmenbedingungen der Teilnehmerkonstitution im Arbeitsgericht Schröder (1995).

Zeit der Handlung betont und durch die Kennzeichnung als „betreiben" der inkriminierten Handlung eine gewisse formale, auf die Rechtssprache orientierte Fassung verleiht.

e) 'Zurückweisen'

```
W: die der eh philipp kommt traurig zu mir an und weint↓ * und

W: sagt↓ * judith daß du ihm ga:r ←nicht→ * polster zum spielen

W: gibst↓             nur das eine↓ was sachste denn dazu↓ *
P:        nur das da *

J: der philipp * hat doch da" noch ne höhle↓

[3000/02: 2/1ff.]

C: →gut wie dem auch sei jetzt erstens rückständiger lohn

B:                    zunächst einmal       wir sind wir sind
C: herr springering zweitens kündigung↑←

B: also überhaupt nicht äh passiv legitimiert

[3003/55: 9/5ff.]
```

Bei der Haltung des 'Zurückweisens' wird der gesamte Akt des Anschuldigung-Erhebens fokussiert. Der Anspruch auf Formulierung einer Anschuldigung wird zurückgewiesen, insbesondere werden die Voraussetzungen des Aktes (Schädigung, situative Unangemessenheit der Handlung, Intentionalität) in Frage gestellt. Bei den beiden Zurückweisungen im Korpus wird in Abrede gestellt, daß eine Schädigung erfolgt ist bzw. daß der Angeschuldigte für den Schaden verantwortlich ist. Die Haltung des Zurückweisens bietet sich an, wenn der Zusammenhang zwischen aufgetretener Schädigung und beschuldigten Täter (d.h. Angeschuldigter) nur schwach ist; dies trifft im Korpus vor allem in Fällen von Gebrauchtwagenschlichtung und Handwerkerschlichtung zu, wo meist zwar ein Schaden am gekauften Fahrzeug bzw. gefertigten Objekt unumstritten ist, der Händler oder Handwerker aber die Verantwortlichkeit für den Schaden ablehnt.
Strategische Mittel können mit allen Gesichtspunkten operieren, durch die der Anspruch des Anschuldigenden zurückgewiesen werden kann. Denkbar sind Stilisierungen des Anschuldigenden als 'Querulanten', 'Nörgler' oder 'überempfindliche Menschen'[20], Nachweise, die belegen, daß man sich an den Falschen gewandt hat, oder alternative Interpretationen des Streitgeschehens, aus denen hervorgeht, daß eigentlich der Angeschuldigte das Opfer ist.

[20] Vgl. dazu näher Reitemeier (1995).

f) 'Problematisieren'

B: ich hab es nie behauptet↑ ja nu:
C: ja wir haben en zeugen dafür↓

B: ich hab=s nich behauptet äh s=is noch lange keine behauptung

B: wir hatten uns mal darüber unterha"lten↑ * das stimmt-
C: ja das genügt aber

[3002/42: 9/5ff.]

A: die notiz hab ich zwar gemacht des is also unstreitig des is ganz
C: ja↑

A: klar * hab=sie aber anschließend↓
C: wird auch relativ leicht nachzuweisen

A: niemand (...) natürlich↑* deswegen kann ich=s ja gar net
C: sein↓

A: abstreiten- aber ich hab=s ja an niemand gerichtet↑ * >un-<
C: ja↓

[3003/56]

B: erstmal hat man gesagt das is um acht uhr passiert- * dann is es viertel vor neun passiert obwohl ich gesagt habe mein kind is aber um halb neun aus=m haus gegangen is das alles um halb" neun passiert mit dem geld↓ * das sin schon mei"ner meinung nach widersprüche- *

[3002/46: 3/26ff.]

Die Strategie des 'Problematisierens' setzt bei einzelnen Aspekten (Stücken) der Anschuldigung an und stellt diese in Frage; in den vorliegenden, im Korpus gefundenen Fällen sind es der Deliktcharakter des Vorfalls, der in Frage gestellt wird bzw. Einzelheiten des Vorfalls selbst, zwischen denen Widersprüche konstatiert werden.
Die Strategie des 'Problematisierens' eignet sich für Fälle, in denen es dem Angeschuldigten ratsam erscheint, Nebenkriegsschauplätze zu eröffnen und vom eigentlichen Fokus der Anschuldigung abzulenken.

Als strategische Basis zum Beispiel für das Problematisieren von 'Schädigung' dienen 'rivalisierende Beschreibungen', durch die etwa das Schädigungsausmaß minimiert wird, oder andere Bewertungsmaßstäbe für das Vorliegen einer Schädigung.

### 3.5.2. Ein besonderes strategisches Mittel: 'Rivalisierende Beschreibung'[21]

'Rivalisierende Beschreibungen' sind reaktive Darstellungen, die sich auf ein Ereignis aus einer ersten Sachverhaltsdarstellung beziehen, dieses aber auf eine Weise beschreiben, die mit der ersten Sachverhaltsbeschreibung nicht kompatibel ist.

Bezugspunkt rivalisierender Beschreibungen in Stellungnahmen sind die in der Anschuldigung dargestellten oder erwähnten konfliktären Ereignisse. Die rivalisierende Beschreibung liefert für das dort angesprochene Geschehen eine andere Version.

'Rivalisierend' ist diese andere Version in Relation zur Anschuldigung deshalb, weil sie sich auf die gleichen Ereignisse wie in der Anschuldigung bezieht, diese aber sprachlich anders darstellt, dergestalt, daß die der Anschuldigung zugrunde liegende Version nicht mehr gleichzeitig wahr sein kann. Die Beschreibung wird zum Rivalen um den Anspruch auf wahre Ereignisdarstellung. Man kann sie sich eingeleitet denken durch die kanonische Formulierung: „Es war alles ganz anders ...".

In einer rivalisierenden Beschreibung operiert der Stellungnehmende mit der Präsupposition, daß er in seiner Darstellung vom gleichen Referenzpunkt ausgeht wie der Anschuldigende. Diese Sicherstellung identischer Referenz ermöglicht ihm dann gerade eine unterschiedliche, rivalisierende Darstellung. In der rivalisierenden Beschreibung wird anerkannt, daß etwas passiert ist, aber das, was passiert ist, wird völlig anders sprachlich repräsentiert. Die in der Anschuldigung dargestellten Ereignisketten werden anders sprachlich gebündelt, werden um zusätzliche Ereignisse ergänzt, ihnen werden andere Strukturen unterlegt und sie fügen sich insgesamt zu einem neuen – überraschenden – Bild zusammen:

```
C:  auf den ersten vierten vierundachzig↑ * erfuhr isch von frau
    liesa wer"ner↑ * eben dieser nachbarin in der wienerstraße↑ *
    daß frau blanehauf vor einigen tagen aus dem fenster ihrer im
    ersten stock gelegenen wohnung meine kräuterbepflanzten
    blumenkästen im parterre schmutzwasser gegossen habe↑ * dies

B2:                                  näl↓
C:  ist wiederholt vorgekommen die kräuter sind nicht mehr

B1:                         warte doch mal ab↑
B2:             nä↓                                 nein" hab isch
C:  gebrauchbar"↓                        ham se↑ * oder ham se net↓
```

[21] Quasthoff (1980, S. 131ff.) untersucht ähnliche Fälle unter dem Gesichtspunkt des „antagonistischen Erzählens".

```
A:                                       isch hab das doch
B2: nischt↑              nein↓
C:          kein" wasser runtergekippt↓

A:  selber ein/
B1: →wo wo wir (...)←
B2: <da hab isch die  fenster saubergemacht da hab isch die

B2: fen"sterbank saubergemacht- * da is wasser wasser

B1:                                      ja selbstverständlich
B2: runtergekippt↑                       ja is klar- *
C:  un da schü"tten sie" wasser runter↑

B1: für die fensterbänke sauberzumachen↑
B2: nur die fensterb/ * nur die fensterbänke- * isch habe aber

B2: kein" wasser in ihr- * zudem waren die ja vorher schon kaputt

A:          wie warn die↑ * ja durch durch ihre:- * äh wasser↑ *
B2: ne↑>
C:                        (...) (...) (...)↓

[3002/01: 55/6ff.]
```

Diese Rivalität kann in der Stellungnahme durch sprachliche Operationen auf den unterschiedlichsten Ausdrucksebenen erzeugt werden:

1. die sprachlichen Darstellungsleistungen, mit denen die Ereignisse beschrieben werden, können in semantischer Opposition zueinander stehen, während die Ereignisstruktur identisch bleibt.
   Im folgenden Beispiel, einem Gütetermin vor dem Arbeitsgericht (3003/51), ist der Arbeitnehmerin A gekündigt worden, weil sie den Ruf der Arbeitgeberin, einer Ballettschule, B, geschädigt habe. Die Schulleiterin und ihr Anwalt beschreiben das vorgeworfene Verhalten folgendermaßen:

```
B2: es" kam ja zu diesem hier erwähnten schreiben nur deshalb
    weil weil die frau miller →jetzt ich sag=s jetz emol etwas
    burschikos← ein riesentheater gemacht hat und diese- *
    dieses einvernehmliche aufheben vom arbeitsverhältnis- *
    in" der schule rumgetratscht hat- * daß die frau- * die
    mütter sagt die frau ewald sind zu ihr in die auf=s büro

B2: gekommen un- * ham sie                 fast
B1:                in die wohnung↓ wie die hyänen sind sie

B1: über mich hergefallen↓
B2: überrannt-            fast überrannt so daß sie sich
```

B2: gezwu"ngen sah zu dieser sache- * stellung zu nehmen↓

[3003/51: 22/2ff.]

Die angeschuldigte Arbeitnehmerin bestreitet, daß sich der Vorfall so zugetragen hat; sie beschreibt das Geschehen mit folgenden Worten:

A1: ich habe auf dem dienstag einige mutter erklärt daß ich gekündigt bin↓ * und das war eine wahre tatsache- * auf dem sind sechs mutter hochgegangen oh"ne daß ich wußte- * zu frau ewald und haben gebeten daß die ewald- * ähm behält an der schule↓ * das war von mir kein einfluß

[3003/51: 23/3ff.]

An semantisch in Opposition stehenden Ausdruckselementen sind leicht erkennbar:

| | |
|---|---|
| *riesentheater gemacht* | *einige mütter erklärt daß ich gekündigt bin* |
| *in der schule rumgetratscht* | *auf das sind sechs mütter* |
| *die mütter sind in die wohnung* | *hochgegangen oh"ne daß ich wußte* |
| *wie die hyänen sind sie* | *und haben gebeten daß die* |
| *über mich hergefallen* | *ewald ähm behält an der schule* |
| *ham sie fast überrannt* | |
| *so daß sie sich gezwun"gen sah* | *das war von mir kein einfluß* |

2. Die Ereignisse können zu unterschiedlichen Ereigniszusammenhängen zusammengefaßt oder unterschiedlich interpunktiert[22] werden, aber in Übereinstimmung mit der Anschuldigungsdarstellung benannt werden. Im folgenden Beispiel (3002/01), einem Güteverfahren vor dem Schiedsmann, ist das beschuldigte Ehepaar B1 und B2 gerade dabei, „den Spieß umzudrehen" und der Anschuldigenden A fehlende Dankbarkeit für nachbarschaftliche Leistungen vorzuwerfen.

A: ja
B2: hat er ihne net zigaretten runtergebracht un kuchen

A: ja nachdem er meinen bruder un mich mit mord bedroht
B1: un wein
B2: runtergebracht↑ gutheit ist dummheit wissen sie

A: hatte↑ mit mo"rd bedroht hatte↑ * un als ich zur polizei
B2: dat↑ gutheit ist dummheit↑

[22] Zum Konzept der 'Interpunktion' vgl. Watzlawick et al. (1969).

A: gehen wollte↑ * un da"nn ka"m herr blanehauf (...)
B1: →da kam isch

A: nachmittags mit so" einer fahne↑
B1: runter mit kuchen un wein un gib ihnen dat-←

[3002/01: 26/3ff.]

A bestätigt die Darstellung des Geschehens, nimmt aber eine andere Interpunktion des Ereignisstroms vor: Während in Bs Darstellung seine Nachbarschaftsleistung als initiativer, spontaner Akt erscheint, stellt A sie als Reaktion auf eine Verfehlung dar: Sie entwertet damit die suggerierte Bedeutung der geschilderten Handlung als spontaner, hilfreicher Akt und stellt sie als billiges Wiedergutmachungsmanöver dar; nebenbei wird durch die Vorgeschichte der Leistung auch gleich noch ein weiterer, B diskreditierender Vorfall ins Gespräch eingeführt. Die Doppelstruktur rivalisierender Beschreibung von referentieller Identität und attributiver Divergenz zeigt sich im Beispiel sehr gut an der Redeübernahme As: Nachdem sie zunächst Bs Darstellung scheinbar bestätigt (*ja ... ja*) und auf die Handlung selbst auch nicht mehr eingeht – referentielle Identität – führt sie die Darstellung mit der Temporalnebensatz-Konstruktion weiter, beleuchtet in ihr den Hintergrund der Handlung und entwertet sie damit. Bei 'ja – nachdem' handelt es sich geradezu um ein Formulierungsverfahren für divergierende Interpunktionen.

3. Die Akzentsetzung, durch die die Gesamtdarstellung ihre „Botschaft" enthält, divergiert, während die beschriebenen einzelnen Sachverhalte durchaus übereinstimmen können.
   Im folgenden Beispiel, einer Güteverhandlung vor dem Schiedsmann [3002/31], geht es u.a. um die Anschuldigung, daß Herr Pech (B) Herrn Gehlenberg (A) die Zeitung gestohlen habe.

   Anschuldigungsversion

A: dann äh is äh bei uns wiederholt die zeitung weggewesen↑
dann ham wir angerufen bei der äh ruhrboten- die ham eine
neue gebracht- mit=em boten- und wie die" da war- * da ging
plötzlich auf der andern seite die tür auf- ** und seine

A: damalige verlobte↑ die schmiß se <bei uns vor #de tür hin>-#
K: #ERREGT#

A: * und da is meine frau rüber und hat se zur rede gestellt da
hat sie jesagt ja mein verlobter hat se sich ausjeliehn
jehabt- * der hat se hier in de küche liegen lassen und is
weggefahren nich↑ und dann↑ * acht wochen später- * wollte
ich runter gehen und wollte meine zeitung raufholen- * da
wollte er grade mit meiner zeitung in seiner wohnung

A: verschwinden und #<sagte bloß äh"># und gab se mir rüber- **
K: #ERREGT#

A: ist das kein diebstahl↑

[3002/31: 26/3ff.]

Version der Stellungnahme

B: das mit der zeitung kann ich auch ganz klarlegen- * es ist vor zirka über" einem jahr gewesen↑ * daß das ruhrblatt- * ein gewinnspiel gestartet hat woran ich" teilgenommen hab- * der herr gehlenberg hat gemerkt daß ich diese gewinnscheine auch hatte↑ * und hatte mir angeboten" er hat mich zu sich in seine wohnung geholt- * hat er mir angeboten ich könnte mir morgens diese zeitung neh"men" und mir die zahlen abschreiben und an"schließend seine zeitung bei ihm vor die tür legen- * das hab ich auch gemacht- * bis zu einem gewissen zeit"punkt als der herr gehlenberg irgendwann kam- * wie ich dazu käme↑ * er wollte das nicht- * da hab ich zu ihm gesagt gut sie ham=s mir jetzt vor ner woche erlaubt↑ * da müssen sie auch wenigstens sagen daß sie das nich mehr möchten↓ * da hab ich das gleich gelassen↓

[3002/31: 55/5ff.]

Wie man den Ausführungen entnehmen kann, hat offenbar ein Ereignis wiederholt stattgefunden, das sich in einer Art Basissprache beschreiben läßt als 'B überführt die Zeitung von A zu B' ('B ←B Zeitung (A))'). Dieses Ereignis wird von den beiden Streitparteien allerdings völlig anders „gerahmt": Herr Gehlenberg stellt das Ereignis als eine Episode aus der Streitgeschichte dar und malt in seiner Darstellung Einzelheiten des Geschehens aus. Dominanter Fokus ist in dieser Darstellung die Dreistigkeit im Verhalten von Herrn Pech. In Herrn Pechs Stellungnahme dagegen, in der er auf diesen Vorfall referiert, wird das Ereignis 'B ←B (Zeitung (A ))' nicht so beschrieben, als habe es stattgefunden, sondern es erscheint als Gegenstand eines Angebotes, das Herr Gehlenberg ihm gemacht habe. Dominanter Fokus in dieser Darstellung ist die Schilderung der Umstände, unter denen das Angebot erfolgte (Initiative von Herrn Gehlenberg, Vertraulichkeit). Das Geschehen selbst wird als Vollzug und Konsequenz der angebotenen Verabredung dargestellt (*das hab ich auch gemacht*).

4. Das beschriebene Ereignis wird mit weiteren, bislang nicht erwähnten Ereignissen aus dem Konfliktzusammenhang kontextualisiert, so daß das referierte Ereignis im so entstehenden Kontext eine andere Bedeutung erhält.

Im folgenden Beispiel (3003/119), einem Gütetermin vor dem Arbeitsgericht, wird die Arbeitnehmerin beschuldigt, in stark angetrunkenem Zustand in einem Lokal gesehen worden zu sein, nachdem sie sich zuvor krank gemeldet hatte.
In den Darstellungen der beiden Streitparteien ist im folgenden unstrittig, (1.) daß die Angeschuldigte in dem Lokal gewesen ist und (2.) daß Alkohol im Spiel gewesen ist. Dennoch bestreitet die Angeschuldigte die Anschuldigung vehement. Beide Vorfallselemente werden durch Heranziehung weiterer Elemente aus dem Ereigniszusammenhang so kontextualisiert, daß ihr inkriminatorischer Charakter verloren geht:

- Den Aufenthalt im Lokal erklärt sie zur 'Wartezeit', mit der sie die Zeit bis zum Arzttermin überbrücken wollte.

- Den von einem Zeugen beobachteten Alkohol klärt sie durch Erweiterung des Handlungsraums auf: *es war=ge/ warn ledinglisch besuchgäste aus holland da <un die" habbe bier getrunke net" isch↑>* [3003/119: 15/6f.].

Durch beide Kontextualisierungen werden die inkriminierten Einzelereignisse des Vorfalls in alltagsweltlich geläufige Zusammenhänge gebracht und der Vorfall insgesamt normalisiert.[23]

In aller Regel wirken in rivalisierenden Beschreibungen mehrere dieser sprachlichen Operationen zusammen. Im folgenden Beispiel (3002/01) bestreitet die Angeschuldigte die Anschuldigung, indem sie das vorgefallene Ereignis semantisch oppositionell beschreibt und zusätzlich anders kontextualisiert. Das Gesprächsbeispiel beginnt damit, daß der Schiedsmann eine (Teil)-Anschuldigung verliest:

```
C:   auf den ersten vierten vierundachzig↑ * erfuhr isch von frau
     liesa wer"ner↑ * eben dieser nachbarin in der wienerstraße↑*
     daß frau blanehauf vor einigen tagen aus dem fenster ihrer im
     ersten stock gelegenen wohnung meine kräuterbepflanzten
     blumenkästen im parterre schmutzwasser gegossen habe↑ * dies

B2:                                    nä↓
C:   ist wiederholt vorgekommen die kräuter sind nicht mehr

B1:                      warte doch mal ab↑
B2:            nä↓                                    nein" hab isch
C:   gebrauchbar"↓                          ham se↑ * oder ham se net↓
```

[23] Zum Begriff der „Normalisierung" und Analysen der alltagsweltlichen Normalisierung ungewöhnlicher Ereignisse vgl. Pollner (1987).

```
A:                                    isch hab das doch
B2: nischt↑                  nein↓
C:        kein" wasser runtergekippt↓

A:  selber ein/
B1: →wo wo wir (...)←
B2: <da hab isch die fenster saubergemacht da hab isch die

B2: fe"nsterbank saubergemacht- * da is wasser wasser
B1:                                    ja selbstverständlich
B2: runtergekippt↑                     ja is klar- * nur die
C:  un da schü"tten sie" wasser runter↑

B1: für die fensterbänke sauberzumachen↑
B2: fensterb/ * nur die fensterbänke-   * isch habe aber

B2: kein" wasser in ihr- * zudem waren die ja vorher schon kaputt

A:     wie warn die↑ * ja durch durch ihre:- * äh wasser↑ *
B2: ne↑>
C:                           (...) (...) (...)↓
```

[3002/01: 55/6ff.]

Indem der Vorfall als Folge der Tätigkeit 'Fenster putzen' dargestellt wird, wird die Intentionalität der vorgeworfenen aggressiven Akte bestritten und das gesamte Geschehen normalisiert. 'Fenster putzen' steht, was die Intentionalität des Handelns angeht, in Opposition zu 'Schmutzwasser auf Blumenkästen gießen'.
Durch die Erweiterung des Ereigniszusammenhangs auf den Zustand der Pflanzen wird der durch den Vorfall zustandegekommene Schaden außerdem in seiner Erheblichkeit bestritten.

Rivalisierenden Beschreibungen liegen textgenerierende Prinzipien zugrunde, die die sprachliche Ausgestaltung bis hin zur Wortwahl bestimmen. Solche Prinzipien sind etwa 'Diskriminierung', 'Kriminalisierung', 'Normalisierung'.

In der rivalisierenden Beschreibung wird ein Grundtatbestand menschlicher Kommunikation ausgenutzt: die Indexikalität von Beschreibungen. Sachverhalte können nicht vollständig beschrieben werden, jede Beschreibung könnte um weitere Gesichtspunkte ergänzt und vertieft werden. Bei Debatten um komplexe Sachverhalte hat die rivalisierende Beschreibung besonders leichtes Spiel, denn die grundsätzliche Unvollständigkeit von Beschreibungen gilt in solchen Fällen in besonderem Maße (Heritage 1978). Daher sind Ergänzungen, Beleuchtungen aus einer anderen Perspektive etc. auch bei Beibehaltung halbwegs identischer Referenz leicht möglich. Die Wirksamkeit rivalisierender Beschreibung liegt darin, daß der Verstehensprozeß bei der Etablierung der Anschuldigung teilweise implizit abläuft und gedankliche Ergänzungen, implizite

Wertungen, Motivumschreibungen etc. auf Seiten der Zuhörer erfolgen, wenn die Anschuldigung als solche verstanden wird. Eine rivalisierende Beschreibung irritiert das so zustande gekommene implizite Verständnis dadurch, daß andere Ereignisse benannt, Motivzuschreibungen expliziert und Hintergründe aufgedeckt werden, derart, daß das implizit zustande gekommene Verständnis durch diese namhaft gemachten „Fakten" erschüttert wird.

Auf dem strategischen Umgang mit der grundsätzlichen Defizienz, Unvollständigkeit und Ungenauigkeit von Beschreibungen beruht die spezifische Leistung rivalisierender Beschreibungen: Die rivalisierende Beschreibung liefert dem Stellungnehmenden eine Ereignisversion, die die Haltung des 'Bestreitens' stützt und mit der er der Anschuldigung Paroli bieten kann, ohne das Streitereignis insgesamt abzuleugnen. Mit Einsatz einer rivalisierenden Beschreibung stellt der Anschuldigende insbesondere die Schlichtermaxime in Rechnung, daß „irgend etwas schon dran sein muß". Dadurch, daß die rivalisierende Beschreibung dieses „irgendwas" bestätigt, erhöht der Angeschuldigte seine Glaubwürdigkeit in den Ohren des Schlichters. Die rivalisierende Beschreibung verhilft dem Schlichter sogar zur Bildung einer Menge stabiler Referenzpunkte, einer 'Ankerstruktur', die aus dem physikalischen Substrat der rivalisierend beschriebenen Ereignisse besteht bzw. der Ereignisse, die zwar nicht benannt werden, die der Schlichter aufgrund der beiden Beschreibungen aber in extrakommunikativer Position erschließen kann. Diese Ankerstruktur ist dasjenige, worauf der Schlichter referiert, wenn er später eine einigungsfähige Version des Konflikts entwickelt.

Die Problematik rivalisierender Beschreibung für die weitere Konflikt-Rekonstruktion liegt denn auch nicht in den Schwierigkeiten der Ermittlung einer „wahren" Version, sondern eher auf der Beziehungsebene zwischen den Streitparteien. Kallmeyer bemerkt richtig, daß in solchen Fällen

> „die Reziprozitätsgrundlage nachhaltig gestört ist (...) und selbst einfache Verständigungsprozeduren nicht mehr funktionieren. (...) Klärungsversuche (...) müssen alle abgebrochen werden, obwohl beide Seiten sich immer wieder auf den Sachverhalt beziehen, um die eigene Position zu stützen. Erst nachdem die Renormalisierung eingeleitet ist, gelingt den Beteiligten in wechselseitiger Angleichung und Kombination ihrer divergenten Versionen eine gemeinsame Rekonstruktion des Sachverhalts." (1979, S. 90).

Im einzelnen hängt die Wirksamkeit rivalisierender Beschreibung von der Plausibilität des konkurrierenden Beschreibungszusammenhanges insgesamt und vom Einfallsreichtum bei der sprachlichen Ausgestaltung und Prädizierung der Einzelereignisse ab. Durch die rivalisierende Beschreibung angestrebt ist eine Art „Aha-Effekt" beim Schlichter, der sich paraphrasieren läßt als „Ach so! So ist das gewesen; so hört sich das ja schon ganz anders an". Dieser angestrebten Wirkung entspricht auch der Impetus des 'Aufklärens', mit dem Angeschuldigte ihre Haltung des bestreitens untermauern.

B: das mit der zeitung kann ich auch ganz klarlegen- * es ist vor zirka über" einem jahr gewesen↑ *

[3002/31: 55/5]

Ziel der rivalisierenden Beschreibung ist es, das Geschehen so darzustellen, daß beim Zuhörer der Eindruck eines normalen, unproblematischen Ereignisses entsteht oder eines Ereignisses, an dem der Stellungnehmende nicht schuldhaft beteiligt ist.

### 3.5.3. Ein weiteres strategisches Mittel: 'Absurde Konstruktionen'

'Absurde Konstruktionen' sind sprachliche Darstellungen, in denen ein Anschuldigungssachverhalt in einer Weise aufgegriffen und weiterentwickelt wird, derart, daß der Sachverhalt als unplausibel erscheint, die Anschuldigung den Charakter des Lächerlichen erhält und der Anschuldigende diskreditiert wird. Der Eindruck des Absurden kommt dadurch zustande, daß ein Anschuldigungsbestandteil, in der Regel der Vorfall, vom Stellungnehmenden zunächst als Tatsache aufgegriffen oder als wahr präsupponiert wird, dann aber so weitergesponnen wird, daß das Resultat dieser Weiterentwicklung alltagsweltlichen Plausibilitätsmaßstäben in eklatanter Weise widerspricht.

Wichtig ist, daß das Ganze in der Modalität der Ernsthaftigkeit vorgetragen wird, die im Kontrast zum Inhalt steht und dessen Charakter als abwegig erscheinendes Propositionsgefüge noch verstärkt.
Nachfolgende Irritationen oder Korrekturen des Gegners werden als Beleg für die Unhaltbarkeit der gesamten Anschuldigung genommen.
In der einschlägigen Literatur scheinen absurde Konstruktionen nicht unbekannt zu sein; sie werden dort aber nur unter Gesichtspunkten ihrer Wirksamkeit erwähnt („Ausweichmanöver", „lächerlich machen" bei Rehbein 1972, S. 314), ohne in ihrer rhetorischen Wirksamkeit untersucht zu werden.[24]

Im folgenden Fall wird B beschuldigt, durch das Herunterschütten von Schmutzwasser auf den Balkon von A deren Küchenkräuter vernichtet zu haben:

A: →isch hab das einmal morgens stand ich in der küche war ich

A: am ka"ffee am kochen↑← * <u>und das war</u> gegen halb
B2: <u>>is doch</u> nicht wahr↓<

A: neun uhr↑ im winter <u>da hab ich nicht gearbeitet</u> wie
B2: ja↓ <u>da war ich die fenster am</u> putzen↓

[24] Dies verwundert nicht, denn die methodische Rekonstruktion der Herstellung von Absurdität läuft leicht Gefahr, den „Witz" der jeweiligen sprachlichen Konstruktion zu zerreden.

```
A:  bitte↑     ich stand da un auf einmal kommt ei"n guß runter↓ *
B2:          ja↓

A:  da hab ich noch↓ * tü"re aufgemacht und ru"ff gebrüllt das is
B2: mhm↓

A:  wohl eine schwei"nerei↓                  ne↑
B1:                            ja- * des klar↑     jetz will ihne mol

A:                das war schmu"tziges putzwasser war das-
B1: was sachen da braucht ma/↑                          da braucht

A:                                                          ich hab
B1: man ja im im haus keine toilette mehr↑ * da braucht man kei

A:  der frau lauer gesagt↑ * anscheinend haben sie keine
B1: spüle mehr↑ * da braucht man jar nix mehr↑ * da schmeißt

A:  toilette
B1: man alles durch=s * fenster↓
```

[3002/01: 66/1ff.]

Die Aufnahme und Weiterentwicklung des Anschuldigungsvorfalls hin zu einem absurden Resultat kann durch eine ganz Reihe thematischer Operationen gelingen:

1. Ausbau des Vorfalls: Bei dieser Operation wird der Anschuldigungsvorfall um zusätzliche Elemente des Handlungsraums erweitert; dabei handelt es sich um Elemente, durch die der gesamte Vorfall den Charakter des Unglaubwürdigen erhält.
   Auf die Anschuldigung, die Post von A zu lesen, reagiert B folgendermaßen:

   ```
   B: mir mache doch kä post uff un le"sen die↑ ** un dann tu=mir
      die wieder zukleben un dann in briefkasten↑ *
   ```

   [3002/01: 10/4ff.]

   B tut so, als würde er die Anschuldigung (*isch habe beobachtet daß herr und frau blanehauf meine post lesen* (9/2f.)) nochmals wiederholen, tatsächlich erweitert er sie aber um die Handlungselemente 'wieder zukleben' und 'in Briefkasten zurückstecken'. Durch diese beiden zusätzlichen Elemente bekommt das ganze Unternehmen den Charakter des Komplizierten, Zeitaufwendigen, was angesichts des Anschuldigungssachverhalts unplausibel erscheint. Die Wirkung dieser Operation 'Vorfallsausbau' kann sein, daß der Anschuldigungsvorfall im Lichte der zugefügten Elemente nicht mehr glaubhaft ist oder daß der Anschuldigende angesichts dieser neuen Version irritiert und überrascht wird – eine Reaktion, die sich vom Stellungnehmenden wiederum vorteilhaft ausnützen läßt, wie der Fortgang des zitierten Gesprächsausschnitts zeigt:

```
B: un dann tu=mir die wieder zukleben un dann in briefkasten↑ **

A: was für=n briefkasten↓               mh↑
B:                            ja oder wat↓     ja isch versteh

B: jetz garnichts mehr-

[3002/01: 10/5ff.]
```

Im folgenden Beispiel behauptet die Anschuldigende A, B2 durch den Spion ihrer Wohnungstür beobachtet zu haben, als sie As Post las. B1 bestreitet, daß A dies überhaupt sehen könne; daraufhin entspinnt sich folgender Wortwechsel:

```
A:  sie is natürlich nach vor"ne gegangen↓
B1: ja↓                                    ach sie is extra do

B1: mit de mit mit de briefe nach vorne gegangen und hat sich

A:           es ist mir egal↓              ich hab es gesehn↓
B1: bei ihne dann vor die türe  gestellt↑ *

[3002/01: 76/5ff.]
```

B nimmt As Erklärung auf und kann das in ihrer Darstellung benutzte Motiv der Bewegung (*nach vorne gegangen*) ausnutzen, um den Handlungsraum buchstäblich um einen nächsten Schritt zu erweitern: *und hat sich bei ihne dann vor die türe gestellt*↑; mit dieser Erweiterung jedoch wird das ganze Handlungsereignis absurd: es widerspricht alltagsweltlicher Plausibilität, daß sich jemand, der des Nachbarn Post aufmacht, vor dessen Tür stellt, wenn er damit rechnen muß, beobachtet zu werden. Angesichts dieses Szenarios erscheint wenig glaubhaft, daß B2 As Post überhaupt gelesen hat.

2. Hintergrund-Assoziation: Bei dieser Operation wird der Anschuldigungsvorfall in Beziehung gesetzt zu Informationen zur persönlichen Lebenssituation des Stellungnehmenden und zu Identitätsmerkmalen, angesichts derer die Anschuldigung als nicht mehr haltbar erscheint. Auf die Anschuldigung, die Tür von A bespuckt zu haben, reagiert B:

```
A:                          ja natürlich↓
B: ich war am spucken↑                     ja wissen sie wie alt isch

B: bin↑ * isch fünfundvierzig jahre isch bin doch keen

B: kleines kind mehr↓

[3002/01: 32/1ff.]
```

B greift den Vorfall auf, löst ihn aber von der konkreten Situation ab und behandelt ihn als abstrakte Handlung 'spucken' und assoziiert zu dieser Handlung passende Agenten bzw. „members" (Sacks 1974). 'Kind' ist ein solcher zu 'spucken' passender Agent; B weist sich durch Altersangabe aber als Nicht-Kind aus, d.h., der Anschuldigungsvorfall „paßt nicht" zu seiner Identität als erwachsener Mensch. Bei der Auswahl von Hintergrund-Informationen hat der Stellungnehmende freies Spiel. Gerade wenn absurde Konstruktionen darauf abzielen, eine lächerliche Situation herzustellen, eignen sich abwegige, zusammenhanglose Informationen, wenn es nur in der Darstellung gelingt, den Anschuldigenden zum Opfer der komischen Situation zu machen. In der folgenden Passage wird B beschuldigt, ständig betrunken zu sein. Er nimmt die Anschuldigung auf und kommt auf einmal auf seinen Beruf als Tankwagenfahrer zu sprechen:

```
A: sie waren immer betrunken↓                    ja↓
B:                              lieber gott nä:↓     →da darf isch

A:                                   >ja der liegt schon (...)
B: ja gar keine tankware fahre↓← **

A: (...) (...)<               (...) das
B:        wissen sie warum dann↑          überlegen sie mal wenn

A:                                   spielt ja keine rolle↑
B: isch de tankwagen fahre dann ne↑

A: es geht darum daß sie misch (...)-
B: nä da da trink=isch ja dat janze öl aus↓

[3002/01: 71/8ff.]
```

3. Präsuppositions-Selektion: Bei dieser Operation wird der Fokus von dem Vorfall weg zu Präsuppositionen der im Vorfall beschriebenen Handlung hin verschoben, wobei gerade solche Präsuppositionen ausgewählt werden, angesichts derer der Vorfall selbst als unwahrscheinlich oder grotesk erscheint. Im folgenden Gesprächsausschnitt wird B beschuldigt, A als blöde Hure beschimpft zu haben, als sie um sechs Uhr morgens nach Hause kam:

```
B1:                               wir stehn doch net ob/ äh: um
B2:             nä↓
C:  ham sie da     blöde hure gesagt↓> (...) <

B1: sechs uhr uff sach un kucke do-

[3002/01: 51/6f.]
```

Der Vollzug der im Vorfall geschilderten Handlung setzt in der Tat voraus, daß B zu der morgendlichen Stunde halbwegs wach gewesen sein muß. Wie es genau war, dafür lassen sich viele Varianten ausdenken. B formuliert eine mögliche Variante als diejenige, die dem Vorfall zugrunde gelegen hat, und zwar eine solche, die in der Tat alltagsweltlichen Plausibilitätsmaßstäben widerspricht: kaum vorstellbar, daß jemand zu einer so frühen Zeit aufsteht, um nachzugucken, wer ins Haus gekommen ist. Wenn aber die Handlungsvoraussetzung so unplausibel ist, kann auch die Handlung selbst nicht erfolgt sein.

Angesichts der umstandslosen Selektion einer möglichen Präsupposition übersieht man leicht, daß es ja auch ganz anders gewesen sein könnte, daß z.B. B durch die heimkommende A jäh geweckt worden ist und ihm der Kragen geplatzt ist - oder daß er selbst „die Nacht durchgemacht hat" und gerade erst zu Bett ging und noch gar nicht geschlafen hatte - oder daß er aus Gewohnheit um sechs Uhr wach wird, bemerkte, daß A nach Hause kam und die Gelegenheit nutzte, etc., alles Varianten jedenfalls, die kompatibel wären mit dem Anschuldigungsvorfall. Die Suggestivität der vorgenommenen Selektion beruht wahrscheinlich darauf, daß Handlungspräsuppositionen im allgemeinen implizit bleiben und schon aus Denkökonomie nicht bewußt verfolgt werden. Zu Angaben, die ohnehin meist implizit bleiben, sich spontan noch Alternativen auszudenken, ist für aktiv Handelnde ein schwieriges Geschäft.

4. Implikations-Selektion: Bei dieser Operation wird der thematische Fokus vom Vorfall weg auf Konsequenzen und Folgen der Handlung hin verschoben, und zwar gerade auf solche, die - für sich betrachtet - grotesk wirken. Die Wirksamkeit dieser Operation beruht wahrscheinlich darauf, daß bei verbaler Präsentation eines logischen Schlusses kognitiv auch das Schema des Umkehrschlusses mitaktiviert wird; auf dieser Grundlage gilt dann: erweisen sich aus einem Sachverhalt gefolgerte Konsequenzen als falsch, gilt auch der Sachverhalt selbst als falsch. Ein Beispiel ist der oben zitierte Gesprächsausschnitt, in dem es um die Küchenkräuter und das Schmutzwasser geht:

```
A:  →isch hab das einmal morgens stand ich in der küche war ich

A:  ka"ffe am kochen↑← * und das war               gegen halb
B2:                      >is doch    nicht wahr↓<

A:  neun uhr↑ im winter da hab ich nicht gearbeitet
B2:                     da war ich die fenster am  putzen↓

A:  wie bitte↑     ich stand da un auf einmal kommt ei"n guß
B2:           ja↓

A:  runter↓ * da hab ich noch↓ * tü"re aufgemacht und ru"ff
B2:           mhm↓

A:  gebrüllt das is wohl eine schwei"nerei↓                ne↑
B1:                                          ja- * des klar↑

A:                                      das war
B1: jetz will isch ihne mol was sachen da braucht ma/↑
```

```
A:  schmu"tziges putzwasser war das-
B1:                                     da braucht man-

B1: da braucht man ja im im haus keine toilette mehr↑ * da

A:                ich hab der frau lauer gesagt↑ * anscheinend
B1: braucht man kei spüle mehr↑ * da braucht man jar nix

A:  haben sie keine toilette
B1: mehr↑ * da schmeißt man alles durch=s * durch=s fenster↓

[3002/01: 66/1ff.]
```

Die Wirksamkeit von Bs Konstruktion beruht u.a. darauf, daß der Implikationszusammenhang nicht expliziert wird, sondern nur mit dem anaphorischen *da* markiert und über die Benennung der Konsequenzen *keine toilette ... kei spüle* semantisch markiert wird. Diese Verkürzung macht es schwer, die Generierungs- und Abstraktionsprozesse, die „zwischen" Vorfallssachverhalt und Bs Aussage liegen, zu rekonstruieren und auf ihre Stimmigkeit zu prüfen. Die Wirksamkeit beruht außerdem darauf, daß B die Implikationen in einer Figur gesteigerter Absurdität komponiert (*keine toilette mehr ... kei spüle mehr ... jar nix mehr ... alles durch=s * durch=s fenster*).

### 3.5.4. Ein drittes strategisches Mittel: 'Gegenanschuldigung'

In 'Gegenanschuldigungen' formuliert der Angeschuldigte seinerseits eine Anschuldigung gegenüber dem Initianten des Verfahrens. Diese Gegenanschuldigung muß kontextualisiert sein, d.h. in erkennbarem Zusammenhang mit der Anschuldigung stehen.
Mit einer Gegenanschuldigung versucht der Sprecher, „den Spieß umzudrehen" und den Initianten zum „eigentlichen" Täter umzudefinieren, mindestens aber hofft er, im Zuge einer Verrechnung die Anschuldigungen gegenseitig aufrechnen zu können.

Bei dem im folgenden analysierten Fall handelt es sich um die Stellungnahme in einer Güteverhandlung vor dem Schiedsmann [3002/03].[25]

Frau Düster wird angeschuldigt, Frau May körperlich angegriffen zu haben. Die Anschuldigung endet mit der Forderung von Buß- und Schmerzensgeld. (Die Anschuldigung ist in Abschnitt 2.3 wiedergegeben.) Darauf erwidert Frau Düster:

```
B: ja↓ *  also ich straf/ ich zahle keine strafe↓ * ich hab auch
   meine gründe↓ ** erstns mal morns um siem geht das telefon↓ *
   is sehr im geschäft gestört dat die anjestellte schon kommen
   herr düster wird persönlich jeweckt per telefon↓ * nachts um
```

[25] Die Verhandlung ist ausführlich analysiert in den Beiträgen in Röhl (1987); dort ist auch das gesamte Transkript wiedergegeben.

```
halb zwei geht das telefon sonntags morngs zehn zwölf sch sch
kann ihn=n uhr stellen und ihr" mann hat dat bestätticht daß se
das auch sind↓ ** zwei"tn punk mein mann ist=m moment sehr"
krank↓ * sie" sin et schuld er is herzkrank er bekommt jeden
morgn spritzen↓ * montags ham se mit ihm getroffen er arbeit
schon drei tage nich mehr↓ * sch=hab aus hilfe benötigen
müssen die zahlen sie- * es ist nicht die erste woche- * aber
wie er mit ihnen aus war sie machen ihn so" fer"tisch da
liecht der zwei" tare" flach↓ * un ich muß aushilfe holen die
zahle ich für sie↓ * un das seh ich nicht weiter ein mein mann
machen sie schon zugrunde↓ * er=s mein" mann und bleibt" mein
mann verstehn sie das↑ich laß mich nich schei"den↓ * wenn sie
sich das einbilden tut mer schrecklich leid↓ * und noch was↓ *
sie ham durch janz karlsberg jetratsch ich werde frau düster↓
* uns ist ein" drittel kundschaf fort"geblieben nur" wegen
sie↓ * ich komme hinter de theke↓ * und des is
jeschäftsschädigung in mei"nen augen↓ * ich weiß nich ob- *
das irgendwie mit der sache zusammenhängt entsweder sie machen
en rückzieher andernfalls- * zahlen sie für mich↓ * mein mann
krischt spritzen dann zahlen sie auch den arzt↓ * seh dat gar
nit ein sie machen ihn fix und fertisch↓ * der liecht schon
drei" tare flach is jetz zum erstn mal aufjestandn nur" wegen
sie↓ * [...] nein des seh isch gar" nicht ein↓
```

[3002/03: 4/22ff.]

In dieser Stellungnahme dominiert der Reaktionstyp 'Zurückweisen': Die in der Anschuldigung dargestellte Handlung wird nicht bestritten, aber sie wird unter Verweis auf einen alternativen Interpretationsrahmen (eigener Schaden) gerechtfertigt und Kompensationsforderungen werden zurückgewiesen, ja aus der eigenen Schädigung werden noch Gegenforderungen abgeleitet. Die Rechtfertigung wird untermauert durch die Schilderung eigener Schädigung durch Frau May; aufgrund dieser Schädigung soll das eigene Verhalten als gerechtfertigt und/oder verständlich erscheinen. Diese Schilderung eigener Schädigung ist komplex angelegt; sie wird von Frau Düster selbst in drei Schädigungskomplexe strukturiert: *erstens mal ..., zweiten punk ... und noch was.*

Diese drei Komplexe werden im folgenden daraufhin untersucht, durch welche sprachlichen bzw. rhetorischen Mittel das Geschädigtsein der Antragsgegnerin verdeutlicht wird.

1. Komplex („Belästigung")

```
erstens mal morns um siem geht das telefon↓ * is sehr im geschäft
gestört dat die anjestellte schon kommen herr düster wird
persönlich jeweckt per telefon↓ * nachts um halb zwei geht das
```

**telefon sonntags morngs zehn zwölf sch sch kann ihn=n uhr stellen und ihr" mann hat dat bestäticht daß se das auch sind↓ ****

In diesem ersten Komplex wird die Schädigung an Telefonanrufen durch die Anschuldigende festgemacht. Durch Verwendung des iterativen Präsens und hyperbolische Ausdrücke die schädigende Wirkung der Anrufe unterstrichen. Ein besonderes Moment von Schädigung liegt in den Auswirkungen der Anrufe nach außen bzw. auf Dritte (*dat die anjestellte schon kommn*), dem daraus resultierenden Spott durch Dritte (*herr düster wird persönlich jeweckt*) und der damit verbundenen Blamage von Frau Düster vor ihren Angestellten. Abschließend erfolgt noch eine Identifizierung des Anrufers, damit der Bezug von Schaden zur anwesenden Antragstellerin klargestellt ist, sowie die Angabe des Verifizierungsverfahrens (*und ihr" mann hat dat bestäticht ...*).

2. Komplex („Gesundheitsschädigung")

**zwei"tn punk mein mann ist=m moment sehr" krank↓ * sie" sin et schuld er is herzkrank er bekommt jeden morgn spritzen↓ * montags ham se mit ihm getroffen er arbeit schon drei tage nich mehr↓ * sch=hab aushilfe benötigen müssen die zahlen sie- * es ist nicht die erste woche- * aber wie er mit ihnen aus war sie machen ihn so" fer"tisch da liecht der zwei" tare" flach↓ * un ich muß aushilfe holen die zahle ich für sie↓ * un das seh ich nicht weiter ein mein mann machen sie schon zugrunde↓**

In diesem Komplex stellt Frau Düster als Schaden die gesundheitliche Schädigung ihres Mannes dar. Zunächst erfolgt eine Typisierung der Schädigung (*mein mann ist=m moment sehr" krank*), dann wiederum eine Identifizierung des Täters (*sie sin et schuld*) und eine Verdeutlichung des Schadensausmaßes (*jeden morgn spritzen*). Daraufhin wird in Form einer Episode der „Mikrokosmos" der Schädigung veranschaulicht; es treten auf:
das Vergehen (*montags ham se mit ihm getroffen*)
das Schadensausmaß (*er arbeitet schon drei tare nich mehr*)
ein Folgeschaden (*sch=hab aushilfe benötigen müssen*)
die Forderung (*die zahlen sie*).

Die Schilderung der konkreten Episode wird durch Betonung der Regelhaftigkeit des Vorkommens solcher Episoden ergänzt (*es ist nicht die erste woche*), woraufhin – gleichsam als Synthese aus konkretem Einzelfall und allgemeiner Regel – die Gesichtspunkte der Episode als Bestandteile eines allgemeinen Musters wieder aufgegriffen werden:
das Vergehen (*wie er mit ihnen aus war*)
ein Folgeschaden (*un ich muß aushilfe holen*)
die Forderung (*die zahle ich für sie*).

Die Darstellung schließt mit einer Coda (*un das seh ich nicht weiter ein*) und einem Resümee des Schadenspunktes 'Krankheit' (*mein mann machen sie schon zugrunde*). In dieser Schlußwendung reproduziert sich die Grundhaltung von Frau Düster gleichsam in mikroskopischer Form: Mit der Coda weist Frau Düster die Anschuldigung zurück (Reaktionsweise) und mit dem Resümee verweist sie auf das strategische Mittel, mit dem sie insgesamt operiert: die Gegenanschuldigung.

Der rhetorische Aufbau im Überblick:

| | |
|---|---|
| Krankheit des Mannes | *(mein Mann ist=m moment sehr" krank)* |
| Täter | *(sie sin et schuld)* |
| Schadensausmaß | *(jeden morgn spritzen)* |
| Episode | Vergehen *(montags ham se mit ihm getroffen)* |
| | Ausmaß *(er arbeit schon drei tage nich mehr)* |
| | Folgeschaden *(sch=ham aushilfe benötigen müssen)* |
| | Forderung *(die zahlen sie)* |
| Regelhaftigkeit ≙ | *(es ist nicht die erste Woche)* |
| Muster | Vergehen *(wie er mit ihnen aus war)* |
| | Ausmaß *(sie machen ihn so fertisch da liecht der zwei tare flach)* |
| | Folgeschaden *(un ich muß aushilfe holen)* |
| | Forderung *(die zahle ich für sie)* |
| Coda | Zurückweisung der Anschuldigung *(das seh ich nicht weiter ein)* |
| Krankheit des Mannes | *(mein mann machen sie schon zugrunde)* |

Abb.: Systematik des Beitragsaufbaus (2. Komplex) in Frau Düsters Stellungnahme

Danach wechselte B den thematischen Fokus von ihrer Schadensdarstellung hin zu einem Streitgegenstand 'Ehemann': *er=s mein" mann und bleibt" mein mann verstehn sie das↑ ich laß mich nich schei"den↓ * wenn sie sich das einbilden tut mer schrecklich leid↓*.

Nach dieser Passage kommt B zu ihrem dritten Schadenskomplex.

3. Komplex („Geschäftsschädigung")

**und noch was↓ * sie ham durch janz karlsberg jetratsch ich werde frau düster↓ * uns ist ein" drittel kundschaf fort"geblieben nur" wegen sie↓ * ich komme hinter de theke↓ * und des is jeschäftsschädigung in mei"nen augen↓ * ich weiß nich ob- * das irgendwie mit der sache zusammenhängt entweder sie machen en rückzieher andernfalls- * zahlen sie für mich↓ * mein mann krischt spritzen dann zahlen sie auch den arzt↓* seh dat gar nit ein sie machen ihn fix und fertisch * der liecht schon drei" tare flach is jetz zum erstn mal aufjestandn nur" wegen sie↓ ***

Der dritte Komplex „Geschäftsschädigung" ist ebenfalls als Anschuldigung angelegt mit

| | |
|---|---|
| Vergehen | (*sie ham durch janz karlsberg jetratsch ich werde frau düster*) (durch den Ausdruck *tratschen* und die Hyperbel *janz karlsberg* in seinem Charakter hinreichend verdeutlicht) |
| Schaden | (*uns ist ein drittel kundschaf fortgeblieben*) |
| Autor | (*nur wegen sie*) |
| Delikt | (*und des is jeschäftsschädigung in meinen augen*) |
| Relevanz | (*ich weiß nich ob das irgendwie mit der sache zusammenhängt*). |

Frau Düsters Stellungnahme wird abgerundet durch eine Wiederaufnahme der ersten Reaktion 'zurückweisen der Forderung' (*entsweder sie machen en rückzieher*), auf die nunmehr im Licht der ausgebauten strategischen Basis eine komprimierte Gegenforderung „aufgesattelt" wird (*andernfalls zahlen sie für mich*).

Abschließend nimmt Frau Düster den Schaden „Gesundheitsschädigung", arbeitet ihn in seinem Ausmaß nochmals heraus (*fix und fertisch, liecht schon drei tare flach*) und läßt keinen Zweifel daran, wer für diesen Schaden verantwortlich ist (*nur wegen sie*).

Eine besondere Rolle spielt in diesem Komplex die formelhafte Wendung *seh dat gar nit ein*, die sowohl zu Beginn der Coda als auch als nachträgliche Bekräftigung auftritt, als der Schiedsmann sich zu der Stellungnahme zu äußern beginnt:

```
C: äh ja frau dü/                                 frau düster
B:                 nein des seh isch ga"r nicht ein↓
```

Diese Abschlußfloskel ist mehrdeutig. Zum einen weist Frau Düster mit ihr nochmals die Anschuldigung zurück. Zugleich stilisiert sie sich aber auch als jemand, der lange genug ausgenutzt und dessen Geduld überstrapaziert worden ist, und weist so nochmals auf das eigene Geschädigtsein hin.

# 4. Der Umgang des Schlichters mit dem Streit

## 4.1. Der Auftrag des Schlichters: Entwicklung einer dritten Perspektive

Sobald sich in der Stellungnahme des Angeschuldigten dessen Haltung zur Anschuldigung abzuzeichnen beginnt (dies kann bereits sehr früh sein), konturiert sich die spezifische Konfliktkonstellation heraus, mit der der Schlichter im Gespräch konfrontiert wird und auf die hin er zu handeln hat. Wie auch immer die Stellungnahme interaktiv realisiert ist – ob als ausgedehnter Monolog, ob im Rahmen eines Dialogs zwischen Angeschuldigtem und Anschuldigendem oder Schlichter – irgendwann in jedem Schlichtungsgespräch ist der Moment gekommen, ab dem vom Schlichter eine spezifische Aktivität erwartet wird und erforderlich ist: Der Schlichter muß die beiden kontroversen Konfliktdarstellungen und -positionen aufnehmen, zu ihnen Stellung nehmen und eine andere – dritte – Perspektive auf den Sachverhalt entwickeln, dergestalt, daß sich aus dieser Perspektive Grundlagen für eine Einigung entwickeln lassen. Wie der Schlichter dies tut, hängt von den institutionellen Verfahrensvorgaben, dem Selbstverständnis des Schlichters und seinen Erfahrungen und den interaktiven Verhältnissen im einzelnen Schlichtungsfall ab.

Aus allgemeinen Überlegungen vom Handlungsschema Schlichten heraus könnte man erwarten, daß der Schlichter sich um die Herausarbeitung einer Konfliktdarstellung bemüht, die die Sichtweisen beider Teilnehmer soweit berücksichtigt, daß beide die Darstellung für sich akzeptieren können. Und in der Tat läßt sich in Schlichtungsgesprächen auch beobachten, daß der Schlichter beansprucht, so zu verfahren. In den überwiegenden Fällen beobachteter Schlichtungsgespräche wird man jedoch feststellen, daß Schlichter eine eindeutige Präferenz für die Konfliktposition des Antragstellers/Klägers/Initianten besitzen, diese zur Grundlage ihres Handelns machen und den Antragsgegner bearbeiten, seine Position aufzugeben oder entscheidend zu modifizieren (dazu Klein 1995). Die Konfliktdarstellung, die ein Schlichter entwickelt und durchzusetzen versucht, scheint nach Maßgabe dieses Bearbeitungsprinzips angelegt zu sein.
In jedem Einzelfall jedoch ist das endgültige Resultat des Redens über den Streit, das, was als „der Konflikt" für den weiteren Verlauf der Schlichtungsverhandlung konstatiert oder stillschweigend angenommen wird, stets vom Interaktionsgeschick der Streitbeteiligten mit abhängig, Resultat des interaktiven Zusammenspiels aller Beteiligten. Wie der Schlichter in die Konfliktbearbeitung einsteigt, ist sehr unterschiedlich: in manchen Gesprächen greift der Schlichter schon zu Beginn der Stellungnahme darstellungssteuernd ein, in anderen setzt er mit seinen Aktivitäten der Konflikt-Bearbeitung erst nach ausgedehnten Passagen neu entbrannter Streitaustragung zwischen den Beteiligten ein, in anderen Gesprächen kommt es nach Abschluß der Stellungnahme erst zu einer beachtlichen Pause, bevor der Schlichter mit Atemholen, Räuspern und namentlichem Ansprechen der Streitparteien ansetzt, seine Be-

urteilung des Streitsachverhalts in einem ausgedehnten Redebeitrag darzustellen. Auf der Grundlage allgemeiner Überlegungen zum Schlichten und nach Durchsicht der erhobenen Fälle kann man feststellen, daß der Schlichter in dieser Phase unter widrigen Handlungsbedingungen agiert: Er ist auf die Mitarbeit von Beteiligten angewiesen, die in ihrem Handeln andere Interessen verfolgen als er selbst (dazu auch Klein 1995): Er muß den Konflikt in Richtung auf eine Version bearbeiten, auf die sich beide Beteiligte einigen können sollen – aber die Beteiligten haben gerade erst „ihre" Versionen eingebracht, mit denen sie ihre Handlungsinteressen durchzusetzen versuchen und an die ihre Gesprächsidentität gebunden ist: Sie können und wollen ihre Darstellungen nicht ohne weiteres aufgeben. Außerdem ist das primäre Handlungsinteresse der Streitparteien in der Schlichtung nicht, sich zu einigen, sondern ihren Standpunkt durchzusetzen.

Der Schlichter muß über den Streit reden und reden lassen und ihn damit für das Erleben der Parteien wieder lebendig werden lassen. Damit entsteht aber auch die Gefahr, daß der Streit neu entfacht wird und die Parteien die Schlichtungssituation zum Schauplatz für erneuten Streit umfunktionieren, daß Kränkungen aktualisiert und alte Wunden wieder aufgerissen werden.

Vom Schlichter wird ein hinreichendes Maß an Fingerspitzengefühl erwartet, den Konflikt zwischen den Streitparteien so zu behandeln, daß er „ihr" Konflikt bleibt und sie dennoch auf eine distanzierte Weise mit ihm umgehen können. Außerdem muß der Schlichter in der Lage sein, neu ausbrechenden Streit so weit einzudämmen, daß das Schlichtungsgespräch weitergeführt werden kann und er muß über die notwendige Autorität verfügen, um die Streitparteien zur Raison rufen zu können.

Aus dem komplexen interaktiven Geschehen, das mit der ersten Reaktion des Schlichters auf Anschuldigung und Stellungnahme beginnt, soll im folgenden ein Aspekt herausgenommen und analytisch fokussiert werden: der Umgang des Schlichters mit den Konfliktdarstellungen der Streitparteien. Andere Aspekte, wie z.B. die Bewältigung neu entflammenden Streits in dieser Phase des Schlichtens, bleiben in dieser Darstellung außer acht (vgl. dazu aber Nothdurft 1986).

## 4.2. Der Bezugspunkt des Schlichter-Handelns: Das gestörte Verhältnis zwischen den Streitparteien

In Anschuldigung und Stellungnahme (und gegebenenfalls Entgegnung) kommt das Verhältnis zwischen den Streitbeteiligten zum Ausdruck. Dieses Verhältnis kann das Verhältnis, wie es in der Anschuldigung deutlich wurde, reproduzieren, kann dieses aber auch umgestalten, z.B. wenn überraschend Gegenanschuldigungen erhoben werden, bislang unbekannte Konfliktverwicklungen aufgedeckt werden etc. In jedem Fall ist das Verhältnis eines der Divergenz, und sei es auch nur aus Gründen der Image-Wahrung: Selbst wenn man als Streitbeteiligter schon bereit ist, das Vergehen zuzugeben, ein Bußgeld zu zahlen und sich auf einen Vergleich einzulassen, wird man aus Image-Gründen Divergenzen konstruieren und bearbeiten lassen.

Es ist Sache des Schlichters, diese Divergenzen namhaft zu machen, festzustellen, zu sichern, zu bearbeiten und aufzulösen. Bezugspunkt für das Handeln des Schlichters ist das gestörte Verhältnis zwischen den Streitparteien, die Divergenz zwischen ihnen.
Diese Bestimmung greift weiter als nur auf den Anlaß, um dessentwillen das Schlichtungsgespräch zustandegekommen ist: der Streit. Zwar ist das gestörte Beziehungsverhältnis zwischen den Streitparteien bis zu dieser Gesprächsphase in aller Regel nicht expliziter Gegenstand von Anschuldigung und Stellungnahme gewesen; die Foki von Anschuldigung oder Stellungnahme sind in der Regel manifeste Aspekte von Ereignisabläufen und deren Bewertungen (s.o.). Aufgrund des bis zu dieser Phase interaktiv ausgearbeiteten Handlungsgegenstandes wäre von daher eher zu erwarten, daß die Aktivitäten des Schlichters auf den Handlungsgegenstand 'Konflikt' gerichtet sind. Eine Durchsicht des Datenmaterials zeigt jedoch, daß diese analytische Bestimmung des Handlungsgegenstandes den beobachtbaren Phänomenzusammenhängen nicht gerecht würde: Zwar macht der Schlichter auch Aspekte der soweit dargestellten Streitversionen zum Gegenstand, aber er bringt zusätzlich noch Gesichtspunkte ins Gespräch ein, die mit dem Streit selbst unmittelbar nichts zu tun haben, sondern z.B. seine institutionelle Weiterbearbeitung betreffen, die Frage institutioneller Bearbeitungskosten o.ä.. Dieser Befund kann als Anhaltspunkt dafür genommen werden, daß es dem Schlichter primär um die Bearbeitung des Beziehungsverhältnisses zwischen den Streitparteien geht und die Bearbeitung des Konflikts in diesem Rahmen erfolgt und zwar nur soweit, wie sie für die Bearbeitung des primären Handlungsziels erforderlich ist.

Weitere Beobachtungen kommen dazu: Auffällig ist, wie umstandslos Schlichter bei Reformulierungen des Konflikts die Konfliktgesichtspunkte in ihren Fokussierungsaktivitäten wechseln: Hat der Schlichter z.B. im Falle von Bestreiten etwa soeben noch ein Bild des Geschehens gezeichnet, bei dem der Angeschuldigte aus Erregung und Unbedachtsamkeit den Antragsteller beleidigt hat, geht es ihm kurz darauf darum, daß es sich bei dem Vorfall ja nur um eine Bagatelle gehandelt habe, die größeren Streits nicht wert sei und unmittelbar anschließend macht der Schlichter deutlich, daß es für das Geschehen ja Zeugen gäbe. Solche Wechsel zeigen, daß es bei den Aktivitäten des Schlichters primär nicht um den Konfliktsachverhalt selbst geht, sondern darum, das Verhältnis zwischen den Parteien wieder zu normalisieren.
Je nach institutionellem Setting spielt in diesem Zusammenhang die übergeordnete Sozialbeziehung eine unterschiedliche Rolle: in einer Schiedsstelle für Streitigkeiten aus Gebrauchtwagenkäufen ist die Verhandlung dadurch bestimmt, daß die überdauernde Geschäftsbeziehung wieder auf eine neue Ver-

trauensbasis gestellt werden soll[26]; im Arbeitsgericht dagegen geht es meist darum, das Lohnarbeits-Verhältnis auf gütlichem Wege zu beenden[27]; und in der Güteverhandlung vor dem Schiedsmann orientiert sich der Schiedsmann fallweise daran, das Nachbarschaftsverhältnis zwischen den Beteiligten zu verbessern.

Durch die Einleitung eines Schlichtungsverfahrens wird diese gestörte Sozialbeziehung allerdings gleichsam verdoppelt: Sie ist in der Schlichtungssituation präsent zum einen in Form der gestörten übergeordneten Sozialbeziehung, wie sie sich im Laufe der Konfliktgeschichte herausgebildet und verfestigt hat, z.B. 'verfeindete Nachbarn', 'verkrachte Geschäftspartner'; und sie ist zum anderen präsent in Form des Rollenverhältnisses, das durch die jeweiligen institutionellen Bedingungen von Schlichtern verfahrensmäßig vorgegeben und im Schlichtungsgespräch praktisch wirksam ist, z.B. 'Antragsteller – Antragsgegner', 'Kläger – Beklagter'. Bei einer Reihe von Schlichtungsgesprächen wird deutlich, daß der kommunikative Umgang mit dem Konflikt nicht zu einer Normalisierung oder Klärung der übergeordneten Sozialbeziehung führt, sondern dazu, das durch die Verfahrenseinleitung konstituierte, quasi hausgemachte Verhältnis zwischen den Streitparteien im Verlauf der Verfahrensentwicklung zu bearbeiten und wieder aufzulösen. In solchen Fällen kommt durch das Schlichterhandeln nicht mehr als die Bewältigung der durch ihn selbst bzw. durch seine Institution erzeugten Fälle zustande. In vielen solcher Fälle steht allerdings dahin, ob im Rahmen der verfügbaren institutionellen und kommunikativen Mittel dies nicht schon das Maximum des praktisch Erreichbaren darstellt.[28]

Die fokussierten Konflikt-Gesichtspunkte selbst interessieren für das Schlichterhandeln nur solange, wie sich über sie eine Auflösung der Beziehungsdivergenz herstellen läßt. Zeigt sich, daß der Schlichter damit im Gespräch nicht zum Zuge kommt, werden die Gesichtspunkte umstandslos gegen andere Konfliktgesichtspunkte ausgewechselt. Dieser Wechsel der Aktivitäten macht deutlich, daß in den Aktivitäten des Schlichters primär nicht der Konflikt bearbeitet wird, sondern die Divergenz zwischen den Parteien beseitigt werden soll.

Aufgabe des Schlichters ist es, mit den Darstellungen der Streitparteien so umzugehen, daß das Verhältnis zwischen den Streitparteien renormalisiert werden

---

[26] Vgl. im einzelnen Nothdurft (1995).

[27] Vgl. im einzelnen Schröder (1995).

[28] Die Orientierung an der gestörten Beziehung – in der einen oder anderen Form – ermöglicht es dem Schlichter, mit dem konkreten, in Anschuldigung und Stellungnahme zutage tretenden Konflikt umzugehen, ohne sich auf diesen konzentrieren zu müssen.

kann, mindestens aber das durch das Verfahren zustandegekommene Rollenverhältnis (Kläger – Beklagter u.a.) wieder aufgehoben werden kann.
Wie dieser Umgang im einzelnen erfolgt, hängt von den institutionellen Vorgaben und der sich entwickelnden Interaktionsdynamik des einzelnen Schlichtungsgesprächs ab.[29]
Eine genaue Aufarbeitung des umstrittenen Geschehens durch den Schlichter stellt sich aus dieser Perspektive als eine denkbare Umgangsform des Schlichters mit dem Streit dar – und erweist sich empirisch als ausgesprochen selten. Der Schlichter betrachtet die in Anschuldigung bzw. Stellungnahme dargestellten Konfliktversionen primär als Material, um die von ihm wahrgenommene Divergenz zwischen den Streitparteien zu bearbeiten und zu beheben. Im Falle des 'Bestreitens' wird der Unterschied von 'Arbeit am Konflikt' und 'Bearbeitung der Beziehungsdivergenz' besonders deutlich. In diesem Fall ist die Ausgangslage für den Schlichter eine Kontradiktion auf Streitsachverhaltsebene hinsichtlich der Frage, ob ein bestimmter Vorfall sich ereignet hat oder nicht. Eine zu beobachtende Arbeitsweise dieser Kontradiktion besteht darin, sicherzustellen, daß zumindest irgendetwas vorgefallen ist, ggf. den Fokus auf die Frage genereller Glaubwürdigkeit des Antragstellers zu verschieben und auf der Basis einer solchen Minimalsicherung, die häufig semantisch leer ist, die Bereinigung des Beziehungsverhältnisses anzustreben. Auf der Suche nach Material für seine Konfliktformulierung orientiert sich der Schlichter eher an jener Darstellung, die mehr Anhaltspunkte bietet.
Der Fall des lakonischen Bestreitens, bei dem der Antragsgegner die Anschuldigung bestreitet, ohne seine Haltung zu explizieren, stellt allerdings insofern einen Sonderfall dar, als hier der Antragsgegner nur minimal auf der Ebene des Streitsachverhalts kooperiert.
Sind die vorgetragenen Streitversionen „ergiebiger", so selegiert der Schlichter aus den Darstellungen solche Aspekte, mit denen er die Divergenz zwischen den Streitparteien bearbeiten kann, unabhängig davon, wie diese Aspekte in den Darstellungen der Streitparteien eingesetzt waren. Im folgenden Fall versucht der bestreitende Antragsgegner plausibel zu machen, warum er ihm vorgeworfene beleidigende Äußerungen nicht gesagt habe; u.a. führt er an, daß er aufgrund einer Schilddrüsenerkrankung sein Verhalten stets genau kontrollieren würde.

```
C: also ich unterstelle zunächst daß herr gehlenberg und frau
   boldte ehrenwerte leute sind- * wie sie wissen- nich- * punkt
   und daß sie- * etwas schnell mit=em wort sind- ** nich↑ das *

B: geht aus dieser verhandlung auch hervor- möcht ich noch
C:                                          und wenn sie
```

[29] Vgl. dazu die Analysen der Gesprächsdynamik in diesem Beitrag, Kap. 5.

```
B: eins hinzu/ äh nein da möcht ich noch das ist wichtig- ich bin
C: nun-                                                    ja-

B: bin schilddrüsenkrank↓          ich bin schi"lddrüsenkrank
C:                        bitte was↑

C:                                                  ja da
B: ich bin * lei"cht erregbar↓ * das möcht ich dazu sagen↓

C: müssen sie sich noch mehr beherrschen↓
B:                                        ja das weiß ich- *

B: aber deswegen rutschen mir solche sachen auch nicht raus-
```

[3002/31: 112/3ff.]

In diesem Fall hat der Schlichter leichtes Spiel, diesen Umstand umzufunktionieren und aus ihm ein entschuldbares Vergehen zu konstruieren, so daß das Vergehen in eine entschärfte Fassung gebracht wird und damit für beide Parteien eher akzeptabel gemacht wird:

```
C: da muß man doch mal zu sich kommen und muß sagen also schön- **
   äh ich bin der jüngere und sie sind gar der letzte und sie sind
   sehr leicht erregt und ihre- ** schilddrüsen/ äh
   schilddrüsenerkranku"ng- * (... ... ... ...) na sehen sie und-
   * da hab ich mir gesagt da müssen sie sich etwas mehr noch
   zurückhalten- * wenn man das weiß nich↑* wenn einer
   zuckerkrank ist dann darf er eben nicht soviel süßes essen dann
   darf er nich so dick werden- * und wenn einer erregt ist und er
   weiß das- * dann muß er sich dahin etwas mehr zurückhalten↓*
   also- * ich glaube herr pech wenn sie- * sich wegen dieses
   vorfalls hier- * sagen wir mal hier- * auch uns entschuldigen↑
```

[3002/31: 119/5ff.]

## 4.3. Zur Funktionalität sprachlicher Mittel und Verfahren beim Umgang des Schlichters mit dem Streit

Die interaktive Arbeit des Schlichters am Konflikt ist weitgehend Arbeit mit Sprache. Was immer er tut, um das Beziehungsverhältnis der Streitparteien zu bearbeiten, er tut es mit sprachlichen Mitteln. Schwitalla (1987) hat den Versuch unternommen, aufgrund vorliegender gesprächsanalytischer Untersuchungen das Repertoire konfliktreduzierender sprachlicher Mittel zusammenzustellen. Die zustandegekommene Liste sprachlicher Mittel ist für weitere analytische Arbeiten anregend. Der Anspruch allerdings, daß es sich bei den zusammengestellten Ausdrücken in der Tat um funktionale Elemente zur Konfliktreduzierung handelt, ist problematisch. Sprachliche Ausdrücke besitzen ihre interaktive Qualität als z.B. konfliktreduzierende Mittel nicht allein aufgrund ihrer linguistisch beschreibbaren Merkmale, sondern erst als Elemente komplexerer sprachlicher Ensembles in bestimmten interaktiven Kontexten, zu deren konfliktreduzierender Qualität sie aufgrund ihrer jeweiligen linguistisch beschreibbaren Eigenschaften beitragen. Auwärter/Kirsch betonen zu Recht,

> „daß eine solche Analyse nicht vom Vorkommen sprachlicher Formen im Korpus ausgehen kann, sondern notwendigerweise deren Kontextualisierung berücksichtigen muß. Ohne die Rekonstruktion der Situationsdefinitionen, die die Beteiligten im Vollzug der Äußerung aktualisieren, ohne die Rekonstruktion der Interpretationsrahmen für das ablaufende Geschehen ist eine Vergleichbarkeit der untersuchten sprachlichen Formen nicht gewährleistet." (1982, S. 107)

Die Modalpartikel 'meinetwegen', um eines von Schwitalla Mitteln zu nehmen, ist eben nicht per se konfliktreduzierend, wie die Äußerung „meinetwegen kannst Du mich am Arsch lecken" zeigt (S. 119). Oder: „ruhigeres, leiseres Sprechen" (S. 119) kann im geeigneten Kontext durchaus provokativ und konfliktschürend sein, etwa, wenn der Gegner den Eindruck hat, der Sprecher würde sich „innerlich" an der Konfliktaustragung nicht beteiligen.
Die gesprächsanalytische Aufgabe besteht vor allem darin aufzuzeigen, wie die einzelnen sprachlichen Mittel in den konkreten Bearbeitungsaktivitäten des Schlichters funktionieren und interaktiv zusammenspielen. Analytischer Bezugspunkt sind dann die Aktivitäten des Schlichters, interaktive Größen also, die in ihrer sprachlichen Realisierung und rhetorischen Wirkung rekonstruiert werden. Der Umgang des Schlichters mit dem Streit beinhaltet Aktivitäten des Rückbezugs auf die Darstellungen der Streitparteien und eigene Beurteilungen des Geschehens und der einzelnen Anschuldigungskomponenten. Diese Aktivitäten sind sprachlicher Natur, insbesondere spielen bei ihnen Aspekte der Kohärenzherstellung, der Referenz und der Herstellung von Einverständnis eine Rolle. Bei der Bearbeitung dieser kommunikativen Aufgaben können Schlichter auf konventionalisierte sprachliche Mittel und Verfahren zurückgreifen und deren besondere Qualitäten für ihre handlungsspezifischen Ziele ausnutzen.
Die Funktionalität bestimmter sprachlicher Verfahren beim kommunikativen Umgang des Schlichters mit dem Streit sei für drei sprachliche Mittel und Verfahren genauer erläutert; es handelt sich um

- Pronominalisierung
- Typisierung
- Modalisierung.

*Pronominalisierungen*

Der Schlichter muß sich in seinem Umgang mit dem Konflikt auf die Darstellungen der beiden Streitparteien beziehen. Er kann für die Herstellung textueller Referenz insbesondere auf Pro-Formen zurückgreifen, d.h. auf sprachliche Mittel, die die Funktion haben, komplexe Textpassagen zu vertreten. Eine

Untergruppe dieser Pro-Formen sind Pronominalisierungen. Der Schlichter kann die Funktion von Pro-Formen ausnutzen, um bei seinem Umgang mit dem Konflikt Rückbezüge auf die Parteien und Textkohärenz herzustellen, ohne die Referenzpunkte nochmals ausführlich darzustellen. Insbesondere in Fällen, in denen die Referenzpunkte selbst unklar oder zwischen den Streitparteien umstritten sind (s.o. 'rivalisierende Beschreibung'), erweist sich die Leistungsfähigkeit von Pro-Formen: Sie ermöglichen Rückbezüge, die umstrittene Aspekte des Konfliktgeschehens gerade nicht benennen, sondern durch eine Pro-Form nur aufrufen. Da können z.B. die Streitparteien noch so unterschiedliche Darstellungen ihres Streits geben, der sich um die Wegnahme einer Zeitung rankt – mit der Pro-Form *das mit der zeitung* läßt sich ein Bezug herstellen, der die ganzen Divergenzen „außen vor" läßt und der zugleich suggeriert, es gäbe ein klares Referenzobjekt, das mit dieser Pro-Form nur aufgerufen worden wäre und es wäre jedermann klar, was aufgerufen worden wäre.

Im folgenden Fall einer Arbeitsgerichtsverhandlung verweist der Richter nach längeren Phasen wechselseitiger Schuldzuschreibungen durch die Streitteilnehmer und konträren Darstellungen des Geschehens mit einem lapidaren *des* auf den widersprüchlich dargestellten Konfliktzusammenhang hin:

```
C: ich mein des muß man mit delikatess behandeln und es ist offenbar

B: des is richtig↓
C: nicht-           ni"cht mit delikatess behandelt worden ne↑

[3003/51: 25/2ff.]30
```

*Typisierungen*

An bestimmten Punkten des Schlichtungsgeschehens mag der Schlichter es bei seinem Umgang mit dem Konflikt für erforderlich oder sinnvoll halten, die divergenten Konfliktdarstellungen und das Resultat eigener Bemühungen bei der Bearbeitung des Konflikts in einer zusammenfassenden Formulierung zu bündeln, die dann auch den Referenzpunkt für weitergehende Bearbeitungsaktivitäten abgeben kann und auf die man sich in der Folge beziehen kann. Der Schlichter wird in solchen Fällen den Konfliktzusammenhang typisieren oder kategorisieren und kann dazu substantivische Konfliktformulierungen wählen, in der kanonischen Form: '[Konflikt] ist ein X'. Beispiele sind: *streit, theater, kinderei, quatsch, kinderkrams, fehlschlag.* Durch solche Formulierungen belegt der Schlichter die widersprüchlichen, ihm undurchschaubaren, unvollständigen Konflikt-Versionen der Streitteilnehmer mit einem Namen. Solche substantivischen Konflikt-Formulierungen sind für den Schlichter ein wichtiges Mittel, den Konflikt „in den Griff" zu bekommen. Sie zielen

[30] Dieser Fall ist ausführlicher analysiert in Kap. 5.3.2.

ferner darauf ab, eine Grundlage zu schaffen, auf der die Bereinigung des Beziehungsverhältnisses vorangetrieben werden kann. Sie zielen nicht immer auf Entschärfung; das Gemeinsame zwischen ihnen besteht darin, daß durch sie eine stabile Grundlage für die weitere gemeinsame Konfliktarbeit geschaffen wird. Wie diese Stabilität erreicht wird, hängt von den Besonderheiten der jeweiligen Ausgangslage, den Interessen der Streitparteien und den individuellen Präferenzen des Schlichters ab: In einem Fall wird die Stabilität durch Formulierungen des Vorfalls als rechtsförmiger Tatbestand erreicht, in anderen Fällen durch eine Kennzeichnung, die die Verantwortlichkeit des Angeschuldigten minimiert (s. 4.2.4).

Solche substantivischen Formulierungen werden oft durch eine Reihe von Vorfeldaktivitäten eingeleitet, durch die die Benennungen gleichsam „in Szene gesetzt werden". Die Bedeutung des substantivischen Ausdrucks wird durch Elemente dieses Äußerungskontextes mit konstituiert. Diese Bedeutungskonstitution ist allerdings oft so angelegt, daß die zustandekommende Bedeutung als Bedeutung des einzelnen, im Mittelpunkt stehenden Ausdrucks erscheint. Nach Vollzug der kontextuell geleisteten Bedeutungskonstitution erscheint der Ausdruck selbst als Bedeutungsträger. Erst aufgrund dieser inszenatorischen Prozesse gewinnen die Substantive, in denen der Konflikt symbolisch zusammengefaßt wird, ihre Qualität als bedeutungstragende Konflikt-Typisierungen. Dies sei an einem Fall exemplarisch vorgeführt; es geht um den Ausdruck *vergangenheitsbewältigung*:

```
C: äh- * dass sie sich früher net gut vertragen haben im haus
   (...) * isch glaub des könne ma ohne weiteres unnerschtelle do
   tret isch also niemand zu nah wenn sie sich vertrage hätte- *
   würde ma schlicht und einfach nischt hier- * sitzn ne↑ * un
   würde net unser zeit damit verbringen- * äh aber jetz is doch
   ein- * neuer- * tatbeschtand bei ihnen eingetreten- * sie sind
   doch räumlisch- * getrennt jetzt ne äh was jetzt also hier- *
   noch anhängich i:st was noch wurmt was noch wehtut wo man noch
   net so rischtisch drüber weg is↑ * is doch also die
   vergangenheitsbewältigung↑ * äh- *

[3001/01: 15/8ff.]
```

Der zitierte Gesprächsausschnitt stammt aus einem Schlichtungsgespräch in der Vergleichsbehörde. Der Schlichter hat nach den ausführlichen Darstellungen der beiden Streitparteien gerade damit begonnen, seinen Standpunkt zu entwickeln; auf den Anschuldigungsvorfall geht er dabei gar nicht ein. Er beginnt mit einer Charakterisierung des Beziehungsverhältnisses *früher net gut vertragen haben im haus*. Die Besonderheit dieser Definition liegt darin, daß in ihr der Anschuldigungssachverhalt in einer globalen, durch Wechselseitigkeit und Neutralisierung bestimmten Charakterisierung „aufgeht" (*sich net gut vertragen*) und daß in ihr ausdrücklich der Vergangenheitscharakter dieser Charakterisierung betont wird. Diese Charakterisierung sichert er relativ aufwendig. Die Kennzeichnung der Vergangenheit kontrastiert der Schlichter mit dem aktuellen Stand der Beziehung *sie sind doch räumlisch- * getrennt jetzt ne↑* ab. Durch die Kontrastierung von 'frühere gestörte Beziehung' und 'aktuelle räumliche Trennung' gewinnt der Schlichter eine Interpretationsfolie zur Kennzeichnung des zu bearbeitenden Streits. Diese Kennzeichnung selbst erfolgt in mehreren Schritten in syntaktisch gleichem Muster:

| Relativpronomen – | Temporalpartikel – | Verb |
|---|---|---|
| *was* | *jetzt noch* | *anhängich i:st* |
| *was* | *noch* | *wurmt* |
| *was* | *noch* | *weh tut* |
| *wo* (man) | *noch* | *net drüber weg is.* |

Durch die Reihung dieses Musters wird eine Spannung aufgebaut, die die Aufmerksamkeit des Hörers auf diesen Referenten hinlenkt; der Referent wird zum Schlüssel der Auflösung dieser ganzen Konstruktion. Die erste Kennzeichnung der Pro-Form *was* benennt den Streitgegenstand in einem Terminus des formalen Verfahrens der Streitabwicklung 'anhängig sein'. Die anderen Prädikate stammen aus dem semantischen Feld 'psychische Belastung'. Durch sie werden nacheinander unterschiedliche Aspekte dieser Belastung hervorgehoben: das Nagende, das Nicht-Bewältigt-Sein und das Schmerzhafte. Die Reihung dieser Kennzeichnungen gibt den Zuhörern Gelegenheit, sich „das Passende rauszusuchen" und liefert ein ganzes Angebot von Formulierungsvorschlägen, in denen sich die Zuhörer mit ihrer eigenen Auffassung wiederfinden können. Syntaktisch und semantisch wird so „von langer Hand" die Plazierung eines die ganze Konstruktion auflösenden und entschlüsselnden Ausdrucks vorbereitet, eines „Schlüsselworts" quasi, in dem die ausgebreiteten Bedeutungsfacetten gebündelt werden. Im vorliegenden Fall ist dies der Ausdruck *vergangenheitsbewältigung. Vergangenheitsbewältigung* kann als Schlagwort betrachtet werden, dessen genaue lexikalische Bedeutung den Beteiligten wahrscheinlich nicht präsent ist, das aber als typisierendes Etikett aufgrund seines Charakters als Schlagwort funktioniert. Durch die eben beschriebene symbolische Struktur und den aufgebauten semantischen Kontext wird die Typisierung des Streits als *vergangenheitsbewältigung* inszeniert und erhält ihre charakteristische rhetorische Kraft, die sie im weiteren Verlauf des Gesprächs dann dazu befähigt, als bündelndes Etikett zu fungieren, auf das der Schlichter sich beziehen kann und durch das er den gesamten Konfliktzusammenhang seinen Interessen gemäß perspektivisch zugeschnitten hat.

*Modalisierungen*[31]

Schlichter erfahren den Streit, um dessen willen ein Schlichtungsgespräch zustandekommt, in der Regel nicht in unmittelbarer Anschauung, sondern in Form sprachlicher Vermittlung des umstrittenen Geschehens durch die Streitparteien. Diese können in ihrer Eigenschaft als Streitbeteiligte beanspruchen, die Wirklichkeit darzustellen und die Wahrheit zu sagen. Ein Schlichter könnte einen solchen Anspruch nur schwer vertreten. Er kann sich, um seine Position zum Konflikt überzeugend oder akzeptabel zu machen, nicht darauf berufen, die wahre Version des Konflikts anzugeben, den Streit so darzustellen, wie er wirklich war. Daher werden für ihn andere epistemische Rahmungen wichtig, in denen sich mit dem Konflikt umgehen läßt und in denen er sich fassen läßt. Mit 'epistemischen Rahmungen' sind Deutungszusammenhänge gemeint, die dem Konflikt eine bestimmte Seins-Qualität verleihen. Dazu gehören:

- Der Konflikt wird im Rahmen eines normativen, ggf. codifizierten Deutungssystems (Gesetze) interpretiert;
- der Konflikt wird vom Schlichter so dargestellt, daß die Qualität der Darstellung als hypothetische deutlich wird;
- der Schlichter entwirft eine Konfliktversion, die er mit Plausibilitätsmarkierungen versieht; etc.

Nicht, wie es wirklich war, ist für den Umgang des Schlichters mit dem Konflikt entscheidend, sondern, daß der Konflikt sich in einer Weise behandeln läßt, durch die ein Schlichtungsergebnis, d.h. eine Übereinkunft zwischen den Streitparteien möglich oder wahrscheinlich wird.

Der Schlichter muß den Streitparteien signalisieren, in welchem epistemischen Rahmen er den Konflikt behandelt, um ihre Mitarbeit bei der Entwicklung einer schlichtungsfähigen Sachverhaltsversion zu sichern und zu steuern. Für sprachliche Markierungen des epistemischen Rahmens eignen sich insbesondere Modalisierungen, das sind sprachliche Ausdruckselemente, mit denen „das Verhältnis des Sprechers zur Aussage und das der Aussage zur Realität" markiert ist (Lewandowski 1976, S. 452)
Modalisierungen sind eines der wichtigsten Mittel, den Streitteilnehmern die spezifische Existenzweise des Konfliktformats zu verdeutlichen (*könnte es nicht sein* [3001/06], *und sie frau blanehauf gehn ma nur ma davon aus ... und tun mal so als hätten ...* [3002/01]). Neben ihrer Funktion, die Existenzweise von Konfliktbestimmungen zu markieren, dienen Modalisierungen auch dazu, den Prozeß des Umgangs mit dem Konflikt selbst zu steuern und die Art und Weise vorzugeben, in der sich die Streitteilnehmer an der Konfliktbearbeitung beteiligen sollen:

---

[31] Zum Gegenstandsbereich 'Modalisierung' insgesamt vgl. Redder (1984).

C: ah dann machen se=s * kinders- * w/ wir sind doch hier nicht
päpstlicher als der pa"bst-

[3002/31]

C: des steht hier auch nur drin im antrach daß ihr sohn äh ei"nen
geldschein wir wollen uns nicht da festlegen in die taschen
gesteckt hat

[3002/46: 4/13ff.]

Freilich ist der epistemische Rahmen, in dem der Schlichter mit dem Konflikt umzugehen anzeigt, nicht immer eindeutig markiert. Doppeldeutigkeiten in den Markierungen sind für das Handeln des Schlichters auch durchaus funktional, erlauben sie es ihm doch, den Konflikt zugleich auf zwei Ebenen zu behandeln: z.B. auf einer Ebene, die es den Beteiligten leicht macht, sich entgegenzukommen, ohne das Gesicht zu verlieren, und zugleich auf einer zweiten Ebene zu signalisieren, was man von der ganzen Sache hält und auf welche Version man sich als Schlichter bei mangelnder Kooperativität der Partei festlegen würde. Beispiele für solche ambivalenten Modalisierungen sind Markierungen des hypothetischen Charakters einer Konfliktdarstellung

C: äh- ** jetz gehn ma mal grade davon aus↓ ** jetz gehn ma mal
davon aus↓ * dat sie:- ** tatsächlich↓ ** etwas getan oder
gesagt haben↓* wat sich net gehört und sie" frau blanehauf↓ *
gehn ma nur mal davon aus↓ * sagen se net ja und net nein↓ *
und tun mal so als hätten

[3002/01: 90/7ff.]

oder Markierungen wie *könnte es nicht sein*, die ebenfalls den hypothetischen Charakter deutlich machen, in denen aber zugleich augenzwinkernd signalisiert wird „Es war doch so, gell?".

Als Resultat des Umgangs des Schlichters mit dem Konflikt ergeben sich so Konflikt-Versionen, die sich nicht nur in ihrem Inhalt, sondern darüber hinaus in ihrem epistemischen Rahmen unterscheiden, innerhalb deren der Konflikt eingebettet wird und innerhalb deren die vom Schlichter über den Konflikt gemachten Äußerungen ihre Geltung erhalten.

Diese Rahmungen können normativ-juristische sein: In ihnen wird der Konflikt in einen Tatbestand transformiert, der seine Bedeutung nur innerhalb eines juristisch definierten Codex besitzt oder sie können hypothetisch-projektiv sein, so daß der Konflikt den Status eines 'Phantasmas' erhält. Für beide Fälle je ein Beispiel:

Codex:

C: #herr <he"rrmann-> *# bei allem was passiert is- *
K: #KLINGT WIE AUFRUF #

C: #mach möglich sein-# * aber- * dieser berühmte satz- * den
K: #GENUSCHELT #

C: den sie dort gegenüber frau blank- * haben laut werden
lassen- * das- * ist natürlich ne bel/ * ne beleidigung↓

[3002/32: 3/1ff.]

Der Vorfall (dieser berühmte satz...) (es handelt sich um das Götz-Zitat) wird als *beleidigung* definiert (das ist... ne...) – und zwar nicht ohne inszenatorischen Aufwand. Zu erkennen ist an inszenatorischen Elementen zum einen der Satzabbruch am Beginn der Deliktnennung *bel/*, der eine Wiederholung der Deliktnennung motiviert, der Einsatz des Adverbs *natürlich*, das Zweifel an der Fraglosigkeit der Zuschreibung gar nicht erst aufkommen läßt und die intonatorische Qualität der ganzen Phrase, die sowohl die Selbstverständlichkeit der Zuschreibung als auch die Gewichtigkeit des zugeschriebenen Delikts suggeriert.

Diese Subsumption des Vorfalls unter eine juristische Kategorie stellt meist den ersten Schritt eines komplexen Programms der Konfliktbewegung dar, das den Konfliktsachverhalt sukzessive in einen gerichtsförmig behandelbaren Sachverhalt transformiert. Dieses Programm findet sich häufig in Güteverhandlungen. Es besteht charakteristisch aus folgenden Schritten:

1. Reininterpretation der Stellungnahme auf eine justiziable Kategorie hin; im vorliegenden Fall *beleidigung*,
2. Feststellen des Deliktcharakters von *beleidigung* anhand des juristisch modifizierten Normbestandes,
3. Aufzeigen der im Bearbeitungsprogramm vorgesehenen Sühnemaßnahmen für das Delikt bzw. der Bedingungen der Konfliktbereinigung.

Phantasma:

C: äh- ** jetz gehn ma mal grade davon aus↓ ** jetz gehn ma mal
davon aus↓ * dat sie:- ** tatsächlich↓ ** etwas getan oder
gesagt haben↓ * wat sich net gehört und sie" frau blanehauf↓ *
gehn ma nur mal davon aus↓ * sagen se net ja und net nein↓ *
und tun mal so als hätten nur sie"↑ * vielleicht in die post
geguckt↓ * als hätten auch sie" mal die hure gerufen↓ * als
hätten sie sich in irgendeiner weise straffällig verhalten↓ *
und das würde durch die zeugen vor gerischt belegt werden
[...] un dann könnten sie ihre:- * prozeßchancen↓ * abchecken↓
* welche chancen hab isch daß isch durchkomme und welche
chancen hab isch verurteilt zu werden sie selber wissen am
besten↓ * wat gewesen ist↓ * sie weiß es au"ch- * jeder sieht
seine eigene darstellung natürlisch in em bißchen rosaroteren
licht als der a"ndere dat sehen muß- * net so bedro"hend wie
der andere dat sieht- * äh- *2* wollen sie mal wissen wat die

**frau bohnert hie"r von ihnen verlangt↓ ** dafür- * dat sie vielleicht solch/zeuch getan haben↓ * wie wär dat- * für sie mal interessa"nt zu wissen dat sie vielleicht sagen- * da könn wir drauf eingehn da könn wir uns bereit erklären zu↓ ** wollen sie mal hören↓**

[3002/01: 90/7ff.]

Entscheidend für die Existenzweise des Konflikts als 'Phantasma' sind Kontextualisierungshinweise, die betonen, daß die Darstellung nur versuchsweise erfolgt (*und sie" frau blanehauf↓... tun mal so als hätten ...*), jederzeit revidierbar ist (*mal grade, ma nur mal*) und daß keine explizite Beurteilung der Wahrheit und damit der realen Existenz des Dargestellten erfolgen soll (*sagen se net ja und net nein↓*). Die Streitbeteiligte wird aufgefordert, für sich selbst zu beurteilen, ob die Darstellung zutrifft oder nicht (*sie selber wissen am besten↓ * wat gewesen ist↓*).

Am markantesten sind diese Wirklichkeitstransformationen des Konflikts in einer anderen Existenzweise am 'szenischen Verstehen' zu beobachten. Beim 'szenischen Verstehen' operiert der Schlichter mit möglichen Elementen des Konfliktzusammenhangs, die so bislang von den Streitteilnehmern nicht dargestellt worden sind. Diese Konfliktelemente sind vor allem affektive Zustände und Handlungsmotive des Angeschuldigten zur Tatzeit, subjektive Qualitäten also, zu denen der Schlichter tatsächlich keinen unmittelbaren Zugang besitzt, über die er im Rahmen einer hypothetischen Darstellung aber sehr wohl Aussagen treffen kann. Diese attribuierten subjektiven Zustände helfen dem Schlichter beim Aufbau einer Version, die es vor allem dem Antragsgegner leichter machen soll, das Vergehen zuzugeben, z.B. indem es als 'Handeln im Affekt' erscheint.

```
C: herr pech stelln=se=sich mal bitte vor- ** äh wenn ihnen das
   nun ich bin mal ganz vorsichtig das rau"sgerutscht ist- * sie
   ham die zeitung genommen- * sie ham sie gelesen- ** und dann
   ham sie sie wieder hingelegt- * alles in ordnung- * das ham se
   ein zwei mal- * und das ham se mit frau boldte auch noch

C: vielleicht hatten se zu dieser zeit noch gar keine zeitung- **
B:                         nein nein-

C: gut-                               nein nein kleinen
A: das ham wir von morgen-
B:                 ich sehe frau bolte ist selber (...)

C: augenblick- * dann haben- * äh: dann haben sie sich geärgert-
B: weil ich sie bloßgestellt hab (...)

B: kommen diese sachen doch überhaupt erst auf den tisch- *
```

C: herr pech dann haben sie
B: sicher genau" de"swegen-

C: sich geä"rge"rt- ** dann ham se die zeitung wieder hin und
dann haben sie sich geärgert daß da- * daß der herr gehlenberg
und frau gehlenberg sich darüber aufgeregt haben- ** und
dann sind sie en bißchen schnell mit dem wort

C: gewesen- nich wahr- * und ham se der- ** äh ich
B: →nein bin ich nicht-←

C: gehe darauf aus daß- * daß wir das was sie gesagt haben und
wär=s auch asozialer- * das muß aus der welt-

[3002/31: 96/3ff.]

In diesem komplexen Redebeitrag, den der Schlichter auch gegen widersprechende Einwürfe des Antragsgegners durchhält, entwickelt er eine Streitdarstellung, in der am Vergehen, wie es in der Anschuldigung formuliert ist, festgehalten wird, in der es zugleich aber auch entschärft wird. Diese Darstellung wird in der Einleitung des Schlichters markiert (*herr pech stellen sie sich mal bitte vor- ***); sie fungiert damit als Rahmungselement für die zu erwartende Darstellung. Die Darstellung selbst enthält eine entschärfende Formulierung des Konfliktvergehens (*wenn ihnen das nun ... das raus"gerutscht ist*) und zusätzlich werden Aktivitäten angeführt, durch die der Vorfall als ein verstehbarer und entschuldbarer betrachtet werden kann (Zeitung nehmen und wieder zurücklegen, selbst keine Zeitung haben, sich ärgern, daß die Nachbarn sich aufregen, schnell mit dem Wort sein). Die Formulierungen im Indikativ und ihre Verknüpfungsformen durch *dann* tragen zur Anschaulichkeit der Darstellung bei. Der hypothetische Charakter der Darstellung kommt noch einmal zum Ausdruck, als der Schlichter formuliert: *vielleicht hatten se zu dieser zeit noch gar keine zeitung*. Daß dies den tatsächlichen Verhältnissen entspricht, paßt zwar ins Bild, ist für den gesamten Darstellungszusammenhang aber nicht notwendig, sondern nur eine zusätzliche Bekräftigung.

Im konkreten Fall verfolgt der Antragsgegner die Reaktionsstrategie des 'Bestreitens' und widerspricht auch an mehreren Stellen der Darstellung. Für den Schlichter wird es dadurch schwierig, seine komplexe Konfliktdarstellung zusammenhängend zu präsentieren. Im Falle des szenischen Verstehens stellt dies ein besonderes Problem dar, weil hier die einzelnen hypothetischen Darstellungselemente ihr Gewicht und ihre Geltung nur aus dem Bezug zu den anderen Elementen gewinnen können und nicht etwa durch Verweis auf ihren Charakter als faktische Ereignisse; sie „stimmen" nur als Bestandteil einer Geschichte, nicht als Aussagen über das tatsächlich abgelaufene Geschehen. Die Elemente haben m.a.W. nur eine textinterne Geltung und daher muß der Textzusammenhang bei der Darstellung ständig präsent sein. Daher greift der Schlichter auch immer dann, wenn der Antragsgegner seinem Szenario widerspricht, auf schon geäußerte Darstellungselemente zurück, um den textuellen Zusammenhang gegenwärtig zu halten.

```
C: vielleicht hatten se zu dieser zeit noch gar keine zeitung- **
B:                         nein nein-

C: gut-                                nein nein kleinen
A: das ham wir von morgen-
B:                 ich sehe frau bolte ist selber (...)

C: augenblick- * dann haben- * äh * dann haben sie sich geärgert-
B: weil ich sie bloßgestellt hab (...)

B: kommen diese sachen doch überhaupt erst auf den tisch- *

C:                         herr pech dann haben sie sich
B: sicher genau" de"swegen-

C: geä"rge"rt- ** dann ham se die zeitung wieder hin dann haben
  sie sich geärgert
```

[3002/31: 97/3ff.]

Abschließend macht der Schlichter das Kriterium deutlich, unter dem seine Darstellung von den Streitbeteiligten verstanden werden soll: nicht um die Faktizität dessen, was er geschildert hat, geht es, sondern darum, daß der Antragsgegner bei dieser Darstellung das Vergehen zugeben kann, ohne sein Gesicht zu verlieren und diese somit eine Basis bilden kann, auf der die von ihm wahrgenommen Divergenz zwischen den Streitparteien „aus der Welt geschafft" werden kann.

```
C: ich gehe darauf aus daß- * daß wir das was sie gesagt haben
   und wär=s auch asozialer- * das muß aus der welt- *
```

[3002/31: 98/5ff.]

## 4.4. Umgangsformen des Schlichters mit dem Streit

Im folgenden sollen einige zentrale Umgangsformen des Schlichters mit dem Konflikt in ihrer schlichtungsspezifischen Leistungsfähigkeit und ihrer rhetorischen Wirksamkeit dargestellt werden. Es handelt sich um:

- Minimalsicherung des Vergehens
- Normierung des Vergehens
- Konstruktion eines entschuldbaren Vergehens
- Einordnung des Streits in den institutionellen Bearbeitungsgang.

Diese vier Formen erfassen weder das ganze Geschehen im Verlauf der Konfliktbearbeitung (neben Maßnahmen des Konflikt-Managements (Nothdurft 1986) und der Befriedung finden sich fallweise noch Explorationsaktivitäten), noch decken sie das ganze Spektrum dessen ab, was der Schlichter mit dem

Konflikt machen kann (so ließ sich in Fällen im Arbeitsgericht z.B. beobachten, daß der Schlichter nach Anschuldigung und Stellungnahme gar nichts machte bzw. den Ball an die Parteien zurückspielte: *und was können wir jetzt machen*↑ (3003/119). Die Bearbeitungsweise, den Konflikt in den lebensweltlichen Zusammenhang der Streitparteien einzuordnen und in seiner Relevanz herunterzuspielen, tauchte in einigen Gesprächen auf, war aber nicht so ausgebaut realisiert, daß sich diese Weise systematisch beschreiben ließe.
Die vier aufgeführten Formen scheinen aber den harten Kern des Repertoires von Konflikt-Bearbeitungen in Schlichtungsgesprächen darzustellen.
Die festgestellten Formen unterscheiden sich deutlich von Konfliktbearbeitungsaktivitäten, die Kallmeyer (1979) in informellen, bilateralen Streitgesprächen regelmäßig beobachten konnte: Signale des Einlenkens, stillschweigende Übernahme von Präsuppositionen des Gegners, Betonungen der Subjektivität des eigenen Standpunkts, Bezugnahme auf die Erlebnisperspektive des Gegners. Auch die meisten von Kallmeyer beobachteten Typen der „Reinterpretation des Vorfalls" finden sich im Schlichtungskorpus nicht.
Diese Unterschiede im Befund überraschen nicht: Versuchen Streitparteien unter sich, ihren Konflikt gütlich beizulegen, sind beide Parteien stärker darauf angewiesen, die Formatierung des Konflikts aus ihren eigenen Positionen heraus vorzunehmen, d.h. die eigene Position zur Disposition zu stellen oder Verständnis für die des anderen zu entwickeln. Schlichter andererseits verfügen über diese Möglichkeiten gerade nicht, ihnen bleibt das Streiterleben „äußerlich". Dieser Unterschied vermag vielleicht auch zu erklären, warum die im Korpus beobachteten Formatierungen so wenig auf wechselseitiges Verstehen abzielen.

### 4.4.1. Minimalsicherung des Vergehens

Diese Formatierung zielt darauf ab, den Gegenstand des Schlichtungsgesprächs in einer rudimentären Form sicherzustellen. Insbesondere in Fällen heftigen Bestreitens und komplexerer, zeitlich ausgedehnter Konfliktverstrickungen ergibt sich als Tendenz in der thematischen Entwicklung, daß die Streitbeteiligten den Gegenstand „zerreden" und der Schlichter nicht mehr „durchblickt". In solchen Fällen muß es ihm dann darum gehen, entgegen zeitlicher und sachlicher Komplexität des Themas die Identität des Redegegenstandes zu sichern. Zu diesem Zweck wird das undurchschaubare konfliktäre Geschehen in abstrakter Weise und inhaltlich unbestimmt formuliert. Der Effekt einer solchen Formulierung ist erstens, daß die unterschiedlichen Auffassungen der Streitparteien unter die Formulierung subsumiert werden können und sie trotz ihrer Widersprüchlichkeiten kompatibel werden und zweitens, daß einem so formulierten Konfliktformat plausibel nicht mehr widersprochen werden kann.

```
C: aber irgendwas muß ja dran gewesen sein daß sie diese
   ausdrücke gebrauchen wenn nicht nur herr gehlenbe"rg und auch
```

```
seine frau" bestätigen das- * sondern auch die zeugin frau- *
boldte- * bestätigt ja nun auch ihre ausdrucksweise- *

[3002/31: 39/2ff.]
```

Durch die Formulierung *irgendwas muß ja dran gewesen sein* erhält das Vergehen eine eigentümliche Bedeutung, die sich erst in genauer linguistischer Analyse erschließt:

1. Durch das Hilfsverb *muß* erfährt die Aussage eine Modalisierung, durch die die Modalität der Aussage als notwendig zu erhebende Vermutung markiert wird. Mit dieser Markierung ist die Aussage Bestandteil der Annahmen und Glaubensinhalte des Schlichters über den Streit bzw. jeden Streit. In der Darstellungskonvention der Theorie möglicher Welten (z.B. Cresswell 1979) ausgedrückt, ist der geäußerte Satz dann wahr, wenn in jeder möglichen Welt, die mit den Glaubensinhalten des Schlichters kompatibel ist, der einfache Satz („irgendetwas ist dran") wahr ist. Der Existenzstatus des Vorfalls ist somit der einer subjektiven Annahme.
2. Mit dem Pronomen *irgendwas* wird der konfliktäre Charakter des referierten Sachverhalts auf die denkbar unbestimmteste Weise formuliert; mit *irgendwas* wird nichts als die reine Existenz eines Konfliktsachverhalts ohne weitergehende inhaltliche Qualifizierung behauptet. Die Aussage, die über den Vorfall gemacht wird, ist also extrem abstrakt und unbestimmt zugleich.
   Die subjektive Gewißheit, die der Schlichter formuliert, daß etwas da sein *muß*, wird meist durch Plausibilisierungsstützen untermauert: daß Zeugen etwas gehört haben, daß der Antragsteller den Aufwand nicht gescheut hat, ein Verfahren in Gang zu bringen, daß der Antragsteller ein ehrenhafter Mensch ist, daß er keine niederen oder unlauteren Motive hat, etc. Diese Plausibilisierungsstützen funktionieren offenbar auf alltagsweltlichen, gemeinsam geteilten Deutungsmustern, die sehr stabil und nur sehr schwer hinterfragbar sind.

```
C: das ist hier sache- * das ist die sachlage →darum geht es-← *
   wir wollen uns also nich hier um kleinigkeiten- * äh- **
   hier- * verengen und hier die sache komplizie"rt machen
   fe"st steht denn hier is was jesagt worden sonst säßen wir
   hier nicht↓

   [3002/43: 10/7ff.]
```

Auch im nächsten Beispiel findet sich die für diese Konfliktformatierung charakteristische Koppelung von „hintergründiger" Konflikt-Behauptung und Plausibilisierungsstützen.

```
C: aber herr pech- *2,4* weder herr oder- ** frau gehlenberg noch
   frau boldte das sind ja ehrbare bürger↓ ** die saugen sich das
   doch nicht aus den händen- * wenn sie das nicht gesagt haben
```

**sollten↓ * * oder meinen sie daß herr daß herr gehlenberg nur so aus jux und dollerei-**

[3002/31: 63/4ff.]

Die Faktizität des Konflikt-Vorfalls ist wiederum Resultat eines kognitiven Schlußprozesses bzw. eines Indizienzusammenhangs. Der Schlichter stellt einen Zusammenhang her zwischen der von ihm vorgenommenen Typisierung der Antragsteller als *ehrbare bürger* und dem Ausschluß unlauterer oder unseriöser Motive für das Vorbringen der Anschuldigung: 'ein ehrbarer Bürger saugt sich die Anschuldigung nicht aus den Fingern' bzw. '... macht sowas nicht aus Jux und Dollerei'. Der Ausschluß dieser beiden möglichen, aber zum Antragsteller nicht „passenden" Motive zum Vorbringen der Anschuldigung soll ex negativo suggerieren, daß der Antragsteller in der Tat einen anderen Grund für seine Anschuldigung hatte, nämlich den, daß der Vorfall tatsächlich stattgefunden hat.

Die Faktizität des Vorfalls wird gleichzeitig aber auch suggeriert durch sprachliche Floskeln wie *auf jeden fall, fest steht.*

Mit der Minimalsicherung des Vorfalls kommt der Schlichter den Positionen der Streitparteien in folgender Weise entgegen: der Position des Antragstellers trägt er dadurch Rechnung, daß er den Anschuldigungssachverhalt in ein unbestimmt formuliertes Substrat transformiert und dieses als nicht bestreitbar sicherstellt; dem Antragsgegner, der den Anschuldigungsvorfall bestreitet, kommt er dadurch entgegen, daß er nicht mehr diesen Vorfall zum Redegegenstand macht, sondern einen abstrakter formulierten Konfliktsachverhalt. Damit gibt er dem Antragsgegner Gelegenheit, seine Haltung ohne explizite Anerkennung der Anschuldigung und damit ohne Gesichtsverlust aufgeben zu können.

Bei der Suche nach einer sprachlichen Formel, mit der sich das komplexe Streitgeschehen und die kontradiktorischen Positionen der Parteien abdecken lassen, kann der Schlichter auf die Darstellungen der Parteien selbst zurückgreifen und sie als Material für seine Minimalsicherung benutzen. Nach bisherigen Beobachtungen zeigt sich als Tendenz, daß die Formatierung des Konflikts als Minimalsicherung einen „bias" zugunsten des Antragstellers aufweist:

1. In Fällen, in denen der Antragsgegner der Anschuldigung eine eigenständige Konflikt-Version entgegensetzt, liegt es nahe, eine sprachliche Formel zu entwickeln, die die Wechselseitigkeit streitigen Handelns und die Verstrickung der Parteien betont (*streit habt ihr gehabt* [3001/03]; *disput war auf alle fälle* [3001/03]; *daß sie sich früher net gut vertragen haben im haus* [3001/01]; *so meinungsverschiedenheiten* [3002/43].

   In Fällen dagegen, in denen der Antragsgegner die Anschuldigung lakonisch bestreitet, ist der Schlichter bei der Suche nach Material, mit dem er seine Minimalsicherung des Vorfalls entwickeln kann, auf die Anschuldigung angewiesen. Er sucht sich sein Material beim Antragsteller und übernimmt damit tendenziell dessen Position.

2. Plausibilisierungsstützen lassen sich grundsätzlich sowohl für Deutungen, die die Sichtweise beider Teilnehmer berücksichtigen, wie auch für einseitig favorisierende Deutungen angeben. Es scheint aber eine Schlichter-Präferenz für solche Stützungen zu geben, die die Position des Antragstellers favorisieren. Ein Grund dafür könnte sein, daß solche Stützungen dem Schlichter eine günstige Gelegenheit bieten, Vorleistungen des Antragstellers in das Schlichtungs-Verfahren zu honorieren (Vorschuß auf die Gebühren, Mitbringen von Zeugen).
3. Ein weiterer Grund liegt in einigen Fällen darin, daß der Schlichter bereits vor dem Schlichtungsgespräch einen Einigungsvorschlag parat hat, den er nur auf der Grundlage seiner Kenntnis der Anschuldigung entwickelt hat und daß er diesen Eingungsvorschlag im Gespräch dann auch zu realisieren versucht. Zwangsläufig muß er dann die Minimalsicherung so vornehmen, daß die Grundlage für seinen Einigungsvorschlag, die Anschuldigung, im großen und ganzen gewahrt bleibt.

Eine besondere rhetorische Tücke dieser Konflikt-Formatierung besteht darin, daß der Konflikt-Sachverhalt wegen seiner vagen Benennung im weiteren Schlichtungsverlauf vom Schlichter stillschweigend wieder inhaltlich angereichert werden kann. Hat der Antragsgegner die Minimalsicherung des Vorfalls einmal akzeptiert, wird es für ihn später in Fällen nachträglicher inhaltlicher Anreicherung schwer, sich gegen diese konkretere Konflikt-Formulierungen zur Wehr zu setzen. Man könnte sich als Schlichter darauf berufen, den Konflikt nur unwesentlich anders formuliert zu haben und dem Antragsgegner widersprüchliches Verhalten vorwerfen.

```
C: aber wenn doch nun soviel ehr/ sind doch ehrenwerte leute" s
   könn se doch nicht sagen- * sie könn doch nicht sagen- ** daß
   der herr gehlenberg frau gehlenberg frau boldte- * äh keine
   ehrenwerte leute sind↓ * dann könn

B: das sag ich auch nicht-
C: se ja-                  na ja bitte dann- * aber äh das hat

C: eben so angeklungen dann geben sie doch die:sen kleinen- *
   fehlschlag der ihnen passiert ist vor dann setzen wir das in=s
   papier rein dann is der fall erledigt *

[3002/31: 93/4ff.]
```

## 4.4.2. Normierung des Vergehens

In dieser Formatierung wird der in der Anschuldigung formulierte Sachverhalt unter Gesichtspunkten normativer Bewertungszusammenhänge reformuliert und beurteilt. Solche Bewertungszusammenhänge können schriftlich fixiert und in sich systematisch sein (Gesetze, Vertragsregelungen), sie können aber auch als Kanon allgemeiner Umgangs- und Benimmregeln im Alltagswissen der Beteiligten kognitiv präsent sein. Mit der Kodifizierung der Anschuldigung geht der Schlichter das für Schlichtungs-Interaktion charakteristische Problem an, daß die Streitparteien an den Konflikt-Zusamenhang mit unterschiedlichen, mit ihrem jeweiligen lebensweltlichen Interessenprofil und Zielvorgaben verwobenen Bewertungsmaßstäben herangehen und den Vorfall aus ihrer jeweiligen Perspektive heraus beurteilen; was für den einen ein unmotivierter Angriff ist, ist für den anderen die gerechte Strafe für erlittenes Unrecht. Gerade in denjenigen Schlichtungsfällen, in denen ein Anschuldigungsvorfall nicht (mehr) bestritten, aber gerechtfertigt wird, erscheint das Problem divergierender Beurteilung und die Gefahr subjektiver Beliebigkeit der Vorfallsinterpretation besonders deutlich: Über nur subjektiv begründete Bewertungen bleibt der Vorfall zwar unbestritten, aber sein Unrechtscharakter löst sich auf. Indem der Schlichter die Anschuldigung in einem gemeinsam geteilten Normsystem formatiert, kann er sie gegen solche Auflösungstendenzen sichern und auf eine stabile, überindividuelle Grundlage stellen.

```
C: #herr <he"rrmann-> *# bei allem was passiert is- *
K: #KLINGT WIE AUFRUF#

C: #mach möglich sein-# * aber- * dieser berühmte satz- * den
K: #GENUSCHELT         #

C: sie dort gegenüber frau blank- * haben laut werden lassen- *
   das- * ist natürlich ne bel/- * ne beleidigung↓

[3002/32: 3/1ff.]
```

An diesem Beispiel lassen sich zwei kommunikative Merkmale beobachten, die sich durchweg in Normierungen finden und die für diesen Formatierungstyp charakteristisch sind:

1. die sprachliche Inszenierung der normativen Sachverhaltsdefinition,
2. die binäre Struktur verstehender Würdigung gegen normative Bewertung.

Zu 1.
Der Vorfall wird als Fall einer bestimmten justitiablen Kategorie, im obigen Beispiel *beleidigung*, interpretiert, und diese Interpretation erfolgt nicht ohne inszenatorischen Aufwand, durch den vor allem die Fraglosigkeit der vorgenommenen Zuschreibung und die Gewichtigkeit des Delikts verdeutlicht werden. Zu dieser Wirkung trägt möglicherweise schon der Abbruch am Beginn der Deliktnennung *bel/* bei, der ihre Wiederholung erfordert, auf jeden Fall aber das *natürlich*, das Zweifel an der Fraglosigkeit der Zuschreibung suggestiv ausschließt, sowie die intonatorische Qualität der ganzen Äußerung, die

sowohl die Selbstverständlichkeit der Zuschreibung als auch die Gewichtigkeit des zugeschriebenen Delikts suggeriert.
Gegenstand der Inszenierung sind Prädikate, die ihre Geltungskraft normativen Bewertungssystemen entlehnt haben. Die kanonische Realisierungsformel läßt sich darstellen als

[Vorfallsbeschreibung] ist ein [Delikt-Prädikat].

Häufig sind die Prädikate in substantivischer Form, gegebenenfalls mit Adjektiv, realisiert (*beleidigung, böse unterstellung*) und damit kurz und prägnant gefaßt.

C: das durften sie zum beispiel schon mal nicht sagen↓ * es könnte

B: ja sie hat mein kind aber auch als dieb
C: genauso sein daß sie das geld selber einjesteckt haben wissen

B: bezeichnet ne↑
C: se wissen se was das is↓ * wisse se was das ist wenn

C: sie so etwas sagen es könnte sein daß sie das geld habe↑*

C: das ist eine bö"se unterstellung↓ das is eine
B: ja mein kind

C: unterstellung des glatten betruges↓
B: is:

[3002/46: 7/17ff.]

Die Realisierung im einzelnen scheint von der Zielsetzung der Inszenierung abzuhängen: Wenn es dem Schlichter darum geht, der Streitpartei die normative Vorfallsdefinition als unzweifelbaren Tatbestand vor Augen zu führen, wird die Definition eher als substantivische Prädikation erfolgen, wenn es dagegen darum geht, die Definition von der Streitpartei kognitiv nachvollziehbar zu gestalten bzw. die Definition durch die Streitpartei selbst als innere Handlung vornehmen zu lassen, wird die Definitionsregel angegeben wie im folgenden Beispiel:

C: was den kündigungsgrund selbst angeht- * äh wenn es unstreitig
ist daß die klägerin kra"nkgeschrieben wu"rde- * dann steht
doch bloß der vorwurf im raum daß die klägerin morgens
wäh:rend eines gang zum arztes oder vo"r einem gang zum arzt
möglicherweise bier getrunken hat- * ja rechtfertigt da"s eine
kündigung↑ * rechtfertigt das eine kündigung↓ * wenn die
klägerin unstreitig kra"nk war so gibt es meines erachtens
keinen erfahrungssatz des inhaltes- * daß ein arbeitnehmer äh

**sich gesundheitsschädigend verhält wenn er ein: glas bier trinkt oder ähnliches↓ * exzese sind was ganz anderes↓**

[3003/119: 8/18ff.]

Zu 2.
Die Formatierung erfolgt makrosyntaktisch in einer konzessiven Struktur, in deren ersten Teil das gesamte Konflikt-Geschehen gewürdigt wird (*bei allem was passiert is- * mach möglich sein- **) und in deren zweiten Teil der Anschuldigungs-Vorfall kontrastierend juristisch definiert wird (*aber- * dieser berühmte satz (...)* etc.). Diese binäre Struktur verhilft dazu, dem komplexen Streit insgesamt Rechnung zu tragen – und damit der Perspektive des Antragsgegners, und dennoch die Anschuldigung auf einer überindividuellen Grundlage zu sichern. In dieser binären Struktur wird der gesamte Konflikt-Zusammenhang in zwei Teile geteilt: einen Teil, der extensional den größeren Anteil des Konflikts, vor allem die gesamte Konflikt-Geschichte, umfaßt – dieser Teil wird aus einer Haltung des Motiv-Verstehens heraus gewürdigt, und einen zweiten Teil, der den Vorfall und seine näheren Umstände umfaßt – dieser Teil wird aus einer normativ orientierten Perspektive beurteilt und mit einem entsprechenden Prädikat versehen.
Im folgenden Beispiel, einer Güteverhandlung vor dem Schiedsmann, stellte sich im Schlichtungsgespräch heraus, daß die Antragstellerin im Verlaufe eines Streits den Antragsgegner als *blöden kohlenschlepper* bezeichnet hatte:

```
C: ich möchte möchte dat mal beurteilen↓ ** äh sie sind
   uffjerecht un haben wat gegen ihn weil sie dauernd meinen
   belästigt zu werden↓ * vielleicht werden sie auch dauernd

A:                       ja↓                            mhm↓
C: dauernd belästigt↑      fühlen sich jedenfalls belästigt (...)

C: (...) (...) ** will isch net werten ** un- ** dann ruft er ihre
C: freundin an un sie schimpfen dann weil sie eh" schon auf ihn sauer
   sind zurück↓ ** nur- ** blö"d↑ * is ne beleidigung↓
```

[3002/01: 33/8ff.]

Weitere Beispiele für diese binäre Struktur sind:

**C: i mein↑ * äh- * des ganze is höchst seltsam des muß ich also schon sagen nich aber letztenendes äh- * äh- * was man bezahlt hat sollte man auch beweisen können↓**

[3003/54: 30/8ff.]

**C: egal was unter nachbarn auch immer vorfällt und was sa/ i"st- * man läßt einen älteren bürger in ru"he↓**

[3002/43: 9/31ff.]

C: äh passen sie auf passen sie auf also- * es is doch ga"nz

C: offensichtlich sie sin ja bei"de enttäuscht über

A: #ja↓#
K: #SEUFZEND#
C: den lauf der entwicklung sie habens=s sich ursprünglich beide

C: ganz a"nders vorgestellt und zwar in einem sehr viel positiveren
sinne↓ * nich dementsprechend fühlen sie sich jetz vermutlich
und das is auch des was ich selber spüre und zwar an an- *
an äh an aggressionen herauskommt des mag durchaus sein
des is auch legitim↓ * un verständlich↓

A: ach aggression gar nich mal ich bin halt unzufrieden-
C: <aber jetz s ei"nes sie haben

C: eigentlich ihrer klage weitgehend selber den boden entzo"gen-

[3003/99a: 10/30ff.]

In dieser binären Struktur spielen, wie man an den zitierten Beispielen bereits sehen kann, 'Verstehensoperatoren' eine große Rolle, das sind sprachliche Formeln, in denen die Sichtweise der einen Streitpartei ausdrücklich berücksichtigt wird bzw. in denen der Schlichter einer der Streitparteien ausdrücklich seiner Perspektivenübernahme versichert. Beispiele sind:

vom gefühl her sicher ne ne angemessene reaktion↓ [3002/01]

ich kann das schon verstehn wenn man da äh- * was jesacht bekommt
daß man dann- * da sowas schon mal sacht [3002/46]

ja gut äh- * sie nehmen ihre freundin da in schutz↓ * kann isch
begreifen- * aber- [3002/01]

ich versteh das wenn ne mutter aufgeregt is wenn ihr kind da
irgnwie in im jespräch ist das is ein normaler vorgang man muß
aber trotzdem wissen was man sagt- * dies" hätten sie besser nicht
sagen sollen [3002/46: 23/6-24/1]

herr boos isch versteh sie sie sinn nimmehr de jüngschte ä:h
sie wolle vielleischt als manschmol ihr ruh hawwe [3001/8: 6/1ff.]

ja: des ver/ s versteh ich schon des läßt sisch auch gar net
ganz underbinden des is mir auch widder klar aber [3001/8: 10/26ff.]

Im Kontext der skizzierten binären Makrostruktur eignen sich Verstehensoperatoren für den Schlichter insbesondere dazu, mit der komplexen Konflikt-Geschichte auf elegante Weise „fertig zu werden": die Signalisierung von Verständnis nach einer Erzählung, Darstellung usw. gilt unter alltagsweltlichen Kommunikationsbedingungen als angemessene, erschöpfende Reaktion.

Was verstanden worden ist, muß nicht nochmals expliziert werden. Die pragmatischen Verwendungsbedingungen von 'verstehen' können im Kontext der binären Struktur von Codifizierungen so ausgenutzt werden, daß die Konfliktdarstellung des Angeschuldigten zunächst als alltagsweltlich relevante Erzählung behandelt wird und für den Aktor der Erzählung Verständnis aufgebracht wird – und die Erzählung damit unter alltagsweltlichen Gesichtspunkten gewürdigt wird, darauf aber im zweiten Teil der binären Struktur die Darstellung zusätzlich unter normativen Gesichtspunkten beurteilt wird. Die rhetorische Tücke liegt dann darin, daß der Angeschuldigte als Aktor durch die Verstehensoperatoren hinreichend gewürdigt ist und ihm keine weitere Handlungsoption mehr offensteht. Daher können Verstehensoperatoren auch so wirken, daß sie weitere Explikationsschübe des Angeschuldigten, in denen dieser seine Position deutlich machen will, blockieren:

```
C: ja gut äh:- * sie nehmen ihre freundin da in schutz↓ * kann isch

C: begreifen- * aber- ** auch dann sin et strafbare handlung für- *

A:                  mhm↓
C: zu rufen↓ * auch wenn man sich erregt hat wenn man aufgeregt ist↑

A: ach↑ * wissen sie was der mir schon alles vorher an kopf

A: gemacht↑ * un hat-
C:                  ja=ja-  * isch sagte ja daß isch versteh kann-
```

[3002/01: 35/1ff.]

Gegen die Signalisierung von Verstehen ist kein Kraut gewachsen.

Durch die Signalisierung von Verständnis macht der Schlichter deutlich, daß er die Position der einen Streitpartei, für die sich die nachfolgende Beurteilung negativ auswirken wird, durchaus in Rechnung stellt und sie in einer gewissen Weise auch honoriert. Der Schlichter bietet dieser Partei quasi einen Tausch an: die Gewährung von Verstehen beim Akzeptieren einer Verurteilung.

Eine solche Verrechnungshaltung bietet sich bei dieser Formatierung auch deshalb an, weil mit feststehendem Beurteilungsmaßstab (Codex) ein Tertium comperationis zur Verfügung steht, von dem aus die verschiedensten Konfliktaspekte erfaßt und über „einen Leisten geschlagen" werden können; mindestens werden gegenseitig erfolgende Anschuldigungen dadurch verrechenbar, daß sie aus der Perspektive des Codex beide verurteilungswürdig erscheinen:

```
C: sie müssen sich aber och vor augen halten dat sie dann och

A:                                                  ja↓ * >stimmt auch<
C: blöder ko"hlenschlepper gesacht haben↓ * ne↑          sie ham
```

**C: also mit einer strafbaren handlung gea"ntwortet↑und dadurch gleischt sich die nacht schon mal au:s↓ ** würd isch sagen↓ ***

**[3002/01: 43/7ff.]**

**C: äh det blö"d↑ * ä:h- * gegen seine schimpfworte müßten se eigentlisch en bißchen aufheben↓ * würde sich aufheben würd isch sachen↓ * eine strafbare handlung gegen die andere-**

**[3002/01: 45/5ff.]**

### 4.4.3. Konstruktion eines entschuldbaren Vergehens

In dieser Formatierung wird die Anschuldigung in eine entschärfte Fassung gebracht, indem die Verantwortlichkeit des Angeschuldigten für das Zustandekommen des Vorfalls reduziert wird. Dies geschieht meist dadurch, daß der Anschuldigungsvorfall als nicht absichtlich zustandegekommen dargestellt wird. So wird einerseits der Vorfall als Faktum gesichert, andererseits der Angeschuldigte von wesentlichen Anschuldigungsbestandteilen entlastet.
Mit einer solchen Formatierung trägt der Schlichter den problematischen Akzeptanzbedingungen seitens des Angeschuldigten in der Phase der Konfliktrekonstruktion Rechnung: Er zielt insbesondere darauf ab, dem Angeschuldigten im Schlichtungsgespräch das Zugeben des Vorfalls leichter zu machen. Er berücksichtigt, daß sich der Angeschuldigte durch das formale Beteiligungsverhältnis 'Initiant' – 'Angeschuldigter' ohnehin in einer defensiven Position befindet, die zum „Abschotten" verleitet, daß mittels eines manifesten Streits um Vorfälle latent eine Austragung globaler negativer Fremdeinschätzungen stattfindet und daß der Angeschuldigte aus Gründen der Selbstdarstellung einen anfangs bestrittenen Sachverhalt später nicht ohne weiteres zugeben kann. Mit der Konstruktion eines entschuldbaren Vorfalls werden für das Zustandekommen des Vorfalls „externe" Faktoren verantwortlich gemacht und mögliche persönliche Kausal-Attributionen wie „böser Wille", „fieser Charakter", „Heimtücke" ausgeschlossen. Die Konfliktformatierung zielt darauf ab, den Angeschuldigten zur Übernahme einer Minimalversion von Schuld zu bewegen, ohne daß er dadurch persönlich diskreditiert würde. Sie findet sich daher sowohl in Fällen des 'Bestreitens' – dort wird die Formatierung eingesetzt, um den Angeschuldigten zum Zugeben des Vorfalls zu bewegen – als auch in Fällen des 'Rechtfertigens' – dort wird die Formatierung eingesetzt, um den Angeschuldigten im Austausch für den von ihm eingenommenen Rechtsstandpunkt Verständnis für sein Handeln und moralische Entlastung anzubieten bzw. zu signalisieren.
Aus der Konstruktion eines entschuldbaren Vorfalls ergibt sich der Einigungsvorschlag quasi von selbst: als Kompensation für ein nicht absichtlich vorgenommenes, entschuldbares Fehlverhalten gilt nach gesellschaftlichen Standards eine 'Entschuldigung'.

Sprachlich realisiert wird die Konstruktion eines entschuldbaren Vergehens meist durch die Herstellung eines Konflikt-'Szenarios' (s.o.), den Aufbau einer fiktiven Konflikt-Geschichte also, in der dem Angeschuldigten der Vorfall ohne bösen Willen „passiert ist". Ein besonders ausgebauter Fall ist der folgende Gesprächsausschnitt:

C: #←könnte es nischt sein→-# ** äh isch mein mir habbe im
K: #SPRICHT BESONDERS BETONT#

C: vorhergehenden Fall herr kreuzer auch so was ä:hnlisches
gehabt↓ * könnte es nischt sein daß mer sich emal- * im
a"ffekt im ei"fer des gefechts emal- * ä bissel über die- *
über die zügel naus: springt emal

C: en ausdruck gebraucht den man vielleicht gar net
B: >das kann sein-<

C: gebrauchen wi"ll aber daß mer im zei- im laufe der e"rregung
halt * doch mal * was * von sisch gibt was eigentlich sonscht
gar net zu/ zum spra"chgebrauch gehört- * halte sie des für
absolut ausgeschlosse glaube sie daß sie sisch immer so
fe"scht in der hand habbe↑

[3001/06: 8/10ff.]

Diese Konstruktion ist in vierfacher Hinsicht von kritischen Punkten des Anschuldigungs-Vorfalls abgelöst:

- Erstens spricht der Schlichter nicht mehr vom konkreten Vergehen selbst, sondern (nur noch) von einer Motivations- und Dispositionslage eines anonymen Handelnden für einen solchen Vorfall; in diesen Zusammenhang gehört, daß der Schlichter nicht vom Angeschuldigten, sondern von 'man' allgemein spricht.[32]
- Zweitens markiert der Schlichter seine Darstellung explizit als fiktives, spekulatives Denkmodell, nicht als Beschreibung des tatsächlichen Geschehens (Modalisierung als *könnte es nicht sein*) und entschärft sie damit (keine Behauptung).
- Drittens stellt der Schlichter seine Darstellung als Beschreibung eines real vorkommenden Falltypus dar und markiert damit die dargestellten Sachverhalte als nicht-ungewöhnlich, d.h. er normalisiert sie.
- Viertens führt der Schlichter solche Handlungsveranlassungen und Dispositionen ein, die gerade durch Nicht-Intentionalität gekennzeichnet sind und blendet damit ein wesentliches Element jeder Anschuldigung, die Absichtlichkeit des Handelnden (s.o., Kapitel 2), aus:

[32] In *könnte es nischt sein daß mer sich emal ...* läßt sich das *mer* als Mischung aus „man" und „wir" interpretieren und damit die Aussage als Mischung einer Allgemeinaussage (man) und kollektiver Identifikation (wir).

im a"ffekt im ei"fer des gefechts im laufe der e"rre:gung
über die zügel naus: springt
en audruck gebraucht den man vielleicht gar net gebrauchen wi"ll
was von sisch gibt.

Am Ende der Darstellung wird der Angeschuldigte aufgefordert, zu diesem Denkmodell Stellung zu nehmen. Die Aufforderung selbst ist rhetorisch so angelegt, daß Zustimmung zum Szenario suggeriert wird: *halte sie des für absolut ausgeschlosse glaube sie daß sie sisch immer so fescht" in der hand habbe-.*

Der rhetorische Aufwand in der Aufforderung leuchtet ein, wenn man bedenkt, daß erst hier die Rückbindung des Szenarios an den Handelnden selbst stattfindet, jener kritische Moment also erreicht ist, an dem der Angeschuldigte, wenn auch verklausuliert, zugeben würde bzw. müßte, daß dieses Szenario für ihn zutrifft und ihm die inkriminierte Äußerung anzulasten ist.

Im analysierten Fall markiert der Schlichter das Szenario deutlich als „die" Version des Streits, die er verbindlich und explizit zur Grundlage seines nachfolgenden Einigungsvorschlags machen möchte. Solch eine herausgehobene Positionierung mit ausdrücklicher Ratifizierungsaufforderung sorgt für Deutlichkeit und klare Positionsverhältnisse. Zugleich besteht aber die Gefahr, daß das augenzwinkernde Sich-Einlassen auf eine Version, an die niemand glaubt, zu markant gerät und sich selbst karikiert – die Fiktion muß immer noch ernsthaft gehandhabt werden können.[33] Als Alternative bietet sich an, die Konstruktion eines Szenarios gesprächsorganisatorisch nicht derart in den Mittelpunkt des Gesprächsgeschehens zu stellen, sondern sie mehr en passant im Vollzug anderer Schlichtungsaktivitäten mitzuvollziehen – und damit dem Angeschuldigten Fingerzeige zu liefern, in welcher Richtung sich der Schlichter eine Einigung vorstellen könnte. Im folgenden Fall taucht die Konstruktion eines entschuldbaren Vorfalls im Rahmen der Reformulierung einer Anschuldigung durch den Schlichter auf:

C: es gäbe ja keine ver- gerichtsverhandlung vor=m schiedsmann
wenn da nichts jewe"sen wäre nich↑ * nich sonst sä"ßen wir
hier nicht nech↑ ** darüber sind wer uns wohl- * klar↓ *

C: nei:n- * das ist gesacht worden nich↑ *
B: ich schlage sie tot-

C: vielleicht habt=er einen gefeiert da unten was weiß ich und
dann=äh- * das gesagt frau scheer↑ * sagt hier also zu re"cht↑
* daß- * sie also schikaniert worden ist in der vergangenheit-

---

[33] Zum Phänomen wechselseitigen Wissens, getäuscht zu werden, und dessen interaktiver Relevanz vgl. die Untersuchung von Glaser/Strauss (1965) zu sog. 'awareness contexts'.

```
* und daß unter anderem- * äh- * zu ihr gesagt worden ist- *
i"ch schlach dich tot↓ *
```

[3002/43: 4/17ff.]

Auch hier markiert der Schlichter den fiktiven bzw. spekulativen Charakter seiner Schilderung der Vorfallsumstände *vielleicht ... was weiß ich*, aber er vollzieht die Markierung eher beiläufig und nimmt danach die Reformulierung der Anschuldigung wieder auf. Dennoch hat er mit seiner – eingeschobenen – Konstruktion eine Deutung geliefert, die es dem Angeschuldigten möglich machen könnte, ohne großen Gesichtsverlust den vorgeworfenen Vorfall zuzugeben; die Entlastung erfolgt erstens durch die Benennung der Begleitumstände als 'feiern', einem Ereigniszusammenhang also mit relativ niedriger Kommunikationskontrolle, und zweitens in der Verwendung des Pronomens 'ihr' in *habt=er*, durch das ein anonymes Handlungskollektiv 'ihr' ins Spiel gebracht wird, und es dadurch möglich wird, diesem Kollektiv einen Teil der Verantwortung für das Vergehen zuzuschreiben und den Angeschuldigten partiell zu entlasten.

Für das Gelingen der Konstruktion eines entschuldbaren Vergehens, d.h. die Akzeptanz der beiden Streitparteien, ist die Wahl einer geeigneten Erklärungsgröße entscheidend. Der Schlichter muß mit solchen alltagsweltlich geläufigen Erklärungsmustern für Fehlverhalten operieren, durch die der Vorfall als Ausnahme, als Resultat einer Fehleinschätzung, als Handeln im Zustand kurzfristiger verminderter Verantwortlichkeit etc. gedeutet wird. Für das herangezogene Erklärungsmuster muß gelten, daß durch seine Anwendung der Aktor des Geschehens nicht negativer dargestellt wird als durch den Anschuldigungsvorfall selbst. 'Im Affekt' gehandelt zu haben, eignet sich als Erklärungsmuster gut, weil dies erstens „jedem passieren kann" und 'Affekt' selbst als Disposition für Alltagskommunikation nicht negativ bewertet ist. Eine Konstruktion, bei der der Vorfall damit erklärt würde, daß der Handelnde eben unzurechnungsfähig sei, wäre demgegenüber von vornherein zum Scheitern verurteilt.

### 4.4.4. Einordnung des Streits in den institutionellen Bearbeitungsgang

Bei dieser Formatierung wird der Konflikt als Gegenstand institutioneller Bearbeitung bzw. Weiterbearbeitung betrachtet. Er wird auf seine Eigenschaft reduziert, Gegenstand eines institutionell bestimmten Bearbeitungsprogramms zu sein. Andere, von den Streitparteien vorgetragene Gesichtspunkte werden nur insofern berücksichtigt, als sie für die institutionelle (Weiter)bearbeitung relevant sind. In die Formatierung gehen aber andererseits zusätzliche Gesichtspunkte ein, die sich aus dem Umstand ergeben, daß der Konflikt im Rahmen eines bestimmten Bearbeitungsprogramms etabliert und rekonstruiert wird. Der am häufigsten in diesem Zusammenhang genannte Gesichtspunkt ist der der Bearbeitungskosten.

```
C: hier kommen sie- ** und alle parteien beide- ** günstig bei
   wech- * und bei den andern wenn es weitergeht- * äh äh- * wenn
   sie soviel geld haben↑ [...] wissen sie was das kostet wissen
   se was das kostet↑ ** wenn sie vor gericht gehn↑ * das kostet
   ne schöne stange geld- ** nich↑ * das kost schon- * das kost
   schon geld-
```

[3002/31: 106/1ff.]

Im Beispiel werden die Gerichtskosten hyperbolisch hervorgehoben: *ne schöne stange geld.*
Der Schlichter nutzt bei dieser Formatierung den Umstand aus, daß die Konfliktrekonstruktion im Rahmen übergeordneter Machtverhältnisse, Verfahrenszwänge und institutioneller Handlungsbedingungen erfolgt. Diese gelten unabhängig vom je spezifischen Konflikt; daher ergibt sich in Fällen dieser Formatierung oft der Gesprächseindruck, die vom Schlichter angeführten Gesichtspunkte hätten „mit dem Konflikt eigentlich nichts zu tun". Man muß sich aber klarmachen, daß die Rekonstruktion des Konflikts in der Regel im Rahmen und unter Benutzung eines Dienstleistungsapparats, eines Schlichtungs-Service, erfolgt, dessen Arbeitsbedingungen und interne Systemprobleme in die Rekonstruktionsarbeit mit eingehen und in ihr mit berücksichtigt werden müssen. Der institutionelle Charakter der Konfliktrekonstruktion wirkt sich nicht nur auf die Qualität des Resultats aus, sondern auch die Arbeit der Rekonstruktion selbst hat ihren Preis, der beim Resultat vom Schlichter in Rechnung gestellt werden kann – wenn es ihm als ein Mittel erscheint, „die Sache aus der Welt zu schaffen".

Mit dieser Formatierung lassen sich zwei Probleme der Konfliktrekonstruktion bearbeiten; zum einen das Problem der Sicherung einer Konflikt-Substanz, zum andern das Problem der Herstellung von Definitionsmacht des Schlichters gegenüber den Streitparteien.

In Fällen, in denen Anschuldigungen bestritten werden, rivalisierende Beschreibungen auftauchen und es im weiteren Verlauf der Konfliktrekonstruktion für den Schlichter zunehmend schwieriger wird, einen Konflikt-„Kern" auszumachen und ihm der Gegenstand des Verfahrens aus den Händen zu gleiten droht, vermag die Darstellung des Konflikts als Objekt weiterer institutionell vorgeschriebener Bearbeitungsschritte den Schlichter wieder auf sicheres Terrain zu bringen: Wenn sich auch über das Konfliktgeschehen keine sicheren Aussagen machen lassen, läßt sich der Konflikt doch immerhin als Gegenstand des weiteren Bearbeitungsgangs darstellen und damit in eine Form bringen, die eine Weiterbearbeitung erlaubt.
Das Problem des Fehlens verbindlicher Definitionsmacht des Schlichters ergibt sich aus dem Charakter von Schlichten als einem auf Konsens abzielenden

Kommunikationsverfahren. Der Schlichter kann – im Gegensatz zum Richter – nicht allein über die Akzeptabilität einer bestimmten Fassung des Konflikts entscheiden, er muß die Parteien vielmehr dazu bewegen, einer Fassung zuzustimmen. Die Formatierung des Konflikts in Kategorien des weiteren Bearbeitungsprogramms ermöglicht es dem Schlichter aber, verbindliche, sanktionierbare Definitionen antizipatorisch vorwegzunehmen und mit dem juristischen Definitionspotential auch in der Schlichtungs-Situation zu operieren.

Der Effekt dieser Formatierung ist eine Fokusverlagerung von Konflikt-Aspekten, die von den Streitteilnehmern eingebracht werden, hin zu Gesichtspunkten, die mit dem Bearbeitungsprogramm zusammenhängen. Für den Schlichter bedeutet diese Fokusverlagerung sichereres Terrain, weil er sich als Verfahrenswalter und Kenner des institutionellen Bearbeitungsprogramms mit diesen Gesichtspunkten bestens auskennt. Komplementär dazu kennen sich die Streitparteien mit diesen Gesichtspunkten meist nicht aus, sie verlieren die Verhandlungsvorteile desjenigen, der die Sachgesichtspunkte des Verhandlungsgegenstandes bestimmen kann. Außerdem leistet die Formatierung eine Konfliktentschärfung, da die Rekonstruktion nicht mehr als Debatte über die kontroversen Gesichtspunkte von Anschuldigung und Stellungnahme erfolgt, sondern als sachliche Unterrichtung durch den Schlichter über Verfahrenszwänge und erwartbare Bearbeitungsroutinen, und der Schlichter die Konfliktrekonstruktion aus einer distanzierten Position darstellen kann.

```
A:                                   ja↑
C: äh herr bentz es is ja folgendes *      äh schaue se ma:l

A:                                             ja
C: isch hab=s ihne vorhin versucht klar zu machen   wi"r hie"r

C: können des noch: äh * vernünftisch uff er außergerichtliche
   ba"sis klä:ren * äh: ohne daß es allzuviel * heckmeck gibt äh:
   * wenn * wir * hier * net zu=rer einichung ko"mmen * dann
   passiert ja folgendes ich muß also den herrn rechtsanwalt
   klei:n antragsgemäß da komm isch gar net drumrum äh: die
   bescheinigung ausstellen * daß wir heute hier erfolglos

C: verhandelt ha:"ben #und er hat dann natürlisch das re"cht# * zum
K:                    #PAPIERRASCHELN#

A:                    richtig              na selbstverständlich
C: gericht zu gehen          is ihne klar-

C: gu:t prima * äh *daß des natürlich dann net billig wird * äh *

C: je nachdem wie=s ausgeht * is ihne auch: klar
```

[3001/05: 9/3ff.]

In diesem Gesprächsausschnitt zeigen sich eine Reihe sprachlicher Charakteristika, die für dieses Formatierungsmuster generell gelten:

- Mit einer einleitenden Charakterisierung, die auf Herstellung von Einsicht abzielt *äh schaue se ma:l isch hab=s ihne vorhin versucht klar zu machen* wird die Formatierung als Aufklärungsdiskurs inszeniert, in dem der Schlichter beansprucht, der Streitpartei seine Überlegungen zum Streit und seine Ratschläge zur vernünftigen Beurteilung vorzulegen. Eine solche Charakterisierung findet sich auch in anderen Fällen:

```
C: jetzt möcht ich ihn: bei"den einmal zu üb/ folgendes zu
   überlegen geben↓ * äh wenn wir hier heute uns nischt irgend/
   auf irgendeinem weg auf einem vernünftischen weg wir sind ja
   erwachsene leute- * ei"nigen können dann passiert
   folgendes-* äh isch muss dann also dem herrn beck die
   beschtätichung geben↑ * dass der heutige sühne * versuch
   erfolglos verlaufen ist"↑

[3001/01: 16/7ff.]

C: möchte sie bitten in ruhe zu überlegen↑ * dieser fall- *
   hie"r kommen sie- ** und alle parteien beide- ** günstig bei
   wech und bei den andern wenn es weitergeht- * äh äh- *

B:                             nein hab ich nicht-
C: wenn sie soviel geld haben↑                     is ja

C: wunderba"r-

[3002/31: 106/1ff.]
```

- Die Formatierung besteht auf der textuellen Makrostruktur aus zwei thematischen Blöcken: der gegenwärtigen Schlichtungssituation und weiteren Schritten im institutionellen Bearbeitungsgang. Zwischen diesen beiden Blöcken wird ein Kontrast aufgebaut.
  Im zitierten Beispiel erfolgt die Kontrastierung anhand der Gesichtspunkte 'autonomes Handeln' und 'Qualität der Regelung'. Das Handeln in der Schlichtungssituation wird unter dem Aspekt dargestellt, was möglich ist und von den Beteiligten erreicht werden kann; das weitergehende Handeln wird demgegenüber sprachlich als nicht intentionales oder zwangsläufiges dargestellt: ein Handlungsagent fehlt ganz (*dann passiert ja folgendes, daß des natürlich dann net billig wird*), oder das Handeln wird als automatisch erfolgendes dargestellt (*ich muß also ... da komm isch gar net drumrum*) oder als Potential (*er hat dann natürlich das re"cht * zum gericht zu gehen*). Im ersten thematischen Block wird die Regelung als vernünftige, aufwandsarme, gemeinsame (*wir hier*) Vereinbarung beschrieben; die Beschreibungsmittel sind eher umgangssprachlicher Natur (Betonung des alltagsweltlichen Charakters (*heckmeck*)); im zweiten Block wird der Aspekt

der Verfahrenskosten herausgestrichen und das erwartbare Geschehen wird in Termini des Verfahrensgangs und der Verfahrensvertreter beschrieben (*bescheinigung, herrn rechtsanwalt klein, antragsgemäß, das re"cht zum gericht zu gehen*).

- Mit der Kontrastierung ist eine Wertung verbunden: Die gegenwärtige Schlichtungssituation wird als für die Streitparteien günstige Form der Konfliktregelung beurteilt, die nachfolgenden Schritte dagegen als ungünstig. Im zitierten Beispiel kommt die Evaluation neben einigen lexikalisch fixierbaren Bewertungen (*vernünftisch* versus *net billig*) vor allem in der unterschiedlichen intonatorischen Qualität der beiden Blöcke zum Ausdruck: Die Darstellung der aktuellen Schlichtungssituation erfolgt in einem Tonfall, der Vertraulichkeit und Entgegenkommen signalisiert, bei der Darstellung der Folgen im alternativen Verfahren dagegen drückt die Stimme Sorgen und Bedenken aus.
  In anderen Fällen wird die Beurteilung explizit formuliert (*hie"r kommen sie- ** und alle parteien beide- ** günstig bei wech* [3002/31]) oder in die Sachdarstellung mit eingebaut (*dann kommt des nämlich ein- * förmlisches gerischtsverfahren↑ * .. isch weiß daß die pfarrheimer rischter ... über die"se verfahren- * nischt sehr erfreut sind↓ * ä:h- * die lange da als monchmal- * ganz bös hin* [3001/01].

- Die zweite thematische Komponente, der weitere Verfahrensweg, wird als Konditional dargestellt.
  Die in der wenn-Komponente angeführte Verhaltensalternative wird gelegentlich so dargestellt, daß sie sich quasi von selbst ausschließt ('irreale Alternative'), d.h., der Schlichter formuliert Bedingungen, unter denen eine Alternative zum Schlichtungsverfahren sinnvoll wäre, wobei diese Bedingungen selbst nicht akzeptabel sind:

```
C: hie"r kommen sie- ** und alle parteien beide- ** günstig bei
   wech und bei den andern wenn es weitergeht- * äh äh- * wenn

B:                                nein hab ich nicht-
C: sie soviel geld haben↑                              is ja wunderba"r-
```

[3002/31: 106/3ff.]

```
C: sie muß halt wissen- * wenn sie ihre schule bald zumacht
   dann kann=s ihr nimmer so wichtig sein wie- * wie sich des
   weiter entwickelt hier ne↑ * der prozeß
```

[3003/51: 64/1ff.]

- Die Schilderung der „nächsten Instanz" erfolgt meist nur andeutungsweise, bedient sich floskelhafter Wendungen und bleibt vage:

da sehn sie also vor jericht ga"nz alt aus [3002/46]

ich möchte also nicht in der haut des ein oder anderen stecken [3002/46]

können sie empfindlich bei gericht verurteilt wern ga"nz empfindlich [3002/46]

da kommt nichts bei raus das geht aus wie=s hornberger schießen

[3002/46].

Die rhetorische Leistung dieser nur andeutenden Schilderung besteht darin, daß den Streitparteien institutionelle Konsequenzen ihres Konflikts vor Augen geführt werden, ohne daß diese Konsequenzen genauer und konkreter dargestellt wären: Für die – meist prozeßunerfahrenen – Streitparteien erhält die Schilderung dadurch einen bedrohlichen Charakter und das Gericht wird 'mystifiziert', wenn nicht gar dämonisiert (vgl. auch Klein 1995).

Gelegentlich erfolgt in der Konditional-Komponente auch eine Ausweitung der zu erwartenden Konsequenzen über den institutionellen Rahmen hinaus hin zu den alltagsweltlichen Folgen eines kommenden Gerichtsverfahrens. Im folgenden Beispiel aus dem Arbeitsgericht wäre bei Nichteinigung die Weiterbehandlung des Konfliktfalles (Kündigung wegen Geschlechtsverkehrs am Arbeitsplatz) mit Beweisaufnahme verbunden:

```
C: das ist die frage nicht ob sie äh äh- * ob #sie in ihrer-#
K:                                           #LEICHT LACHEND#

C: ** verhalten als arbeitgeber danach richten äh wie=s: äh
   aufgenommen wird im betrieb↓ *3* mein ich wei"ß au=net ob
   man- * ob man des so begeistert äh jetzt beobachtet nicht
   wenn hier durch beweisaufnahme- * über den von ihnen selber
   glaub ich als delikat oder ähnlich bezeichneten gegenstand-
   * da unruhe in die filiale reinbringt und dort unter
   umständen einen streit auslöst- * der dann- ** wieder- *
   konflikte heraufbeschwört die wohl möglicherweise bei mir
   oder woanders landen↓

[3003/59: 20/1ff.]
```

Mit *das ist die frage* wird die Formatierung einleitend markiert als 'bedenkenswerte Überlegung, deren Wertung dem Hörer anheimgestellt wird'. Der leicht lachende Unterton an dieser Stelle signalisiert aber gleichzeitig schon, daß die Relevanz des darzustellenden Gesichtspunktes 'Auswirkungen im Betrieb' evident ist. In der nachfolgenden Explikation werden diese Auswirkungen im Betrieb geschildert. In dieser Schilderung findet sich das schon oben beobachtete Muster einer vagen, nicht genauer prüfbaren Darstellung. Der Behaup-

tungscharakter der Darstellung wird zu Beginn abgetönt (*ich wei"ß au=net*), Folgen der Beweisaufnahme werden als mögliche dargestellt (*unter umständen einen streit auslöst, ... konflikte heraufbeschwört, die wohl/ möglicherweise bei mir ... landen*) und die Ungewißheit der Folgen wird verdeutlicht (*bei mir oder woanders*). Der Schlichter arbeitet, um seinen Gesichtspunkt deutlich zu machen, ferner mit einem Stilmittel der Ironie (*ob man des so begeistert äh jetzt beobachtet*) und benutzt eine von dem angesprochenen Rechtsanwalt selbst verwandte Streit-Charakterisierung, um die Auswirkungen im Betrieb deutlich zu machen (*wenn hier durch beweisaufnahme- * über den von ihnen selber glaub ich als delikat oder ähnlich bezeichneten gegenstand- * da unruhe in die filiale reinbringt*).
Insgesamt entsteht so ein schillerndes, rhetorisch wirkungsvolles Bild der Folgen einer gerichtlichen Streitbehandlung, ohne daß der Erfahrungs- oder Wissenshintergrund, auf dem dieses Bild entworfen worden ist, expliziert würde.

Eine alternative Realisierungsweise der Formatierung besteht darin, die zwei thematischen Komponenten zu entflechten und zunächst nur eine Einschätzung des „Schicksals" des Konflikts im weiteren Bearbeitungsgang zu liefern. In solchen Fällen gibt der Schlichter seine Schlichterrolle auf und geriert sich als Ratgeber angesichts eines ungewissen Verfahrensfortgangs. Das Schlichtungsverfahren bleibt bei dieser Realisierung zunächst „außen vor" und wird erst nach gegebenem Rat als Lösung angeboten, die angesichts der dargestellten Aussichten „auf der Hand liegt":

```
C: also=s gibt es gibt äh nach meiner einschätzung ←zwei- *
   möglichkeiten→ wie der prozess ausgehn kann↓ * und zwar je
   nachdem äh wie eine beweisaufnahme ausgeht- * äh wenn diese
   unterschlagung nachgewiesen wird oder in ho"hem maße
   wahrscheinlich is sodaß man von einem dringenden verdacht
   der strafbaren handlung ausgehen kann- * dann wäre die
   fristlose kündigung berechtigt [...] falls sich nicht
   nachweisen lässt daß die äh unterschlagung begangen wurde
   oder der verdacht nicht ausreichend dringend ist dann wäre
   die fristlose kündigung- * unwirksam [...] und bei dieser
   rechtslage scheint es mir doch ziemlich auf der hand zu
   liegen wo mer sich we"nn mer sich überhaupt einigen will wo
   des geschieht↓
```

[3003/53: 17/8ff.].

## 5. Das interaktive Zusammenspiel: 'Entfaltung', 'Verstrickung' und andere Muster der Gesprächsdynamik in der Konflikt-Rekonstruktion

In den bisherigen Abschnitten ging es darum, die Aktivitäten, Handlungsstrategien und Darstellungsfiguren zu analysieren, mit denen die Schlichtungsbeteiligten ihre jeweilige Konfliktposition im Gespräch aufbauen und untermauern. Diese Betrachtungsweise war produktorientiert: Sie zielte ab auf den Redegegenstand und auf die kommunikativen Anstrengungen, mit denen die Beteiligten ihn sprachlich herstellten. Demgegenüber ist der folgende Abschnitt 5 prozeßorientiert: Sein Objekt sind die komplizierten, oft unüberschaubaren Interaktionsprozesse, die durch die einzelnen Gesprächs-Anstrengungen der Beteiligten ausgelöst werden, in denen die Positionen der Beteiligten aufeinandertreffen und in denen zugleich Verständigungsarbeit geleistet wird und in die die Beteiligten in ihrem weiteren Handeln verstrickt werden. Mit dem Ausdruck „interaktives Zusammenspiel" soll der Aspekt in diesen Interaktionsprozessen betont werden, daß die Handlungszüge der Beteiligten zueinander „passen", daß die Beteiligten durch ihr Verhalten dem je anderen Gelegenheit geben, einen von ihm favorisierten Handlungszug auszuführen. In diesen Prozessen entscheidet sich, was als Verständigungsgrundlage für die Entwicklung von Einigungsvorschlägen etabliert werden kann.

Analytische Aufgabe ist es, das Zustandekommen dieser Prozesse zu rekonstruieren, ihre Bestandteile zu ermitteln und die Muster, die ihnen zugrundeliegen, zu bestimmen.

### 5.1. Das analytische Konzept: 'Aushandlung'

Jeder Prozeß der Konflikt-Bearbeitung ist stets beides zugleich: ein Verständigungsprozeß über die divergierenden Konflikt-Auffassungen der beteiligten Interaktionsparteien und ein Verhandlungsprozeß über interessengebundene Positionen und Forderungen der Beteiligten. Das Verständnis der Parteien davon, was „der Konflikt" ist, worin er im Kern besteht, was dazu gehört und wie die einzelnen Aspekte zu bewerten sind etc., divergiert.[34] Diese Divergenz ist selbst wesentlicher Bestandteil des bisherigen Streitgeschehens, hat den Streit in seiner Geschichte mitgeschürt und besteht auch im Schlichtungsgeschehen weiter, das selbst dadurch auch Teil der Streitgeschichte wird.

Gleichzeitig sind die Parteien darauf aus, ihre Erwartungen, Zielsetzungen und Interessen, die sie mit dem Schlichtungsgespräch verknüpft haben, durchzusetzen: so will der Antragsteller „sein Recht" bekommen, den anderen bestraft sehen, Genugtuung erhalten; der Antragsgegner will möglichst günstig aus der

---

[34] Zu Versuchen, dieses Verständnis gesprächsanalytisch zu rekonstruieren siehe meine Untersuchungen zur sog. 'subjektiven Konflikt-Organisation', Nothdurft (1987a), Nothdurft (1987b). Eine umfassende Darstellung ist in Vorbereitung.

Situation herauskommen, dem anderen „jetzt aber mal deutlich seine Meinung sagen" oder sich auf nichts einlassen. Die Parteien handeln aus ihren Standpunkten heraus und diese sind verhärtet. Sie plazieren ihre Argumente unter Gesichtspunkten der Herstellung von Verständigung, aber zugleich auch unter verhandlungsstrategischen Gesichtspunkten und legen ihre Beiträge entsprechend an.

Solche Handlungsprozesse, die durch Herstellung von Verständigung und Durchsetzung von Interessen zugleich gekennzeichnet sind, werden interaktionstheoretisch als 'Aushandlung' begriffen. Unter 'Aushandlung' wird in diesem Zusammenhang ein Komplex wechselweise aufeinander bezogener Aktivitäten mindestens zweier Gesprächsteilnehmer verstanden, mit denen diese versuchen, ihre jeweilige Position in bezug auf den aktuellen Redegegenstand verständigungsorientiert durchzusetzen (vgl. Nothdurft 1984).

Das Konzept der 'Aushandlung' betont den Aspekt sozialer Interaktion, daß deren Interaktionsgegenstand aus unterschiedlichen Perspektiven und Positionen der Beteiligten heraus in gemeinsamem, verständigungsorientierten Handeln konstruiert wird. Das Konzept ist dem wissenssoziologischen und ethnomethodologischen Ansatz verpflichtet.[35] 'Aushandlung' wird analytisch oft in Zusammenhang mit anderen Verfahren der sozialen Konstruktion von Wirklichkeit genannt („etwas gemeinsam definieren, konstruieren, konstituieren, sich gemeinsam auf etwas einigen, sich gemeinsam über etwas verständigen" (Dieckmann/Paul 1983, S. 183)). 'Aushandlung' unterscheidet sich im interaktionstheoretischen Sprachgebrauch von diesen anderen Verfahren vor allem dadurch, daß folgende Aspekte interaktiver Phänomene hervorgehoben werden:

- die Prozeßhaftigkeit des Phänomens und die Strukturiertheit des Prozesses in Züge und Phasen (so auch Juchem/Schmitz 1985),
- die Dialogizität des Phänomens,
- die Qualität des Phänomens als ein interessensgeleiteter Verständigungsprozeß (Kallmeyer 1981).

Vom Ergebnis dieser Aushandlungsprozesse hängt ab, was im Schlichtungsgespräch als Verständigungs- und Verhandlungsgrundlage für die Entwicklung von Einigungsvorschlägen etabliert werden kann.

Die fallspezifische Verlaufskontur und Handlungsprogression eines Aushandlungsprozesses ergibt sich aus dem interaktiven Zusammenspiel der Redebeiträge, mit denen die Beteiligten Bezug aufeinander nehmen. Dieses interaktive Zusammenspiel der Handlungszüge erzeugt und verkörpert die Dynamik, die einen Aushandlungsprozeß vorantreibt. Die Handlungszüge wiederum werden vom Interessensprofil und der je eingeschlagenen Strategie der

[35] Vgl. die ausführliche Literaturdarstellung in Dieckmann/Paul (1983).

Teilnehmer gesteuert, von Aushandlungs-„Konstanten" also, die über den einzelnen Interaktionszug hinaus Handlungsrelevanz besitzen und durch die das Prozeßgeschehen in immer wieder gleicher Weise bestimmt wird. Es ist daher nicht verwunderlich, daß sich in einem Aushandlungsprozeß immer wieder die gleiche Weise, aufeinander Bezug zu nehmen, findet, d.h., daß sich das interaktive Zusammenspiel der Handlungszüge als Muster im Aushandlungsprozeß reproduziert und diesem dadurch seine Struktur als wiederkehrendes, geordnetes, erkennbares Aushandlungsmuster verleiht.

Unter Aushandlungsmuster wird also das Bewegungsmuster verstanden, das sich in einem Aushandlungsprozeß durch die besondere Weise, in der die Redebeiträge der Teilnehmer Bezug aufeinander nehmen, herausbildet und stabilisiert. Bei der Arbeit mit dem Prädikat 'Aushandlungsmuster' sind folgende Aspekte analytisch zu unterscheiden:

- die besondere Art und Weise, in der die Beteiligten in ihren Redebeiträgen Bezug aufeinander nehmen (ob thematische Punkte weiterentwickelt werden, ob sie ignoriert oder umgedeutet werden etc.),
- das sich über die Zeit entwickelnde Muster des Bezugnehmens, das sich durch Rekurrenz oder Variation dieser besonderen Weise ergibt, und der Globaleindruck, der sich aufgrund dieses Musters einstellt (sich im Kreise drehen, sich blockieren, aneinander vorbeireden etc.),
- ein Prinzip, aufgrund dessen die Reproduktion des Musters zustande kommt, quasi der Motor, der die Dynamik erzeugt.

Aushandlungsmuster werden alltagssprachlich beschrieben als „Hin-und-Her", „sich im Kreise drehen", „um den heißen Brei herumgehen", „sich ineinander verbeißen", „in eine Sackgasse geraten", „sich gegenseitig blockieren" etc.[36] Besonders prägnante Aushandlungsmuster stellen die in der Transaktionsanalyse beschriebenen „Spiele" dar (vor allem Berne 1967, kritischer Überblick in Schlegel 1984). Spiele sind komplementär strukturierte Interaktionszusammenhänge, in denen einer der Teilnehmer den anderen zur Erfüllung eigener Bedürfnisse funktionalisiert. Das Zusammenspiel ist dadurch gewährleistet, daß der Mitspieler an seiner „schwachen Stelle" („Spielanfälligkeit") getroffen wird, z.B. in dem Spiel

> „„Jetzt hab ich dich erwischt, du Schuft!" Dieses Spiel spielt jemand, der einem andern Fehler und Irrtümer nachweisen möchte und entsprechend die Situation häufig so gestaltet, daß dem andern Fehler und Irrtümer passieren. Spielt dieser andere von seiner Seite aus das Spiel „Tritt mich!" so ergänzen sich die beiden Spieler komplementär und jeder kann sich fortwährend in seiner Grundeinstellung , in seinem Lieblingsgefühl und in seiner Lieblingsüberzeugung bestätigen!" (Schlegel 1984, S. 117)

[36] Bliesener/Köhle (1986, S. 34) führen als weitere Muster auf, die sie allerdings nicht weiter erläutern: Sukzession, Eskalation, Zick-Zack, Pendeln, Bogen, Zyklus, Staffelung, Trichterform, Abstecher.

In solchen Spielen erscheinen die Verhaltensweisen der Beteiligten auf unheilvolle Weise aufeinander zugeschnitten. Bei Dauer des Spiels - oder Wiederholungen - kommt es zur Stabilisierung der Beteiligungsrollen und zur „komplementären Fixierung" (Schlegel 1984, S. 61), die als solche auf das Interaktionsgeschehen zurückwirkt („Jetzt gehts schon wieder los").

Bei manchen der im Korpus beobachteten Aushandlungsprozessen der Konfliktbearbeitung scheint es sich geradezu um solche Spiele zu handeln (z.B. bei dem in 5.3.7 als 'Verstrickung' analysierten Fall). Bisweilen kann man in den Gesprächen geradezu den „Regisseur" eines solchen Spiels ausmachen. Bei den meisten Aushandlungsprozessen scheint es aber eher so zu sein, daß die Muster der Aushandlungsdynamik durch das Zutun aller Beteiligter zustande kamen, ohne als solche geplant zu sein.[37]

Solche Aushandlungsmuster wie 'Hin und Her', 'Sackgasse', 'Blockade' etc. erscheinen analytisch oft als Resultat fehlgelaufener Verständigung, fehlender Kooperativität der Beteiligten und der Verletzung kommunikativer Basisregeln und damit als Ausdruck „gestörter" Kommunikation. Solch eine Auffassung beruht jedoch auf einer naiven Vorstellung eines „glatten" Gesprächs, in dem sich die Beteiligten reibungslos verständigen. Solch eine Auffassung vernachlässigt meist die besonderen Handlungsbedingungen, unter denen Aushandlungsprozesse ablaufen. Im Kontext und als Bestandteil von Schlichtungsgesprächen sind die oben angeführten Aushandlungsmuster nämlich „normal" bzw. für den Vollzug des Handlungsschemas insgesamt sogar funktional. In ihnen werden strukturelle Kommunikationsvoraussetzungen, die für Schlichtung spezifisch sind (fehlende Kooperationsbereitschaft, Erfordernis, sich zu einigen, antagonistisches Beziehungsverhältnis) aufgearbeitet und für die Situation behandelbar gemacht. Ein Interaktionsprozeß verläuft meist nicht so, wie er aus einer theoretischen Perspektive, die ausschließlich auf Verständigung abhebt, verlaufen sollte,

> „... aber warum soll er das überhaupt, wenn die „Störungen" funktional sinnvoll und der Situation angemessen sind? Wer mit einer „verständigungsorientierten" Haltung in eine Verhandlung eintritt, macht sich - bei allen Beteiligten! - eher lächerlich. Wer das Instrument der Verhandlung zu spielen weiß, gilt nicht als Basisregelverletzer, sondern - bewundert oder gefürchtet - als geschickter Verhandlungspartner". (Dieckmann/Paul 1983, S. 188)

Die Struktur der Aushandlungsdynamik ist für die Analyse der Konfliktbearbeitung von doppelter Bedeutung. Sie liefert zum einen den Schlüssel, mit dem das komplizierte interaktive Geschehen in dieser Schlichtungsphase transparent gemacht werden kann; in ihr manifestiert sich zum anderen aber auch in prägnanter Weise das Beziehungsverhältnis zwischen den Streitparteien selbst: In der Art und Weise, wie diese kommunikativ mit „ihrem Konflikt" umgehen, reproduzieren die Streitparteien die Struktur des Konflikts selbst und

---

[37] Die Beteiligten geraten in die Dynamik „rein"; vgl. Schank (1987).

machen sie damit deutlicher als mit dem, was sie über ihren Streit aussagen. Anders formuliert reproduziert sich die konfliktäre Struktur des Redegegenstandes in der Dynamik des Aushandlungsprozesses und bildet diese im Aushandlungsmuster ab. Die Dynamik der Aushandlung, d.h. ob die Parteien „sich ineinander verbeißen", ob die Beteiligten „sich im Kreise drehen" oder „sich schrittweise annähern", ob es „ewig hin- und hergeht" usw. ist aus gesprächsanalytischer Perspektive bedeutsam dafür, den Konflikt zwischen den Parteien genauer zu verstehen. Die Rekonstruktion der Aushandlungsdynamik soll im folgenden in Angriff genommen werden.

Die Dynamik von Aushandlungsprozessen ist bislang in der Gesprächsanalyse nur selten zum Untersuchungsgegenstand gemacht worden und noch seltener sind Versuche, die beobachtete Dynamik strukturell zu beschreiben.[38]

---

[38] Eine frühe Ausnahme ist die Untersuchung Labovs (1976) zur Dynamik ritueller Beschimpfungen.
Am ehesten gelungen scheint mir die Arbeit von Bliesener/Köhle (1986), in der diese versuchen, die Dynamik von Krankenhausvisiten einzufangen. Bliesener/Köhle analysieren ein Visiten-Gespräch zwischen Patient und Oberarzt, in dem es zwischen den beiden um die Aushandlung einer therapeutischen Maßnahme geht. Die Parteien divergieren in der Einschätzung der Wirksamkeit eines Herzmedikaments: der Patient unternimmt mehrere, implizit gehaltene Anläufe, die Wirksamkeit in Frage zu stellen und der Arzt wehrt die Anläufe immer wieder ab. „Es herrscht ein Gleichgewicht der Gegensätze. Die Spirale könnte sich immer weiter drehen." (Bliesener/Köhle 1986, S. 67). Die Autoren sehen in diesem Gespräch einen Prozeß gegenseitiger Stabilisierung von Einstellungen: der Patient ist getrieben einerseits von der Angst, falsch behandelt zu werden und der Furcht andererseits, es durch Kritik an der Behandlung mit dem Arzt zu verderben. Seine Kritik bleibt daher implizit, sein Anliegen unklar, seine Beitragsorganisation diffus. Dies Redegestaltung irritiert den Arzt und verstärkt seine ablehnende Haltung dem Patienten gegenüber (diese ablehnende Haltung trat in Interviews der Autoren mit dem Arzt zutage).

„Über die Interaktion zwischen Arzt und Patient läßt sich nun in motivationalen Begriffen reden: Bedingen die Voreingenommenheit des Arztes und das konkrete Gesprächsverhalten des Patienten die Ablehnung des Arztes, so hindert diese Ablehnung den Patienten daran, seine Todesangst auszudrücken, und sie nährt die Angst des Patienten vor einem Konflikt mit dem Arzt. Deswegen setzt der Patient ein Gesprächsverhalten fort, das die Ablehnung des Arztes mitbedingt. Diese Ablehnung wiederum hindert den Patienten, usw. usf. Der Hintergrund des Gesprächs läßt sich also in einer einzigen Formel beschreiben: die Ängste des Patienten und die Ablehnung des Arztes stützen sich gegenseitig. Die interpersonelle Kommunikation zwischen Arzt und Patient ist in einen Teufelskreis hineingeraten, der die Ängste des Patienten steigert oder zumindest konserviert." (Bliesener/Köhle 1986, S. 69).

Rekonstruktionen wie diese gelingen selten. Sie erfordern eine über linguistische Kenntnisse hinausgehende analytische Sensibilität, viel Zeit, diskursiven Aufwand – und die geeigneten Datenmaterialien bzw. ergiebige Gesprächspassagen. Solche Rekonstruktionen sind aber wichtiger Bestandteil gesprächsanalytischen Arbeitens.

## 5.2. Methodisches Vorgehen

Die Analyse der Aushandlungsdynamik erfolgt als Rekonstruktion des Zustandekommens des Aushandlungsprozesses.
Die Rekonstruktion setzt an bei der Bestimmung der Inhaltsoperationen benachbarter Redebeiträge der Parteien, in denen diese sich zum Interaktionsgegenstand äußern. Diese Operationen sind dadurch bestimmt, wie ein Sprecher mit dem Aussageinhalt eines Vorgängerbeitrags umgeht, ob er ihm zustimmt, ihn ignoriert, ihn umdeutet, entwertet etc. (vgl. Bliesener/Nothdurft 1978).

Bestimmt werden die Operationen,

- die zwischen benachbarten Beiträgen verschiedener Sprecher und
- die in aufeinanderfolgenden Beiträgen desselben Sprechers erfolgen.

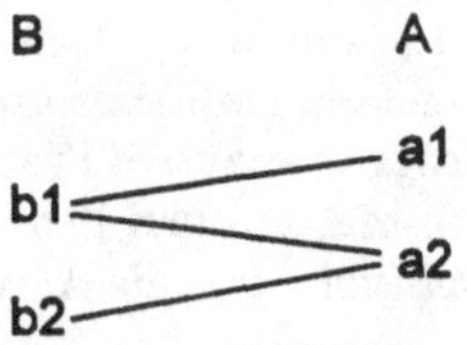


Abb.: Inhaltsoperationen (–) zwischen Redebeiträgen

In einem zweiten Schritt werden Sequenzen solcher Operationen daraufhin betrachtet, ob sich in ihnen Wiederholungen, Steigerungen, periodische Reihungen der Inhaltsoperationen, insgesamt also Strukturen erkennen lassen. Diese strukturierten Reihen bilden komplexe Verlaufsfiguren, die sich oft mit umgangssprachlichen Ausdrücken charakterisieren lassen („auf der Stelle treten", „sich im Kreise drehen" etc.). Das praktisch-analytische Vorgehen in diesem Schritt beruht auf einem gestalt-orientierten Wahrnehmen, d.h., es geht wesentlich darum, im konkreten interaktiven Geschehen gestalthafte Figuren wie 'Spirale', 'Welle', 'Netz', 'Stufe', etc. zu erkennen.[39]

In einem dritten Schritt wird die „Erzeugungsregel" gesucht, mit der das Zustandekommen der empirisch beobachteten Regelmäßigkeit im Aushandlungsprozeß verständlich gemacht werden kann. Dazu wird zum einen gefragt,

39 Ähnlich Bliesener/Köhle (1986, S. 34):
„Das praktische Vorgehen bei der Identifizierung von Strategien und Mustern folgt in gewissem Maße den Prinzipien der Gestaltwahrnehmung. Vereinfachungen, Überakzentuierungen und Idealisierungen sind dabei unerläßlich. Es ist z.B. eine Vereinfachung, in einer konkreten Sequenz von Elementen das Ordnungsprinzip des „Pendelns" zu erkennen. In diesem Fall wird von mancher Besonderheit der Auswahl und Abfolge der Elemente abgesehen. Es werden ideale Verlaufsformen zur Beschreibung jeweils konkreter Verläufe herangezogen. Es findet also, nachdem die Bestimmung der Elemente eine Abstraktion erster Ordnung war, hier eine Abstraktion zweiter Ordnung statt."

warum in dem jeweils untersuchten Aushandlungsprozeß gerade das beobachtete Muster aufgetreten ist – und nicht ein anderes; und zum zweiten wird gefragt, wie man sich durch die Erzeugungsregel das beobachtete Muster zustandegekommen denken kann. Es handelt sich bei diesem Schritt um „Rekonstruktionen" im Sinne von Habermas (1976, S. 180); es handelt sich um

> „rationale Nachkonstruktionen von Erzeugungsstrukturen, die der Hervorbringung symbolischer Gebilde zugrundeliegen."

Diese „Erzeugungsregel" wird in einer spezifischen Konstellation der Handlungsziele und -orientierungen der Teilnehmer gesucht, die dazu führt, daß das dynamische Muster reproduziert wird und daß die Teilnehmer immer wieder das gleiche „Spiel" miteinander spielen. Idealerweise läßt sich in diesem Schritt dann eine Art „Beziehungsmechanik" angeben, durch deren Wirken der Gesprächsverlauf zustandegekommen gedacht werden kann. Analysen dieser Art könnten vor allem von familientherapeutischen Ansätzen und Analysepraktiken profitieren, in denen interaktive Prozesse auf das (pathologische) Zusammenspiel von Verhaltensmustern und Bedürfnisorientierungen der Teilnehmer zurückgeführt werden (vgl. etwa die Arbeiten von Haley, z.B. 1963).

Gegenstand der Analyse ist stets der einzelne Aushandlungsprozeß, wie er sich unter den jeweils unterschiedlichen Gesprächsbedingungen und in Abhängigkeit von den differenten Handlungszielen und -vorstellungen der Beteiligten im Gesprächsverlauf herausbildet. Die Analyse ist somit stets Analyse von Einzelfällen von Aushandlungsprozessen. Dennoch handelt es sich um mehr als bloße Einzelbeobachtungen. Analytische Aufgabe ist es gerade, das Fallübergreifende, Typische eines Aushandlungsmusters herauszuarbeiten und als empirisch fundierte Hypothese zu bestimmen. Dann wird es auch möglich, die Muster auf ihre Auftretensbedingungen, Auftretenshäufigkeit etc. in größeren Gesprächskorpora zu untersuchen. Grundsätzlich sind die gesuchten Phänomene aber nur durch die Analyse einzelner Gesprächsfälle zugänglich.

Bei der Darstellung der ermittelten Aushandlungsmuster und dem Aufweis der sie prägenden Gesprächsdynamik stellt sich das Problem der Präsentation umfangreicher Gesprächsausschnitte. Insbesondere die Dynamik zyklischer Gesprächsverläufe läßt sich naturgemäß nur über weite Strecken eines Gesprächs zeigen. In den folgenden Analysen wird daher auf ein verkürztes Verfahren der Datenpräsentation zurückgegriffen (Nothdurft 1984), d.h., relevante Gesprächsausschnitte werden in der Darstellung auf diejenigen Redebeiträge reduziert, die für die Entwicklung der Dynamik von besonderer Bedeutung sind. Manchmal werden diese Beiträge auch in paraphrastischer Darstellung wiedergegeben.

## 5.3. Muster der Gesprächsdynamik in der Konflikt-Aushandlung

### 5.3.1. Die Entfaltung des Konflikts

Das Bewegungsmuster beruht auf der Alternation expandierender und bündelnder, komprimierender thematischer Operationen. Die Komprimierungen greifen die Inhalte der Expansionen auf, fassen sie bündig zusammen und speisen sie wieder in die Verhandlung ein. Das Bewegungsmuster läßt sich als 'Stufung' kennzeichnen:[40] Ein sich entwickelnder thematischer Zusammenhang wird an bestimmten Zeitpunkten in abstrakterer Darstellung zusammengefaßt und entwickelt sich aus dieser Zusammenfassung auf abstrakterer Stufe weiter, bis er wieder zusammengefaßt wird etc.

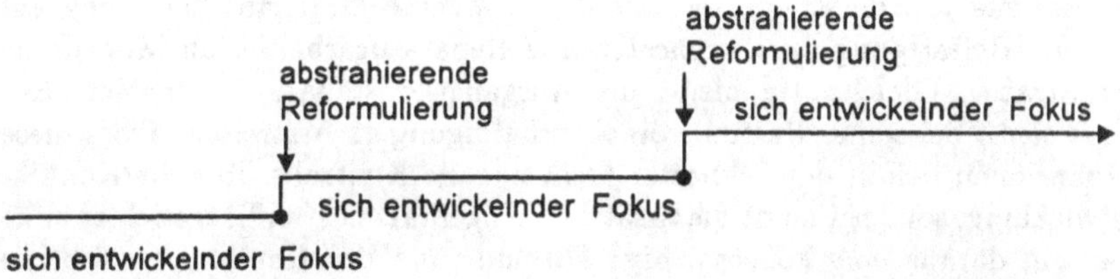


Abb.: Stufenförmige Themenentwicklung aufgrund von abstrahierenden Reformulierungen

Dynamik entwickelt sich in diesem Muster dann, wenn die abstrahierenden Zusammenfassungen Veranlassungen für weitere Expansionen bilden, in denen zusätzliche, bis dahin nicht angeführte Konflikt-Aspekte zur Sprache gebracht werden.

Ein sprachliches Verfahren, das besonders geeignet ist, eine solche Dynamik zu erzeugen, ist die 'Reformulierung'.[41]

Bei dem folgenden vorgestellten Fall handelt es sich um ein Gespräch in der Vergleichsbehörde, „Die Mopeds" (3001/08). Teilnehmer sind der Antragsteller, Herr Heilmann, mit seinem Anwalt, Herrn Karg, der Antragsgegner, Herr Boos, und der Vorsitzende der Vergleichsbehörde, Herr Kastner. Anwesend im Raum sind außerdem die Protokollführerin und der aufnehmende Wissenschaftler. Herr Heilmann beschuldigt Herrn Boos, von ihm beleidigt und bedroht worden zu sein. Herr Boos streitet die ihm zur Last gelegten Äußerungen aber vehement ab:

---

[40] Zum Begriff vgl. Berens et al. (1976).

[41] Vgl. dazu die ausführliche Arbeit von Gülich/Kotschi (1987).

B: also ich kann nur dazu sa:n so die"se äißerungen do schwör ich bei gott do soll i auf de a"lle zwei augn blind wern wann de"s von mein munde gekommen is↓

[3001/08: 2/12ff.]

In dieser Ausgangskonstellation sind die Fronten verhärtet: Aussage steht gegen Aussage. In nachfolgenden Explikationen ihrer Positionen kommt es zudem noch zu Expansionen des Konfliktzusammenhangs: Für Herrn Heilmann ist der Anschuldigungssachverhalt eingebettet in einen länger andauernden schwelenden Konflikt („Auftritte" von Herrn Boos in den letzten Jahren wegen Kinderspiels auf der Straße), und Herr Boos erweitert den Vorfall um zusätzliche Ereignisse, aus denen er eine Gegenanschuldigung entwickelt (Belästigung durch ruhestörende Reparaturarbeiten an Mopeds auf der Straße). Gleichzeitig bleibt die Ausgangskonstellation verhärtet: Herr Boos bleibt bei seiner Haltung, die Anschuldigung zu bestreiten. Trotz dieser Expansionen behält der Schlichter nicht nur die Kontrolle über die Konfliktentwicklung, sondern nutzt die zusätzlich eingeführten Konfliktgesichtspunkte aus, um daraus eine konsensfähige Formulierung des Konflikts zu fabrizieren. Eine wesentliche Rolle spielen in diesem Prozeß zwei Reformulierungen, in denen die Expansionen aufgegriffen und so umformuliert werden, daß die Konflikt-Bearbeitung auf der Grundlage der von den Streitparteien selbst eingebrachten Gesichtspunkte fortgeführt werden kann. Diese Reformulierungen stellen quasi Schaltstellen der Gesprächsentwicklung dar. Durch sie wird die Konflikt-Bearbeitung in Stufen gegliedert:
Nachdem die Streitparteien in Anschuldigung und Stellungnahme ihre Positionen bezogen haben, kommt es zu einer ersten Expansion der Anschuldigung dadurch, daß Herr Heilmann die Anschuldigung als Gipfel eines Dauerkonflikts darstellt. Der Schlichter versucht, bereits an dieser Stelle den Konflikt als Minimalsicherung des Vergehens und als entschuldbares Vergehen zu fassen. Doch dies mißlingt: Herr Boos bestreitet weiterhin und nimmt seinerseits eine Konflikt-Expansion vor, mit der er zum Gegenangriff übergeht. An dieser Stelle operiert der Schlichter mit einer Reformulierung:

C: also sie wolle jetz sa:che- * fer des fer des kinderspielen

B: ja haw
C: hedde se noch verständnis awwer fer die rebaradurarweide (...)

B: ich kei"ne verständnis- u:nd die abga:sn-
C: un so un fer de krach den ma nu mol mit macht- aha

[3001/08: 7/15ff.]

Mit dieser Reformulierung erreicht der Schlichter dreierlei: Er hat in ihr die von Herrn Heilmann vorgebrachte Darstellung des expandierten Konflikts (Auftritte von Herrn Boos) aufgegriffen, er hat Herrn Boos eine positive Haltung für Herrn Heilmanns Gesichtspunkte „in den Mund gelegt" (*verständnis haben*), und er greift Herrn Boos Sichtweise („Reparaturarbeiten") auf und spielt ihm diesen Gesichtspunkt zur weiteren Behandlung wieder zu.

Auf der zweiten Stufe der Themenprogression baut Herr Boos diesen Gesichtspunkt zu einer Gegenanschuldigung aus, auf die Herr Heilmann in einer Stellungnahme damit reagiert, die Schuldzuweisung an ihn in Frage zu stellen und das Schadensausmaß zu minimieren ('problematisieren'). Durch das reformulierte Aufgreifen kann Herrn Boos Konflikt-Gesichtspunkt als Konflikt-im-Konflikt behandelt werden. Es gelingt dem Schlichter, den Konflikt in einer Kombination von Minimalsicherung und entschuldbarem Vorfall zu formatieren.
Soweit sind die von den Streitparteien mit dem Anschuldigungsvorfall verbundenen, subjektiv relevanten Konflikt-Gesichtspunkte „abgearbeitet" und wechselseitig anerkannt. Unverändert starr ist allerdings immer noch die Ausgangskonstellation: Herr Boos bestreitet weiterhin die ihm zur Last gelegten Äußerungen. An dieser Stelle plaziert der Schlichter seine zweite Reformulierung:

```
C: sie havve mir des avver vorhin so schön gschildert auch so
   plastisch un drastisch gschildert- * daß sie sisch also da net
   nur belästischt fühle sondern schon fascht- * äh gesundheitlich
   angegriffn un so- * i"s es da net möglisch daß sie also
   in dieser erregung in diesem affekt heraus daß sie dann doch
   des eine oder=s annere gsacht havve↓ isch hab des also vorhin
   schon so als: bissche eingständnis un als naja als entschuldischung
   für=s verhaltn- * gsehe war=s wirklisch net so↓

B: also wirglich net↓ des hab ich nich gsagt↓ * ich wollt i woar
   gonz ohnmächtig vor lau"der abgasn sag ich jo i hob gor
   ni=mehr gwisst wou wou wous ich bin wous ich iwerhaupt bin↓ *

B: entweder sie glaum=s oder nicht-
C: ja un kanns net grad in so=me zustand dann erscht rescht

C: bassieren daß man über die stränge schlägt un daß ma also mal
   was sacht was mer vielleischt normalerweise net sagen würde-

[3001/08: 12/14ff.]
```

In dieser Reformulierung greift der Schlichter die von Herrn Boos selbst eingebrachte Expansion auf, um daraus einen entschuldbaren Vorfall zu formatieren. Bei seiner Zurückweisung verstrickt sich Herr Boos so in seine eigene Darstellung, daß der Schlichter die Formatierung nachhakend noch 'dichter' machen kann und damit endlich die starre Haltung von Herrn Boos aufweicht:

```
B: entweder sie glaum=s oder nicht-
C: ja un kanns net grad in so=me zustand dann erscht rescht bassieren

C: daß man über die stränge schlägt un daß ma also mal was sacht

B:                                                 ja des kann
C: was mer vielleischt normalerweise net sagen würde-

B: sei awer ich kann mi ni"cht erinnern an sou was

[3001/08: 12/27ff.]
```

Der Ablauf im Überblick:

| | | |
|---|---|---|
| **A: Anschuldigung** | **auf Schriftsatz verweisen** | |
| **B: Stellungnahme (3/13ff)** | **Vorfall: bestreiten**<br>**Nachbarschaftsbeziehung** | |
| **A: Expansion Anschuldigung (4/5ff)** | **Hintergrund: Dauerkonflikt**<br>**Forderung** | **Expansion 'Dauerkonflikt'** |
| **C: Fokussierung (5/15ff)** | **auf Vorfall** | |
| **A: Vorfallsschilderung (6/4ff)** | **Vorfall als Gipfel des Dauerkonflikts** | |
| **C: Formatierung (7/14 ff)** | **Nachbarschaftsbeziehung**<br>**<u>Ausklammerung</u> Dauerkonflikt**<br>**Konflikt-Format: Minimalsicherung**<br>**entschuldbarer Vorfall I** | |
| **B: Expansion Stellungnahme (9/16ff)** | **Vorfall: bestreiten**<br>**Gegenanschuldigung**<br>**Fokus: Belastung durch Mopeds**<br>**Hintergrund: eigenes rücksichts-volles Verhalten** | **Expansion 'Motorradlärm'** |
| **C: <u>Reformulierung I</u> (11/19ff)** | **Konfliktaspekt: Kinderspiel**<br>**Mopedlärm** | **Reformulierung** |
| **B: Anschuldigung (12/4ff)** | **Dauerbelastung durch Mopedlärm** | |
| **A: Stellungnahme (14/2ff)** | **Schädigung: problematisieren** | |
| **C: Formatierung (16/13ff)** | **Minimalsicherung**<br>**Verstehensoperation** | |
| **A2: Fokussierung (18/1 ff)** | **auf Anschuldigung** | |
| **B: Stellungnahme (18/5ff)** | **Vorfall: bestreiten** | |
| **C: <u>Reformulierung II</u> (18/9ff)** | **Mopedbelastung und Vorfall**<br>**Formatierung: entschuldbarer Vorfall II** | |
| **B: Stellungnahme (19/12ff)** | **Vorfall: bestreiten** | |
| **C: Plausibilisierung (19/16ff)** | **Formatierung: entschuldbarer Vorfall II** | |
| **B: Stellungnahme (19/19ff)** | **Vorfall: offen lassen** | |

### 5.3.2. Die Wiederbelebung der Vorgeschichte

In diesem Muster geraten die Streitparteien immer mehr in eine Auseinandersetzung über Konflikt-Hintergründe und bewegen sich immer mehr von einer Orientierung auf eine Einigung weg. Dieses Muster kommt dadurch zustande, daß die Streitparteien Konflikt-Ereignisse unterschiedlich interpunktieren:[42] Was A als auslösenden Umstand für sein eigenes Verhalten verdeutlicht, wird von B als Reaktion auf ein vorhergegangenes Verhalten von A dargestellt. Dieses Moment gegenseitiger Schuldzuweisung sorgt für die Dynamik in diesem Muster und das Auslöse-Reaktions-Schema gibt die Richtung der Bewegung an. Durch diese divergierenden Ursache-Folge-Interpunktionen werden immer mehr immer weitere in die Konflikt-Geschichte zurückreichende Ereignisse zur Sprache gebracht, die Konflikt-Geschichte wird gleichsam „aufgerollt". Indem sich diese Verkettung der Redebeiträge mustermäßig verfestigt, entstehen die strukturellen Vorkehrungen dafür, daß „alles wieder hochkommen kann" und eine Generalabrechnung stattfindet.

Im folgenden Fall handelt es sich um einen Gütetermin vor dem Arbeitsgericht (3003/51). Anwesend sind: als Klägerin eine amerikanische Lehrkraft einer Ballettschule, Frau Miller, als Beklagte die Leiterin der Schule, Frau Ewald, die beiden Anwälte und der Arbeitsrichter. Frau Ewald hatte Frau Miller fristlos gekündigt, und diese klagt jetzt gegen die Kündigung. Insgesamt sind in dem Fall mehrere Verfahren anhängig, und der Arbeitsrichter versucht, das jetzige Verfahren auf die Frage zu konzentrieren, ob es gerechtfertigt war, fristlos zu kündigen:

```
C: die frage zu prüfen- * äh ob umstände vorliegen die es dem
   kündigenden unzumutbar machen das arbeitsverhältnis auch nur
   bis zum ablauf der ordentlichen kündigungsfrist- *
   beziehungsweise dem vereinbarten ende fo"rtzusetzen↓ * ob
   also- * nachdem ja- * man sich eigentlich schon einig war
   darüber daß die klägerin ausscheidet zum↑

A: ja RÄUSPERT SICH zu ende januar↓
B:                                          ja
C:    dreißigsten↑                    ende januar-

B: einunddreißigsten ersten↓
C:                               ja- * ob deswegen bereits- *

C: im dezember fristlos gekündigt werden- * mu"ßte↓ ** denn wenn
   ich aus dem- * konvolut von- * vorträgen des richtig filtriere
   gehts im wesentlichen um die frage inwieweit↑ * die- *
   ballettschülerinnen- * von der klägerin- * versucht worden
   sind beeinflußt zu werden daß sie die ausbildungsverträge
```

42 Zum Konzept der 'Interpunktion' vgl. Watzlawick et al. (1969).

**B:** >ja wohl ne↑ * so könnte man=s sagen↓< *
**C:** kündigen↓ und das ist

**A:** und dazu habn wir vorgetragen und (>...↓<)
**C:** ja bestritten↓ wird bestritten

**C:** und da wird also ne beweisaufnahme notwendig sein denn wenn es- * in dem- * schlimmen sinne zutrifft wie von ihnen behauptet ist wahrscheinlich ne kündigung- * berechtigt↓ * wenn=s so" nicht ganz zutrifft dann wahrscheinlich nicht↓

[3003/51: 5/2ff.]

An diese Einschätzung, wie der Konflikt im Rahmen des arbeitsgerichtlichen Verfahrens weiterbehandelt wird, schließt der Arbeitsrichter die Entwicklung eines Einigungsvorschlags an.

**C:** jetzt noch die frage an sie- * ob man sich des sparen kann↑ * und ob wir nicht ne einvernehmliche auflösung zum einunddreißigsten zwölften vereinbaren könnten↓ ** ohne weiteren und ärger und ohne die- * eltern womöglich noch zu befragen die sie benannt haben- * die sich so fürchterlich über die klägerin aufgeregt haben↓ *

[3003/51: 8/2ff.]

Insgesamt steuert der Arbeitsrichter also sehr stringent auf die Entwicklung eines Einigungsvorschlages hin: Er bearbeitet den Konflikt auf der Basis der Aktenlage (*denn wenn ich aus dem * konvolut von * vorträgen des richtig filtriere*), ohne die Beteiligten zum Konflikt zu Wort kommen zu lassen und koppelt sein Konflikt-Format direkt an einen Einigungsvorschlag, ohne das Format eigens ratifizieren zu lassen. Handlungsfokus ist an dieser Stelle die Aushandlung des Einigungsvorschlags. Der Anwalt der Beklagten orientiert sich zunächst auch an diesem Fokus, indem er die Möglichkeiten zu einer gütlichen Einigung abschätzt.

**B:** es es is so- * ich ich darf aus aus unsere sicht sagen ich seh also wenig möglichkeiten zu ner- * gütlichen einigung

[3003/51: 13/3ff.]

Anschließend begründet er seine Einschätzung damit, daß Frau Miller inzwischen plant, eine eigene Ballettschule zu eröffnen und daß sie Frau Ewald bereits Kunden abgeworben hat, wodurch diese erheblich geschädigt ist.

In diesem Beitrag führt der Rechtsanwalt die fehlende Einigungsbereitschaft von Frau Ewald auf das zeitlich vorhergegangene Verhalten von Frau Miller zurück, eine eigene Schule zu eröffnen. Dieser Beitrag löst in der Folge eine ganze Kette gegenseitiger Schuldzuweisungen aus, in der immer mehr Aspekte der Konflikt-Geschichte aufgerollt werden:

Frau Miller reagiert nämlich auf die Schuldzuweisung des Rechtsanwalts damit, daß sie ihre Entscheidung, eine eigene Schule zu eröffnen, als Reaktion auf ein schuldhaftes Verhalten von Frau Ewald darstellt:

A: ich fühle mich gezwungen ich fühle mich gezwungen nach soviele
beleidigungen- * eine schule zu öffnen um meinen namen- *
sauber zu machen↓ * weil wenn ich weggehe↑ * dann diese- *
schlechte- * rederei geht- * nach mir- * weiter in die nächste
ort↓ * und ich fühle mich gezwungen hier ich muß bleiben und
zeugen entweder bi"n ich dreckig- * oder ich bin es nich- *
und was über mich geschrieben is das kann ich- * ich ich mu"ß-
* zeugen daß ich ein gute person bin-

[3003/51: 15/6ff.]

Ihr Rechtsanwalt assistiert Frau Miller, indem er konkretisiert, was mit *beleidigungen* gemeint sei: Frau Ewald hatte den Eltern ihrer Ballettschülerinnen einen Brief geschrieben, in dem sie von *schwerwiegenden gründen* sprach, die sie *im interesse ihrer schüler zwängen*, Frau Miller zu kündigen. Diese Formulierung, so Frau Millers Anwalt, würde Frau Miller diskreditieren.
Der Rechtsanwalt von Frau Ewald reagiert nun seinerseits auf diese Darstellung, indem er das Schreiben als Reaktion auf ein bestimmtes Verhalten von Frau Miller darstellt:

B2: wissen sie es e"s kam ja zu diesem hier erwähnten schreiben nur
deshalb weil weil die frau miller →jetzt ich sag=s jetz emol
etwas burschikos← ein riesentheater gemacht hat und diese- *
dieses einvernehmliche aufheben vom arbeitsverhältnis- * i"n
der schule rumgetratscht hat- * daß die frau- * die mütter sagt
die frau ewald sind zu ihr in die auf=s büro gekommen un- *

B1: in die wohnung↓ wie die hyänen sind sie über mich hergefallen↓
B2: ham sie- fast überrannt-

B2: fast überrannt so daß sie sich gezwu"ngen sah zu dieser sache-
* stellung zu nehmen↓

[3003/51: 22/2ff.]

Auf diese Darstellung reagiert Frau Miller mit einer rivalisierenden Beschreibung, mit der sie vor allem den aggressiven Charakter ihres inkriminierten Verhaltens negiert:

A: ich habe auf dem dienstag einige mutter erklärt daß ich
gekündigt bin↓ * und das war eine wahre tatsache- * auf dem
sind sechs mutter hochgegangen oh"ne daß ich wußte- * zu frau

**ewald und haben gebeten daß die ewald- * ähm behält an der schule↓ * das war von mir kein einfluß**

**[3003/51: 23/3ff.]**

Mit der rivalisierenden Beschreibung hat sich das Verhältnis der Redebeiträge der Streitparteien zueinander geändert: von der Dynamik wechselseitiger Schuldzuweisung zur Statik einander entgegengesetzter Beschreibungen. Der Prozeß des Aufrollens ist zu einem Stillstand gekommen.

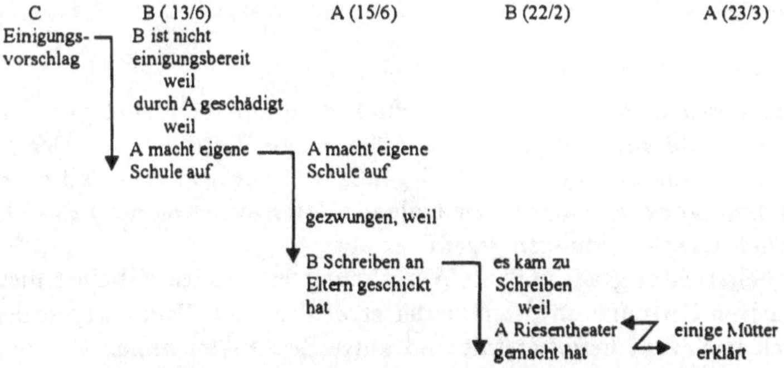


Abb.: Das Aufrollen der Konfliktgeschichte im Zuge gegenseitiger Schuldzuschreibungen

Inhaltlich ist das Gespräch an einem Punkt angelangt, an dem es darum geht, wie es wirklich gewesen ist, um jene Frage also, die der Arbeitsrichter anfangs gerade ausklammern wollte.
Kontextuell ist somit ein thematischer Zusammenhang etabliert, den man als Generalabrechnung charakterisieren könnte: dadurch, daß schon einiges aus der Konflikt-Geschichte zur Sprache gebracht worden ist, sind die Dämme geöffnet, auch noch weiteres zu Hintergründen aufs Tapet zu bringen. Dieser Kontext setzt sich in der Folge gegen Versuche des Arbeitsrichters durch, seinen ursprünglichen Fokus zu rekonstituieren.
Als dieser nämlich den Stillstand, an dem die Auseinandersetzung angekommen ist, ausnutzt, um über eine minimale Würdigung der aufgedeckten Konflikt-Geschichte (*na ja ich mein des muß man mit delikatess behandeln*) die Verhandlung wieder auf seinen Einigungsvorschlag zurückzuführen, übergeht Frau Ewald den Vorschlag, um die Generalabrechnung weiterzuführen.

**C: naja ich mein des muß man mit delikatess behandeln und es ist offenbar nicht ni"cht mit delikatess behandelt worden ne↑ * die frage ist ob sie wirklich die beweisaufnahme mit den äh ganzen frauen aus krachbingen hier haben wollen↓ * wenn sie ne schule aufmacht und hat ihr potentielles klientel hier als zeugen beim arbeitsgericht- ** das re/ das spricht sich rum**

ne↑ ** das spricht sich rum >glauben sie mir↓ < ** wir
genießen zwar keinen miserablen ruf aber trotzdem möchte
niemand was mit=m gericht zu tun haben ja↓ >(...) bekannt<

B1: auch was sagen↓ *
C: und äh das überlegen sie sich bitte dreimal↓

B1: HOLT LUFT äh frau miller war von a"nfang an- * überhaupt
nicht bereit einen vertrag mit mir einzugehen vom ersten tag
>an nich↓<

[3003/51: 25/2ff.]

Im Zuge dieser Generalabrechnung geht es dann um das Benehmen Frau Millers Frau Ewald gegenüber, um das mißbrauchte Vertrauen etc. Der Abrechnung folgt erwartungsgemäß eine Gegendarstellung von Frau Miller mit Gegenanschuldigungen, Klagen über fehlendes Vertrauen von Frau Ewald, deren Mißtrauen Krankmeldungen gegenüber etc.
Der Arbeitsrichter greift in diese 'Abrechnung' schließlich mit einer metakommunikativen Formulation[43] ein, in der er wiederum die Konfliktgeschichte als rechtlich irrelevant herunterstuft und kurze Zeit später seinen Einigungsvorschlag wiederholt.

C: ich will ihnen mal folgendes sagen- * ←ich habe das gefü:hl
daß sie- * von diesem verfahren- * äh meh"r die
wiederherstellung ihres rufes- * erwarten oder mehr eigentlich
erwarten da:ß- * das gericht in seiner entschei"dung eindeutig
bestimmt wer hier- * äh →nicht im recht ist sondern wer der
gute und wer der böse ist >und das wird nicht erfolgen↓< weil
sie nämlich beide sachen erzählen die eigentlich mit dem
rechtsstreit seh"r wenig zu tun haben- * mit der entscheidung-
* die aber seh"r viel damit zu tun haben was für einen
persö"nlichen konflikt sie mitnander auszufechten haben↓ * und
da" kann ihnen- * da kann ihnen vielleicht ein ein therapeut
helfen >ich nicht↓<

[...]

C: ja gut also mehr kann ich ihnen net vorschlagen als ne
vernünftige beendigung zum einunddreißigsten zwölften und
abrechnung- * sei=s streitig- * sei=s unstreitig so müßt man
halt auch noch die- * die zeugen herholen↓ *3,5*

[3003/51: 38/2ff.]

---

43 Zum Begriff der 'Formulation' vgl. Bliesener/Nothdurft (1978).

### 5.3.3. Die Eskalation des Konflikts[44]

Eskalationen sind interaktive Aufschaukelungsprozesse, in denen Maßnahmen, die zur Veränderung eines unerwünschten Zustandes eingesetzt werden, mit dazu beitragen, daß der unerwünschte Zustand zunimmt, sich stabilisiert oder sich in seiner Entwicklung beschleunigt. Durch das, was man tut, „wird alles nur schlimmer".

Eskalationen kommen dadurch zustande, daß Handlungen eines Teilnehmers, mit denen dieser einem nicht-gewünschten Zustand gegensteuern will, diesen Zustand nicht verbessern, sondern ihn gerade noch verschlimmern. Statt z.B. einen expandierenden Konflikt einzudämmen, wird durch die eindämmende Maßnahme gerade „zusätzliches Öl ins Feuer gegossen". Zwischen den Maßnahmen und den Gegenständen gibt es eine „unheilvolle Allianz" derart, daß die Steuerungsmaßnahmen ins Gegenteil verkehrt werden. Die Eskalation kann dadurch zustandekommen, daß man „stur" an der einmal gewählten Maßnahme festhält, unmittelbare nachteilige Auswirkungen ignoriert und eine Art „prospektiven Optimismus" entwickelt („auf Dauer gesehen wirds schon klappen"), oder dadurch, daß man die einmal gewählte Maßnahme verstärkt mit dem Effekt, daß auch die ungewünschte Eigenschaft des Objekts der Maßnahme zunimmt und der positive Aufschaukelungsprozeß sich beschleunigt.[45]

Eskalationen sind besonders dynamische Muster. Der Kern der Dynamik besteht in dem Zusammenspiel von Eigenschaften des Handlungsobjekts mit Eigenschaften der korrigierenden Handlung, die sich gegenseitig verstärken. Hinzu kommt aber sehr schnell eine Verselbständigung des Zusammenhangs: Die Eskalation erfährt einen Aufschwung, der sich selbst trägt. Diese Dynamik bedarf allerdings einer Reihe von Randbedingungen, um sich entfalten zu können, Randbedingungen kognitiver und sozialer Natur: Die Bindung der Maßnahme an den Handelnden z.B. oder die Koppelung der Maßnahme mit Aspekten seines Images machen es für den Handelnden schwierig, die Maßnahme fallenzulassen oder gegen eine andere, effektivere, auszutauschen. Ein anderer Grund für das Beibehalten einer Maßnahme trotz offenkundig verhängnisvoller Effekte liegt darin, daß der Wechselwirkungseffekt zwischen eigener Maßnahme und Maßnahmeobjekt nicht erkannt wird (so in der folgenden Fallanalyse).

Eskalationen beruhen in hohem Maße auf ihrem eigenen Kontextualisierungseffekt: Nicht nur mit einer Maßnahme eingegangene Selbstverpflichtungen und Identitätsbindungen stabilisieren die eskalierende Tendenz, vielmehr führt das für die Beteiligten erkennbare Phänomen einer Eskalation zu einem

---

[44] Über den Stand der Forschung zum Thema 'Eskalation' informieren Staw/Ross (1987). Zum Thema erhellend auch Staw (1976) sowie Glasl (1980).

[45] Vgl. hierzu ausführlich und überzeugend Watzlawick et al. (1974).

zusätzlichen Handlungsdruck und zu einer Verlagerung der Handlungsorientierung auf andere Objekte, z.B. auf ein allgemeines kompetitives Prinzip („Ich muß ihm zeigen, wer der Stärkere ist"), durch die der Konflikt auf abstrakterer Ebene zusätzliche Nahrung enthält und sich verselbständigt.[46] Schlichter z.B. geraten in eskalierenden Situationen unter den besonderen Handlungsdruck, zu zeigen, „was sie können" bzw. zu zeigen, „daß sie sich das Heft nicht aus der Hand nehmen lassen" etc.

Der folgenden Fallanalyse liegt ein Gespräch in der Vergleichsbehörde, „Die alte Sau" (3001/03) zugrunde. Antragstellerin ist Frau Beck. Sie beschuldigt eine Nachbarin, Frau Kraft, sie habe sie mit einer Vielzahl von Schimpfwörtern beleidigt. Diese Beleidigungen hätten sie so getroffen, daß sie eine Herzerkrankung bekommen habe. Frau Beck dringt darauf, daß Frau Kraft empfindlich bestraft wird. Frau Kraft gibt einen Teil der Beleidigungen zu, führt aber auch an, ihrerseits von Frau Beck beleidigt worden zu sein.

Im Zuge der Konfliktbearbeitung bricht zwischen den Parteien laufend Streit aus. Diese manifeste Streitaustragung schaltet phasenweise die metakommunikative Beschäftigung mit dem Streit aus, der Schlichtungscharakter des Geschehens insgesamt ist über weite Strecken in Frage gestellt.

Der Schlichter greift mit Steuerungsmaßnahmen ein, die den Streit beenden und den Konflikt auf eine schlichtungsfähige Formel bringen sollen. Aber gerade diese Maßnahmen wirken konfliktschürend und führen bei einer der Streitparteien - Frau Beck - wieder zu neuen, verschärften Vorwürfen, die wieder in Streitigkeiten zwischen den Parteien münden.

Der folgende Textausschnitt dokumentiert eine solche Interaktionssequenz.

A: nä" sie sin raffiniert sie mäne weil isch älder bin bin isch

C: so- LACHT so-

A: ihne unnerlege awwer so" is=es net↓ ja: ja"-

B: nä ganz un gar net vor mir hot immer der ä/ äh alde

A: >des/< ja:- ja ja-

B: vorrang awwer gege meine kinner lass isch mer net rumhetze↓ *

A: sie hawwe e freschs mädl des wisse sie genau↓

B: ganz un gar net↓ a"lle kinner sin

A: ja also- <selbscht

B: fresch liewer hab isch e fresches kind wie e krankes kind↓

A: dann is=es kän grund> wenn isch zu derre kläne sach des derfscht nit mache isch sag=s deim baba und wenn=d nochemol

[46] Das Phänomen der 'Verselbständigung' und andere reflexive, dynamische Gesprächsphänomene behandle ich in einer ausführlichen Untersuchung („Subjektive Konflikt-Organisation").

```
   unner de wäsch durschschlubst geh isch uff die hausverwaldung↓
   * selbsch da"s is kein grund misch wildsau drecksau un

A: verga"sung-                           do"ch des hawwe sie
B: des hawwe   sie üwwerhaupt net gesacht vun wege baba↓

A: gesacht↓        naja isch hab jo zeuge wo=s here↓
B:         nein-                                   ja:-

A:                 ne  sie" redde sisch nadierlisch jetzt raus↓
C: äh frau beck so-                 ja=ja-

A:                  mäne sie isch   hab
C: frau beck jetzt losse se misch-      #frau beck# fra beck jetz
K:                                      #BRÜLLT UND KLOPFT AUF DEN TISCH#

A: zwee näschte uff em bett gelege isch hab gemänt isch hab=n
C: loß=e misch mol misch redde↓

A: herzinfarkt↓
C:          jetz jetz jetz bin isch emol am dranschde↓ * damit

C: mer mol zum=e- * ergebnis komme↓ * also äns steht fescht daß=der
A:                                                     isch hab
B:                  ja↓
C: streit gehabt habt↓ * ne↑ do herrscht kän zweifel dra ne↑

A: kä"n streit mit der fra gehabt sie hot misch beleidischt so is=es↓
C:             äh:-               ah ja also irgendwas- * ja

C: also disput war uff alle fäll frau beck des steht eindeutisch
   fescht↓ * net- * do gibt=s also- * nix dran zu rütteln↓ * äh un
   die frau kraft gibt ja auch einen teil- * der beleidigungen- *
A:           mhm↓
C: zu:↓ un des rei"scht jo im grund ne- * HOLT LUFT äh- * sie

C: räumt allerdings ein- * daß auch sie" sie beleidischt hawwe

A: isch ha"b se net beleidischt isch kumm jo gar net   dazu
C: un sie hawwe jo ewe selwa-        sie hawwe jo ewe-

A: vor lauter die hot jo so ruffgeschrien mit erhobenem finger als
C:                ne-

A: wenn isch e schulkind wär↓
C:             awwer jetz- * jetz- * is awwer mol folgendes

A:
C: ihr wohnt jo haus an haus newerenanner↓   ihr seht eisch
```

C: jo im grund jeden- * tag↓

[3001/03: 8/28ff.]

Im Gesprächsausschnitt findet man zum einen Steuerungsmaßnahmen des Schlichters, mit denen er versucht, das Rederecht zu erhalten; zum anderen findet man Anstrengungen, den akuten Streit zu beenden, die Situation zu entschärfen und den Streitgegenstand auf eine einigungsfähige Formel zu bringen.
Diese Maßnahmen scheitern jedoch am Widerstand von Frau Beck, diese Formeln zu akzeptieren, und ihre Reaktionen auf die Maßnahmen lösen wiederum neuerlichen Streit aus.

Bei der ersten Maßnahme handelt es sich um eine Minimalsicherung in Form einer abstrakten Konfliktformel, die Details des Konflikts und die Anteile der Parteien an seinem Zustandekommen ausblendet: *daß=der streit gehabt habt↓*. Mit dem Nomen *streit* ist das konfliktäre Geschehen auf seiner allgemeinsten Beschreibungsebene zusammengefaßt. Die Wahl dieser Kennzeichnung zielt darauf ab, wie auch aus den absichernden Maßnahmen des Schlichters deutlich wird (*äns steht fescht, do herrscht kän zweifel dra↓*), einen Minimalkonsens der Streitparteien über den Konflikt herzustellen und Details außen vor zu lassen.

Diese Konflikt-Formatierung schlägt jedoch fehl: Frau Beck widerspricht ihr vehement: *isch hab kä"n streit mit der fra gehabt sie hot misch beleidischt so is=es↓*.
Indem Frau Beck der Darstellung des Geschehens als *streit* ihre Charakterisierung als *sie hot misch beleidischt* entgegensetzt, macht sie folgendes:

- Indem sie ihre Charakterisierung durch die individuelle Handlung 'beleidigen' der abstrakten Kennzeichnung, mit der das gesamte Geschehen gekennzeichnet werden soll, entgegensetzt, macht sie deutlich, daß sie die Beleidigung nicht etwa nur als einen Bestandteil des Konflikt-Geschehens verstanden wissen will, sondern daß die Beleidigung „alles war".
- Indem sie das konfliktäre Geschehen als *sie hot misch beleidischt* kennzeichnet, macht sie die Verantwortlichkeit für das Geschehen deutlich und nimmt eine einseitige Schuldzuweisung vor.
- Indem sie das konfliktäre Geschehen als 'beleidigt werden' kennzeichnet, macht sie die eigene Beteiligung am umstrittenen Geschehen deutlich: sie ist das Opfer des Ganzen.

Frau Beck nutzt also die vom Schlichter vorgenommene, klassifizierende Betrachtungsweise des Konflikts auf allgemeinster Ebene, um auf dieser Ebene ihre Schuldzuweisung und eigene Schädigung geltend zu machen. Die Anschuldigung ist damit re-etabliert.
Der Schlichter unternimmt einen weiteren Anlauf, den Konflikt in einer Minimalsicherung zu behandeln und sichert diese – offenbar gewarnt durch Frau

Becks erste prompte Entgegnung – als erstes mit zusätzlichen Maßnahmen ab.

```
C: ah ja also irgendwas- * ja also disput war uff alle fäll frau
   beck des steht eindeutisch fescht↓ * net- * do gibt=s also- *
   nix dran zu rütteln↓
```

[3001/03: 9/27ff.]

In diesem Anlauf behält er ungeachtet Frau Becks einseitiger Schuldzuschreibung sein Darstellungsprinzip bei, das Geschehen als Resultat beidseitiger Beteiligung zu fasssen: Er wechselt das Nomen aus (*streit* →*disput*), ohne daß sich das Konflikt-Format dadurch inhaltlich änderte. Nach dieser Etablierung des Konflikts auf allgemeinster Ebene geht der Schlichter dazu über, die Konfliktanteile der beiden Beteiligten zu bestimmen.

Der Anteil von Frau Kraft:
** äh und die frau kraft gibt ja auch einen teil der beleidigungen- * zu↓ * un des rei"scht jo im grunde ne- .*

Der Anteil von Frau Beck:
*HOLT LUFT äh- * sie räumt allerdings ein- * daß auch sie" sie beleidischt hawwe.*

Der Schlichter folgt also weiter seinem Prinzip, die Beteiligung der Parteien am Streit als gleichwertig zu kennzeichnen.
Und prompt widerspricht Frau Beck an frühestmöglicher Stelle:

```
A: isch ha"b se net beleidischt isch kumm jo gar net dazu vor
   lauter die hot jo so ruffgeschrien mit erhobenem finger als
   wenn isch e schulkind wär↓
```

[3001/03: 9/34ff.]

Nach dieser abermaligen Intervention wechselt der Schlichter seine Strategie und geht dazu über, Gemeinsamkeiten zwischen den Streitparteien hervorzuheben und die Behandlung des Falles vor Gericht auszumalen. Nach diesen nicht unterbrochenen Darlegungen entwickelt er einen Einigungsvorschlag.

```
C: des wär also des resümee dieser- * sache↓ äh:- * isch mein- *
   passiert is passiert- * =s läßt sisch nimehr ungeschehe mache-
   * äh isch würde- * die sache so sehen daß mer se aus der welt
   bringe wenn sie sisch für diese- * äh- ** beleidigungen die se
   da ausgeproche hawwe- * entschuldigen↑ * äh uff der andern
   seite frau beck muß isch nadierlisch auch ihnen sagen- * äh:-
   * es wär vielleisch besser gewesen wenn sie sisch über die
   kinder aufgeregt hätten wenn se also zu der frau kraft
   gegangen wä"ren un hätte gesacht frau
```

```
A: oh des wär hopfe un malz verlore↓
C: kraft ihr kinder- * ihr kinner-   * ja- * <ah des is jo a" kä

A:                is des schlimm wenn isch zumme kind sach
C: oistellung> mer muß doch- * mer muß doch-

A: des derfsch nit mache- * die de stä an die wäsch schmeiße↓

A: de=s doch kän grund daß die frau die hätt jo zu mir

A: kumme känne un sache känne- * fra beck was war=n do los↑
B:                die klä war (...) uff de wiese-

A: doch die war im garde un hot den stä rausgeschmisse↓
B:                                       ja i"m garde awwer
C: awwer isch halt=s halt doch- * frau-

A:                               a des spielt jo kä roll- un
B: ni"scht hauße uff der wies↓

A:           die wies is jo do" un de garde is do"-
B: außerdem we"nn=s so-          isch war owwe am fenschder
```

[3001/03: 11/4ff.]

Auch in diesem Eingungsvorschlag findet sich das Prinzip gleicher Behandlung der Streitparteien durch den Schlichter wieder:

| | |
|---|---|
| | *daß mer se aus der welt bringe* |
| *wenn sie sisch für diese* | *uff der andern seite frau beck* |
| *beleidigungen ...* | *muß isch nadierlisch auch* |
| *entschuldigen* | *ihnen sagen ...* |

Mit dieser Einerseits-Anderseits-Formel erleidet der Schlichter wiederum, und jetzt endgültig, Schiffbruch bei seinen Versuchen, den Streit auf eine schlichtungsfähige Formel zu bringen, durch die beide Parteien gleich „belastet" werden: Frau Beck interveniert umgehend (*oh des wär hopfe un malz verlore↓*) und an dem konsternierten Schlichter vorbei entwickelt sich eine neuerliche Streitsequenz zwischen den Parteien, die es ja mit den Steuerungsmaßnahmen des Schlichters einzudämmen galt.

Der Widerstand von Frau Beck den Konflikt-Formatierungen des Schlichters gegenüber wird vor dem Hintergrund ihres Gesprächsverhaltens insgesamt und der damit verbundenen Selbststilisierung verständlich: Über das gesamte Gespräch hinweg bemüht sich Frau Beck, sich selbst als 'unbescholten' und 'untadelig' darzustellen – und ihre Gegnerin komplementär als 'falsch, verrufen und streitsüchtig'.

Besonders deutlich wird dieses Stilisierungsmoment in kontrastiv angelegten Redepassagen von Frau Beck:

**kei"n mensch schennt üwwer misch isch kann an de siedlung vorbeigehe↓ awwer sie" hawwe in ihre acht johr- * schun mit zwee" familie krach ghabt mit=s ke"llergeischts↓ do hot ihrn mann- * m alde kellergeischt sogar hibb agedroht↓**

**[3001/03: 19/1ff.]**

**isch wohn jetz vierundfünfzisch jahr in der siedlung↓ mir kann nie"mand was schleschtes nochsage oder daß isch streit ghabt hab mit jemond awwer sie" donn/**

**[3001/03: 18/16ff.]**

**denn da"ß isch im rescht bin do zweifl isch kän mome"nt isch hab zeuge↓ un des beruht alles uff wahrheit/ un daß se lügt des hot se vorgs jahr bewiese↓ do war nämlisch a" nix dro wohr↓**

**[3001/03: 15/3ff.]**

Diese umfangreichen Fremd- und Selbststilisierungen 'falsch und verrufen' versus 'ehrenhaft und friedfertig', erweisen sich als zentrale Stützkonstruktion für Frau Becks Position insgesamt:

- Zum einen verleihen sie ihrer Konflikt-Darstellung insgesamt Glaubwürdigkeit.
- Zum anderen verleihen sie dem Konflikt-Geschehen in ihrer Darstellung einen umfassenden Sinn: Das Geschehen wird verständlich gemacht vor dem Interpretationshintergrund eines Verhältnisses von streitsüchtiger Aggressorin und wehrlosem, weil anständigem und friedfertigem Opfer.
- Zum dritten erfüllen sie eine spezielle Stützfunktion für einzelne Elemente ihrer Konflikt-Darstellung. Dies zeigt sich, wenn man die Redekontexte, in denen Frau Becks Stilisierungen auftauchen, für die Analyse mit heranzieht: Stilisierungen erfolgen in aller Regel auf Aktivitäten von Frau Kraft, mit denen diese die Anschuldigung abstreitet oder Gegenanschuldigungen erhebt.

Diese Konflikt-Organisation[47] wird durch die vom Schlichter vorgenommenen Formatierungen des Konflikts, die auf Zuschreibungen gleicher Schuldanteile beruhen, in der Tat an ihrer empfindlichen Stelle getroffen: Wenn die Konfliktsicht so zentral auf einer polarisierenden Stilisierung in positive und negative Identität der Streitbeteiligten beruht, wirken sich Aktivitäten, die diese Polarität zu nivellieren versuchen, natürlich verheerend aus und rufen entschiedenen Widerstand hervor. Durch diesen Widerstand wird die Polarisierung akzentuiert formuliert und dadurch werden die Gräben zwischen den Parteien vertieft.

[47] Zum Konzept der 'Konflikt-Organisation' vgl. Nothdurft (1987a), (1987b).

Der Schlichter seinerseits steht in diesem Gespräch vor der Aufgabe, eine Anschuldigung – von Frau Beck – und eine Gegenanschuldigung – von Frau Kraft – „unter einen Hut zu bringen". Diese Aufgabe bearbeitet er, indem er beiden Parteien gleichermaßen Schuldanteile am Konflikt zuschreibt. Den Widerstand, den Frau Beck einer solchen Konflikt-Formatierung verständlicherweise entgegensetzt, versucht er dadurch zu brechen, daß er ihr ihre Mitschuld zu verdeutlichen versucht, was Frau Beck ihrerseits als einseitige Parteinahme zugunsten Frau Kraft interpretiert und letztlich sogar die Neutralität des Schlichters in Frage stellt:

```
A: isch derf misch jo bei ihne nit wehre↓ * sie stehe jo mehr zu

A: derre fra↓ * bloß weil se läschle dud↓ * un des kann isch net
C:                                          SCHNAUFT

A: d=haww isch viel zu viel mitgemacht↓ *
C:                                     frau kra/ ** nä frau

A:                                                      doch sie
C: beck=sch bin liewer ruisch↓ * schunsch kräge mer a noch krach

A: känne sisch ruisch ausredde isch kann viel vertrage uff dem- *
C: s/ sunsch krigge nä nä nä nä nä nä nä=nä nä=nä nä=nä

A: uff die art↓                               awwer so e schänes
C:                 nä=nä HOLT LUFT frau beck jetz zu ledschde mol ja

A: läschle     kann isch halt nit uffsetze↓
C: oder- *   ja↑
```

[3001/03: 31/12ff.]

So schaukeln sich die Aktivitäten der Beteiligten aufgrund divergierender, aber zugleich komplementärer Orientierungen bis zum Ausbruch massiver Gesprächskrisen hoch.

### 5.3.4. Die Verschleppung des Konflikts

Die Verschleppung[48] ist dadurch charakterisiert, daß eine der Streitparteien während der Konflikt-Bearbeitung den Gesprächsfokus auf einen aktuell nicht behandelten Konflikt-Aspekt verschiebt und sich über diesen Aspekt zwischen den Streitparteien eine Auseinandersetzung entwickelt, die in einer Flaute endet. Die Parteien kommen vom „Hölzchen aufs Stöckchen" und setzen einen Prozeß in Gang, der wie das „Hornberger Schießen" endet. Die Verschiebung betrifft den thematischen Fokus, etwa, wenn eine Partei von einer Anschuldigung zu einer anderen „springt", oder sie betrifft den thematischen und

[48] Zum Terminus vgl. Bliesener (1984), dort allerdings in anderer Bedeutung.

handlungsmäßigen Fokus, etwa wenn eine Streitpartei dabei ist, eine Forderung zu formulieren und im Formulierungsprozeß dazu übergeht, eine weitere Anschuldigung vorzubringen. Die Verschiebung erscheint in extrakommunikativer Perspektive deutlich unmotiviert, d.h., zwischen den beiden Foki besteht kein enger inhaltlicher Zusammenhang (außer, daß beide 'zum Konflikt' mit dazugehören).
Bei diesem Muster wird typischerweise beides „verschleppt": der etablierte thematische Fokus, der durch die Digression in Vergessenheit gerät und der neue, unmotivierte Fokus, dessen Behandlung in einer Flaute endet.

Das Muster weist drei konstitutive Elemente auf:

- Die 'Verschiebung', in der die Fokusverlagerung erfolgt. Die Verschiebung findet innerhalb eines Redebeitrages statt oder zwischen den Beiträgen der beiden Streitparteien. (In diesem Fall handelt es sich um die 'Retourkutsche.')
- Der 'Streit', in dem der verschobene Fokus zwischen den Streitparteien in einem Muster des Hin-und-Her weitergeführt wird und
- die 'Flaute', in der die Behandlung versandet.[49] Charakteristisch für die Flaute ist, daß eine der Streitparteien die Aussichtslosigkeit des Streites deutlich markiert, sei es durch nonverbales Abwinken, durch expressive Signale ('genervtes Stöhnen') oder sprachliche Markierungen (*loß mer uphöre damit*).

Schematisch:

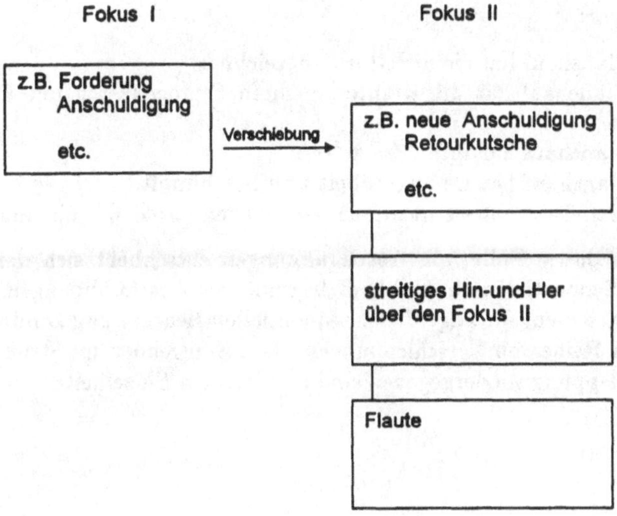


[49] Zum Begriff der 'Flaute' vgl. Berens et al. (1976).

Eine Ursache für 'Verschleppung' in Schlichtungsgesprächen ist die Spannung zwischen dem komplexen Konflikt-Zusammenhang, wie ihn eine Streitpartei subjektiv sieht und interaktiv im Gespräch behandelten Streitaspekten. Wenn für eine der Streitparteien gerade das Verbindende zwischen den einzelnen Konflikt-Aspekten das dominante konfliktäre Element darstellt, wenn es gerade die Häufung der Vorfälle ist, die die Partei so empört, oder die Systematik, die den Vorfällen ihrer Meinung nach zugrunde liegt, ist die separate Behandlung einzelner Vorfälle prinzipiell unbefriedigend. Im Verlauf der Einzelbehandlung „schlagen" die anderen Vorfälle immer wieder „durch". Aus der Perspektive einer sequentiellen Aufarbeitung der einzelnen Vorfälle wird das Verbindende zwischen den einzelnen Vorfällen aber gerade als unerwartet, störend wahrgenommen und soll gerade nicht behandelt werden. Es liegt außerhalb des Rahmens dessen, was in der Konflikt-Bearbeitung als je aktueller Redegegenstand definiert ist. Daher kann es leicht zum Ausgangspunkt für einen neuen Streit zwischen den Parteien werden.
Durch das Muster der Verschleppung bildet sich in Schlichtungsgesprächen ein Kontext heraus, der sich als 'fruchtloser Streit' kennzeichnen läßt. Die Parteien führen dem Schlichter quasi mikroskopisch ihren alltagsweltlichen Konflikt vor bis zu dem Punkt, wo es nicht mehr weitergeht und der Schlichter tatsächlich wieder auf den Plan tritt.

Beim folgenden Fall handelt es sich um eine Güteverhandlung vor dem Schiedsmann, „Die Hure" (3002/01). Frau Lange-Bohnert hat sich an den Schiedsmann gewandt, weil sie sich durch ihre Nachbarn, das Ehepaar Blanehauf, belästigt und bedroht fühlt. Sie bringt eine ganze Reihe von Anschuldigungen vor:

- Frau Blanehauf hat sie als „Hure" bezeichnet.
- Frau Blanehauf hat die Kräuter in ihren Blumenkästen mit Putzwasser zerstört.
- Frau Blanehauf hat ihre Post gelesen.
- Herr Blanehauf hat sie angepöbelt und beschimpft.
- Herr Blanehauf hat sie mehrfach bedroht, er würde sie „alle machen".

Angesichts dieser Fülle von Anschuldigungen entschließt sich der Schiedsmann zur Sequentialisierung, d.h. er beginnt, die Anschuldigungen der Reihe nach abzuarbeiten. Im Zuge dieser sequentiellen Bearbeitung kommt es zu einer ganzen Reihe von Verschleppungen, die im folgenden im Strukturmuster der Verschleppung wiedergegeben sind und in ihren Einzelheiten kommentiert werden:

10/7ff.

| FOKUS I | | FOKUS II |
|---|---|---|
| Anschuldigung: | | |
| Verletzung des Briefgeheimnisses ('Post lesen') | | |
| A: isch hab einen spion * un isch habe sie sie" beobachtet wie sie meine post | ⟶ | wie sie durch mein * guck- mein schlüsselloch geguckt ham was meinen sie warum ich dieses plättchen <davor habe> ... das ist für sie" gedacht verstehn sie das hab ich nämlich ... das ist eine un * verschämtheit wie sie" immer durch mein schlüsselloch gucken |
| | | ↑ ***Anschluß*** |
| | | B: isch hab mir jetz vorgestellt mir könnten uns ei" nigen |
| | | EINIGUNGSVORSCHLAG |

Zwischen den beiden Foki einen inhaltlichen Zusammenhang festzustellen, ist in extrakommunikativer Position schwierig. Gemeinsamer Nenner zwischen den beiden Foki ist in der Perspektive von Frau Lange-Bohnert möglicherweise der Aspekt 'Verletzung von Intimität'. Als „Trigger" (Auslöser) käme die Handlung 'sehen' in Frage, die Verschiebung könnte auch dadurch erleichtert worden sein, daß beide Foki mit dem Beobachten durch eine Türöffnung zu tun haben.

Lokal wird die Verschiebung durch eine syntaktische Wiederaufnahme der Anschuldigung mit anderer inhaltlicher Auffüllung vollzogen.

FOKUS I | FOKUS II | FOKUS III

Forderung

A: dann möcht isch daß sie meine
post nicht mehr lesen * dann
möcht isch daß sie meine
kräuterkästen ersetzen * und
das was ... meine freunde sollen
sie in ruhe lassen * wenn es geht *

un isch versi * un isch bin leise genug * isch hab
keine stereoanlage un ni"chts * un wenn sie" * wenn

⟶

sie" meinen daß isch zu laut bin
müssen sie nicht * nun mitten in
der nacht aus dem fe"nster brüllen
* du hu "re * wir wollen schla "fen
* was soll das * ich wa"r nich
laut

↑ <u>ironische Entgegnung</u>

B: nein * sin se nie"

↑ <u>Bekräftigung der Position</u>

A: das bin ich auch nich

↑ <u>Widerspruch</u>

B: das hat sie aber net gerufen

↑ <u>Bekräftigung der Position</u>

A: hörn sie mal sie sagt sie sei
davon aufgewacht

<u>Retourkutsche</u> = <u>Gegenvorwurf</u>

⟶

B2: hörn sie mal sie haben ja meinen
neffen mit de polizei" bedroht

↑ <u>Gegenvorwurf</u>

A: ja warum klin=er [klingelt er]
ständig bei mir

↑ <u>Normalisierung</u>

B2: weil er sich vertan hat

↑ <u>Widerspruch</u>

A: nei:n

↑ <u>Normalisierung</u>

B2: kann man sich nit emal vertun

↑ <u>Entkräftung</u>

A: der vertut sich viel zu oft

In dieser Sequenz ergeben sich gleich zwei ineinander geschachtelte Verschleppungen: Die erste beginnt damit, daß Frau Lange-Bohnert den Fokus von einer Forderung auf eine neue Anschuldigung verschiebt, und entwickelt sich über ein Streitgespräch weiter, bis Frau Blanehauf den Fokus durch eine Retourkutsche nochmals verschiebt und sich wiederum ein Streitgespräch entwickelt, das in einer Flaute endet.

Die erste Verschiebung kommt dadurch zustande, daß Frau Lange-Bohnert ihre Forderungen an ein zukünftiges Verhalten des Ehepaars ihr gegenüber mit Nachweisen eigenen Wohlverhaltens verbindet (*isch bin leise genug* etc.). Im nächsten Moment wandelt sie das Thema 'leises Verhalten' um: Statt Nachweis für eigenes Wohlverhalten zu sein, wird es jetzt zum eigenständigen Redethema gemacht (*und wenn sie" * wenn sie" meinen daß isch zu laut bin*) und aus dem Kontext dieses Themas eine neue Anschuldigung entwickelt (*müssen sie nicht * nun mitten in der nacht aus dem fe"nster brüllen * du hu"re* etc.).

Dieses Fokusverlagerung wird durch eine Sequenz wechselseitigen Widersprechens fortgeschrieben bis zu einem Punkt, an dem Frau Blanehauf mit einer Retourkutsche kontert (*hörn sie mal sie haben ja meinen neffen mit der polizei" bedroht*). Frau Lange-Bohnert reagiert auf diese Anschuldigung mit einem Gegenvorwurf, und es entspinnt sich eine zweite thematische Digression, die nach einer ausführlichen Vorfallsschilderung durch Frau Lange-Bohnert (Version A) in einer Flaute endet.

Diese Flaute ist nur teilweise aus dem Transkript ersichtlich. Frau Lange-Bohnert schließt ihre Vorfallsschilderung mit einem Vorwurf der Unaufrichtigkeit an Herrn Blanehauf ab (*sie müssen nicht was au"slassen* etc.). Herr Blanehauf macht daraufhin deutlich, daß er zu diesem Vorwurf kein Wort mehr verlieren möchte: Er reagiert nur nonverbal mit einer wegwerfenden abschätzigen Geste. Frau Lange-Bohnert reagiert darauf mit einer (triumphierenden) Bekräftigung ihrer Position *ja*↑. In der hier realisierten Intonation läßt sich dieses *ja* paraphrasieren als „ich blicke durch und laß mich von Dir nicht für dumm verkaufen". In der minimalen Realisierungsweise ihrer Reaktion durch den Ausdruck *ja*↑ läßt diese Bekräftigung Reaktionen kaum noch zu. Frau Lange-Bohnert hat mit diesem Redezug ihre Position bekräftigt und zugleich zum Abschluß der ganzen Episode beigetragen. Mit den beiden lakonischen Reaktionsweisen wird die Episode abgeschlossen, gleichwohl bleibt der Gegenstand der Auseinandersetzung ungeklärt und offen.

24/7ff

| FOKUS I | FOKUS II | FOKUS III |
|---|---|---|
| Forderung | | |
| A: ich will mit ihnen gar nichts zu tun haben | | |
| B: nä isch sach ja wir wollen ja nur frieden haben * sie können jetz machen wie ich=s der frau lauer auch gesagt hab | | |
| ⟶ | A: un dieses gerede dieses gerede<br>Vorwurf | |
| | B: das wird jetz alles abgeschlossen<br>Einigungsvorschlag | |
| | A: STÖSST LUFT AUS das möcht ich mal sehen<br>Anzweifeln/Disqualifizieren | |
| | ⟶ | B: aber * jetz müssen sie aber nur ma mal * em dingens em schiedsmann wat habn wir für sie" jetan |
| | | A: [rivalisierende Beschreibung] betrunken warn sie stockbetrunken |
| | | B: isch" betrunken isch |
| | | A: so eine fahne ja" |
| | | B: nei"n * ja gute nacht mattes |
| | | FLAUTE |

Diese Verschleppung entwickelt sich wieder daraus, daß Frau Lange-Bohnert eine Forderung formuliert. Herr Blanehauf greift diese Forderung auf und formuliert sie in ein Angebot um (indem er auf eine entsprechende Vereinbarung mit der Hausbesitzerin verweist). Frau Lange-Bohnert geht auf dieses Angebot nicht ein, sondern verschiebt den Fokus auf einen anderen Konflikt-Bestandteil, das *gerede*. So wie dieser Konflikt-Bestandteil formuliert ist, muß offenbleiben, ob Frau Lange-Bohnert ihn als Anschuldigung einbringt in der Erwartung, daß Herr Blanehauf dazu Stellung nimmt, oder als eine der ersten Forderung „nachgeschobene" zweite Forderung, die B akzeptieren soll. B reagiert entsprechend der zweiten Lesart und gibt ein globales Versprechen ab, auf das Frau Lange-Bohnert ausgesprochen skeptisch reagiert. Auf der Beziehungsebene stellt Frau Lange-Bohnert mit dieser Reaktion die Glaubwürdigkeit von Herrn Blanehauf und seine Aufrichtigkeit in Frage. Auf der Beziehungsebene findet sich denn auch der Zusammenhang dieser Reaktion mit der nachfolgenden, ausgebauten Darstellungsfigur von Herrn Blanehauf, mit der er versucht, sich als hilfsbereit und entgegenkommend zu stilisieren. Mit dieser Darstellungsfigur verschiebt er den thematischen Fokus zwangsläufig noch einmal, weg vom Thema 'Gerede' hin zum Thema 'Entgegenkommen Frau Lange-Bohnert gegenüber'. Dieser Fokus entwickelt sich über eine ganze Reihe rivalisierender Beschreibungen bis zur abschließenden Flaute. Diese kommt dadurch zustande, daß Frau Lange-Bohnert ihre Darstellung wieder durch ein bekräftigendes *ja* abschließt, und Herr Blanehauf diesem nach einer Pause ein entnervt vorgetragenes *nein* und eine Abschlußfloskel folgen läßt, die 'vergebliche Mühe' ausdrückt. Es folgt nochmals eine Pause, und dann nimmt der Schiedsmann das Heft wieder in die Hand.

29/7ff.

| FOKUS I | FOKUS II |
|---|---|
| C: äh ich ich kann verstehen dat sie so reagieren wenn sie sich früher schon über ihn geärgert haben | |
| A: allerdings wenn hier morddrohungen fallen un boxen gegen die tür un | spucken gegen die tür das machen sie wohl ge"rn nich |
| | ***Transformation des Aussagenstatus von Begründung zu Begründungsinhalt*** |
| | B: da da komm ich jetz mol auf=s thema |
| | (streitet Anschuldigungen ab) |
| | A: genau das haben sie gemacht |
| | B: also isch will alles mit de ruhe kriegen |

Diese Verschleppung entsteht, als der Schlichter versucht, einen der Konflikt-Aspekte, 'Beleidigung auf der Straße', zu formatieren und in diesem Zusammenhang die Einstellung Frau Lange-Bohnerts Herrn Blanehauf gegenüber reformuliert. Frau Lange-Bohnert bekräftigt die formulierte Einstellung und untermauert sie mit zwei Begründungselementen: *morddrohungen* und *boxen* und *spucken gegen die tür*. Mit der nachgeschobenen Bemerkung *das machen sie wohl ge"rn* transformiert Frau Lange-Bohnert aber kurzerhand den Status der beiden Sachverhalte: Sie erscheinen jetzt nicht mehr als Begründungen für eine allgemeine Haltung sondern als eigenständige Anschuldigungen. Mit

dieser Konstruktion einer nachgeschobenen Transformation des Aussagenstatus überspielt Frau Lange-Bohnert geschickt das Problem des Fokuswechsels bzw. Themensprungs: als exemplarische Stützungen für eine allgemeine Haltung unterliegen die angeführten Sachverhalte keiner thematischen Begrenzung, sie müssen nur als Stützungen tauglich sein. Als eigenständig zu behandelnde Anschuldigungen müßten die Sachverhalte aber in thematischer Nähe zum aktuell behandelten Element 'Beleidigung auf der Straße' stehen. Dies ist aber nicht der Fall. Durch die nachträgliche, implizite Transformation des Aussagenstatus gelingt es Frau Lange-Bohnert jedoch, diesen thematischen Bruch zu überspielen.
Herr Blanehauf greift die neue Anschuldigung bereitwillig auf. In seiner Stellungnahme versucht er, die Anschuldigung durch eine absurde Konstruktion lächerlich zu machen, was Frau Lange-Bohnert jedoch nicht davon abhält, auf ihrer Vorfallsdarstellung zu insistieren. Darauf bricht Herr Blanehauf die Auseinandersetzung ab mit der Floskel *also isch will alles mit de ruhe kriejen.*

35/1 FOKUS I FOKUS II

[Codifizierung]

C: sie nehmen ihre freundin da in
schutz * kann isch begreifen aber
* * auch dann sin et strafbare
handlung für * zu rufen * auch
wenn man sich erregt hat wenn man
aufgeregt ist

A: ach wissen sie was der mir schon
alles vorher an kopf gemacht → übrigens sie lügen doch nie: ja
↑
B: nä
↑
A: erinnern sie sich hier
↑ (Expansion, Vorwurf)
FLAUTE

Diese Verschleppung entwickelt sich daraus, daß Frau Lange-Bohnert auf eine Normierung ihres Verhaltens durch den Schiedsmann mit einer Gegenrechnung reagiert und im Kontext dieser Gegenrechnung die Aufrichtigkeit von Herrn Blanehauf in Frage stellt *sie lügen doch nie: ja*↑. Im Unterschied zu den bisher beschriebenen Verschleppungen ist hier die thematische Digression deutlich als solche gekennzeichnet: *übrigens*. Vielleicht liegt es an dieser Markierung, daß der Schiedsmann diese Verschleppung im Keime erstickt, noch bevor Frau Lange-Bohnert zur Untermauerung ihres Angriffs auf Herrn Blanehaufs Aufrichtigkeitserklärung ausholen kann.

67/2ff

FOKUS I | FOKUS II | FOKUS III

Anschuldigung
'Putzwasser auf Kräuterkästen'

A: ich hab der frau lauer gesagt
daß sie anscheinend keine
toilette hätten * weil sie alles
rau "sschmeißen

——— Retourkutsche ——→

B2: und sie" ham keine putzeimer ne
weil sie nie den flur putzen *
nie" * nie" * nie"

A: möchten sie es desinfiziert haben

B2: die frau lauer war vorige woche
da * die is so" über den flur
gegangen so wahr isch hier sitze
auf meiner mutter ihren tod *
und hat gesagt da"s werd isch der
frau lange sagen ——→

B1: was bezahlen sie für die
mülltonne dann

A: das wissen sie genau das
was sie auch zahlen

B1: vierzig ma"rk müssen wir jetzt
im monat auch bezahlen un die
mülltonne is jeden tag voll * *
ich will mol wisse von wem

A: diese sache gehört ja
wohl nicht hierher

B1: jajaja gehört die hin
sie müssen die müllbeutel
au"sschütten in die mülltonne *
und nicht die ganze beutel
immer reinwerfen

A: (STÖHNT)

FLAUTE

In dieser Sequenz liegt wieder eine geschachtelte Verschleppung vor. Ausgangsfokus ist Frau Lange-Bohnerts Anschuldigung, Frau Blanehauf habe Putzwasser auf ihre Kräuterkästen geschüttet mit der Folge, daß diese Kräuter nicht mehr zu gebrauchen seien. Herr Blanehauf versucht in seiner Stellungnahme, diese Anschuldigung durch eine absurde Konstruktion ins Lächerliche zu wenden: *dann brauchen wir ja keine toilette mehr.* Frau Lange-Bohnert versucht daraufhin, diese absurde Konstruktion als korrekte Beschreibung der hygienischen Zustände bei Blanehaufs umzuwenden.

Auf dieses Manöver reagiert Frau Blanehauf mit einer Retourkutsche:

Frau Lange-Bohnert: Frau Blanehauf:

*daß sie keine toilette hätten – und sie" ham keine putzeimer.*

Der dadurch aktivierte und von Frau Lange-Bohnert aufgegriffene Fokus 'Flur putzen' hat freilich keinen allzu langen Bestand: Herr Blanehauf nimmt eine weitere Fokusverschiebung vor auf das Thema 'Mülltonnen'. Durch diese weitere Verschiebung erhält die gesamte Sequenz den Charakter einer Abrechnung von Blanehaufs mit Frau Lange-Bohnert, in der thematische Begrenzungen kaum noch eine Rolle spielen: es darf ausgepackt werden. Auch auf diese zweite Verschiebung läßt sich Frau Lange-Bohnert ein, was sicher damit zu tun hat, daß Herr Blanehauf sie über die argumentative Stoßrichtung seiner thematischen Verschiebung zunächst im unklaren läßt. Und auch diese Digression endet in einer Flaute: Als Herr Blanehauf seine Anschuldigung an Frau Lange-Bohnert explizit macht, hat Frau Lange-Bohnert für diese nur ein entnervtes Stöhnen übrig, das sich paraphrasieren läßt als „mein Gott, geht das schon wieder los. Das ist ja nicht zum Aushalten.".

Festgefahren in ihrem Streitmuster halten die Parteien inne und der Schlichter unternimmt einen neuen Anlauf, das Gespräch auf die offiziell eingebrachte Anschuldigung zurückzuführen.

Die Streitparteien gehen in den zitierten Phasen so mit den Redebeiträgen des je anderen um, daß der Konflikt stets verschleppt wird, d.h. die Debatte eines Konflikt-Gesichtspunktes auf einen anderen Gesichtspunkt verschoben wird, wo sie sich stets nach einer Weile festläuft. Mit Vollzug dieses Musters führen die Streitparteien dem Schlichter die zentralen Merkmale ihres Beziehungskonflikts gleichsam „in Aktion" vor: Die ständige Digression von einem Gesichtspunkt auf einen anderen führt ihm die Komplexität des Streits vor Augen und mit jeder Flaute demonstrieren die Streitparteien ihre Unfähigkeit oder fehlende Bereitschaft, ihren Streit selbst zu bewältigen. So führen die Streitparteien dem Schlichter vor, warum sie da sind, und jede neue Intervention von ihm spiegelt die Stellung des Schlichters im gesamten Konflikt-Geschehen zwischen den Streitparteien wider.

### 5.3.5. Die Argumentation um eine Konflikt-Position

In diesem Muster geht es um „gute Gründe" für das Beibehalten einer einmal bezogenen Konflikt-Position. Das Muster ist durch das Wechselspiel von Entkräftung einer Begründung und neuer Begründung gekennzeichnet. Alltagsweltlich führt dieses Muster zu dem Eindruck, daß der Positionsverteidigende „um eine Ausrede nie verlegen ist".
Das Muster bildet sich heraus, wenn ein Interaktionsteilnehmer seine Haltung zu einer bestimmten Frage begründet und sein Gegenüber diese Begründung entkräftet. Wenn der Begründende den Willen hat, seine Position beizubehalten, muß er einen anderen, von der Entkräftung nicht betroffenen Grund „nachschieben". Dieses Beharren auf der Position sorgt für die Dynamik des Musters: Wird nämlich auch der nachgeschobene Grund entkräftet, pflanzt sich die Sequenz 'Entkräftung – nachgeschobener Grund' fort.

Im Prinzip ist dieses Muster unabschließbar; es kann sich zirkulär entwickeln, wenn bereits entkräftete Gründe nochmals angeführt werden. Das Muster wird abgebrochen, wenn der Kontrahent einen Grund anerkennt (oder entnervt aufgibt) oder dem Positionshalter „die Gründe ausgehen" (oder er zu anderen als argumentativen Mitteln greift).
Die Reproduktion dieses Musters ergibt einen ganz markanten Kontexteffekt: Durch den permanenten Wechsel der Begründungen werden die einzelnen Begründungen entwertet: Die Gründe erscheinen austauschbar und beliebig. Was angesichts der Beliebigkeit umso deutlicher wird, ist die Dauerhaftigkeit der verteidigten Position. Der entstehende Interaktionszusammenhang vermittelt die Botschaft, daß für den Verteidigenden nicht wichtig ist, gute Gründe für seine Haltung zu haben, sondern diese Haltung beizubehalten. Mit einem solchen Kontexteffekt ist in allen Verhandlungssituationen zu rechnen, in denen ein Teilnehmer seine Trümpfe nicht auf einmal aufdeckt, sondern sie „gestückelt" je nach Verhandlungsbedarf plaziert. Entkräftungen der separat plazierten Gründe führen dann zum geschilderten Wechselspiel und der sich ergebenden kontextuellen Botschaft. In vielen Situationen, in denen der Verhandlungscharakter der Situation manifest ist, bleibt dieser Kontexteffekt auch unproblematisch. Zum Problem wird er allerdings in „doppelbödigen" Situationen, die offiziell als Diskussion, Argumentation o.ä. ausgewiesen sind und deren Verhandlungscharakter kaschiert bleiben soll.[50]

In der nachfolgenden Fallanalyse geht es um einen Gütetermin vor dem Arbeitsgericht, „Kaffee vorm Arzt" (3003/119).

Daß das Material gerade aus dem Arbeitsgericht stammt, liegt an der dort spezifischen Rollenverteilung bei der Verhandlung von Kündigungen. Kläger ist der Gekündigte, für den die Kündigung eine Schädigung darstellt. Der

---

[50] Zum Phänomen „doppelbödiger" Interaktionssituationen vgl. Hoffmann/Nothdurft (1989).

Vorfall selbst, die Kündigung, ist zwischen den Streitparteien nicht umstritten, umstritten ist vielmehr, ob der Arbeitgeber „gute" Gründe hatte, diese Kündigung auszusprechen, d.h. solche, die einer rechtlichen Prüfung standhalten. Die Stellungnahmen sind in diesen Fällen entsprechend als Rechtfertigungen angelegt, die in der Regel mit Gegenanschuldigungen gegen den klagenden Arbeitnehmer gestützt werden.[51] In jedem Fall muß die Entscheidung, eine Kündigung auszusprechen, gut begründet werden können, d.h. die Gründe müssen den arbeitsrechtlich relevanten Kriterien für diese Kündigung entsprechen.
Kündigungsverhandlungen laufen entsprechend meist als Aushandlungen der Akzeptabilität von Gründen ab. Die Kündigung selbst stellt die Position dar, die der Arbeitgeber (oder sein Anwalt) verteidigen will und die Gründe sind die verfahrensangepaßten Mittel, diese Position aufrechtzuerhalten.

Frau Rainer war von ihrem Arbeitgeber gekündigt worden und sie klagt nun gegen diese Kündigung. Die Klägerin ist bei der Verhandlung selbst anwesend, der beklagte Arbeitgeber ist durch seinen Rechtsanwalt, Herrn Krantz, vertreten. Der Arbeitsrichter stellt schon zu Beginn der Verhandlung die Frage nach den Kündigungsgründen in den Vordergrund der Verhandlung und verliest den Text des Kündigungsschreibens:

C: da steht=s ja drin sie haben sich durch ein anruf an ihrem arbeitsplatz im horst bär gymnasium entschuldigen lassen sie seien schwe"r an einer gri"ppe erkrankt und könnten dieses jahr nich mehr zur arbeit kommen↓ * sie wa:"r/ sie wurden jedoch am gleichen vormittag von ihrem vo"rarbeiter dem herrn heinz wassma"nn im kellerlokal des kaufhauses maxim alkohol trinkend in einer geselligen ru"nde angetroffen↓ * herr wa"ssmann sprach sie a"n daß sie doch angeblich kra"nk seien worauf sie ihm zur antwort gaben- * wenn sie ausgetrunken haben gingen sie zum arzt und ließen sich krank schreiben↓ * aus diesem grund kündigen wir das mit ihnen bestehende arbeitsverhältnis fristgerecht zum dritten e"rsten-

[3003/119: 3/2ff.]

Anschließend spitzt der Arbeitsrichter in einer Reformulierung die Frage nach dem Kündigungsgrund zu: *ja soll denn behauptet werden die klägerin sei gar nicht kra"nk gewesen*↑.
Der Rechtsanwalt läßt in seiner Stellungnahme die Frage nach der Krankheit offen. Statt dessen führt er zur Rechtfertigung der Kündigung einen juristisch

[51] Dies entspricht den besonderen Handlungsbedingungen beim Arbeitsgericht. Häufig ergibt sich im Verlauf der Verhandlungen dort eine Umkehrung des Beteiligungssachverhältnisses: Der anfangs initiative Kläger gerät in die Rolle desjenigen, dem Fehlverhalten vorgeworfen wird und der beschuldigte Antragsgegner übernimmt die Rolle des Anklägers. Vgl. Schröder (1995).

kodifizierten Umstand als einschlägig an, bei dessen Vorliegen eine Kündigung juristisch zulässig ist.

B: äh: es soll behauptet werden: äh da"ß ein wichtiger grund für
die ausgesprochene kündigung gegeben war↑ * u"nabhängig von
einer mö:"glichen erkrankung später >der klägerin↓<

[3003/119: 3/23ff.]

Der Rechtsanwalt bewegt sich in seiner Stellungnahme also im arbeitsrechtlichen Diskurs und stellt den Kündigungsgrund in dessen Termini dar. Diese Begründung wird vom Richter als fallunangemessen entkräftet: _mhm↓ * en wichtigen grund brauchen se ja nich sie ham ja fristgerecht gekündigt↓_.
Der Rechtsanwalt hatte im Rahmen des arbeitsrechtlichen Diskurses eine falsche Begründung gewählt.
Dieser Vorgang wiederholt sich unmittelbar danach noch einmal, als der Rechtsanwalt eine andere Begründung nachschiebt: _ja ja- * >mhm:< im übrigen äh sind äh- * die sozialen auswahlkriterien darüber hinaus auch erfüllt↓_.
Auch diese Begründung wird vom Arbeitsrichter als nicht einschlägig für den Konfliktfall zurückgewiesen:

C: ja auf die kommt=s ja auch net an wenn=se=n verhaltensbedingten
grund haben dann braucht mer keine auswahlkriterien↓ ** (denn
jetz) auswahlkriterien spielt doch nur bei ner betriebsbedingten
kündigung ne rolle-

[3003/119: 4/7ff.]

Als der Anwalt auf diese Zurückweisung nur minimal reagiert (_ja- *3*_), versucht der Arbeitsrichter nochmals eine Reformulierung guter Gründe für die Kündigung, die er jedoch kurz darauf abbricht, um seine Schwierigkeiten zu signalisieren, die er damit hat, solche Gründe zu finden.

C: ja also →äh mit annern-← * das versteh ich denn nich ganz äh-
* äh es gibt ja kei"nen- * keine verhaltenspflicht de"s
inhaltes daß ein arbeitnehmer der kra"nk i"st- * nicht ein
bier trinken darf↓

[3003/119: 4/12ff.]

Durch dieses Signalisieren von Unverständnis gerät der Rechtsanwalt in den Zugzwang, eine andere Begründung für die von ihm vertretene Position zu „liefern". Diesmal gibt der Rechtsanwalt eine Situationsschilderung zur Begründung für die Kündigung:

B: es is so dazu: wäre wie gsagt unter beweisantritt nä"her
vorzutragen äh- * der- * hau"smeister dieser schule- * der den
anruf entgegengenommen ha"t↑ mh: der hatte da schon gewisse

verda"chtsmomente- * weil er- * die- * klägerin- * des öfters- * des öfteren äh schon trinkenderweise in diesem:- * lokal im maxim gesehen hat und äh weil er da verdacht schöpfte hat er also jemand hingeschickt↓ ** und äh nun war des net wohl ein bier was da die klägerin getrunken hat sondern sie war sta"rk angetrunken- * äh- * wenn ich des wö"rtlich zitiern darf was da also- * der zeu"g/ was dem zeugen wassmann- * gegenüber äh formuliert wurde odder odder ausschnittsweise jetz geh ich erst mal pi"ssen und dann geh ich zum arzt↓

[3003/119: 4/15ff.]

Inwieweit diese Schilderung eine Begründung abgibt bzw. abgeben soll, wird vom Rechtsanwalt nicht expliziert. Die Darstellung soll offenbar für sich selbst sprechen. Die Darstellungsmodalität ist insgesamt suggestiv: Ohne eine bestimmte Botschaft zu explizieren, soll die Darstellung doch einen bestimmten Eindruck erzeugen, aus dem heraus die Kündigung als gerechtfertigt angesehen werden können soll. Das Bild der Klägerin, das erzeugt werden soll, läßt sich formulieren als Bild einer fortgesetzt betrügerisch handelnden Person, die überdies im konkreten Fall stark alkoholisiert war. Aber auch eine so organisierte Begründung für die Kündigung hat in dieser Verhandlung keinen Bestand: Die Klägerin setzt dieser Schilderung eine rivalisierende Beschreibung entgegen: Weder habe sie sich so geäußert, noch habe sie Alkohol getrunken. Sie wäre in das Lokal gegangen, weil sie auf einen Arzttermin längere Zeit habe warten müssen, daher habe sie in der Zwischenzeit eine Tasse Kaffee getrunken. Alkohol habe nur ihr Besuch getrunken, der sie begleitet habe.
Nach einigem Hin-und-Her über die Gültigkeit der jeweiligen Beschreibung fragt der Arbeitsrichter die Parteien danach, ob die Möglichkeit zu einem Vergleich besteht. In seiner Antwort betont der Rechtsanwalt die Gültigkeit der Kündigung und begründet sie wiederum mit einem arbeitsrechtlich bestimmten Kriterium: *und diese ordentliche kündigung- * die is meines erachtens wirksam- ** >ob des:-< * hat bis heute keine arbeitskraft angebo:ten.* Aber auch diese juristische Begründung „zieht" offenbar nicht.

C: ja da is- * vielerlei zu zu sagen äh zunächst müßte man sagen wem=man mim letzten- * anfängt daß die klägerin sehr wohl ihre arbeitskraft angeboten hat dadurch daß sie die kla"ge hat zustellen lassen muß man nich nochmal tun↓ * zum zweiten mu"ßte sie gar nicht ihre arbeitskraft anbieten weil sie ja

B: was: mir ni"cht bekannt is↓
C: noch kra"nk war und krank i"st↓ ne↑

B: es liegen keine krankmeldungen vor↓
C: ja- das dritte is was den kündigungsgrund selbst angeht- * äh wenn es unstreitig ist daß die klägerin kra"nk geschrieben wu"rde- * dann steht doch

bloß der vorwurf im raum daß die klägerin morgens wäh:rend
eines gang zum arztes oder vo"r einem gang zum arzt
möglicherweise bier getrunken hat- * ja rechtfertigt da"s eine
kündigung↑ * rechtfertigt das eine kündigung↓ * wenn die
klägerin unstreitig kra"nk war so gibt es meines erachtens
keinen erfahrungssatz des inhaltes- * daß ein arbeitnehmer äh
sich gesundheitsschädigend verhält wenn er ei:n glas bier
trinkt oder ähnliches↓ * exzesse sind was ganz anderes↓ *
a"ber so" einfach kann es sich die firma säuberle nich machen
daß sie sacht wir haben sie mit einem glas bie"r gesehn also
deswegen kü"ndigung- * nich-

[3003/119: 8/8ff.]

In seiner Entkräftung unterstellt der Arbeitsrichter dem Rechtsanwalt wieder einen anderen Kündigungsgrund, von dem evident ist und für den auch klar gemacht wird, daß er nicht als Grund akzeptabel ist.
Auf diese Unterstellung eines anderen, nicht akzeptablen Grundes reagiert der Rechtsanwalt wiederum mit Lieferung eines neuen, „unverbrauchten" Grundes:

B: >n:(ein)< des geht weniger um des glas bier sondern es geht um
des vertrauensverhältnis un auch eine gewisse wahrheitspflicht
wird doch net- * äh aberkannt werden wenn die klägerin anruft
sie sei grippekrank und lie:ge im be"tt und dann is=ses doch
sehr seltsa:m wenn=se dann ne viertelstunde später äh und →wie
gsacht← ich bleibe jetz zunächst mal bei- * der darlegung
alkoholtrinkenderweise im <ma"xim gesehen wird↓ * das paßt
(mir net) zusammen↓>

[3003/119: 9/1ff.]

Diesmal operiert der Anwalt mit alltagsweltlichen Plausibilitätsmaßstäben (*das paßt mir net zusammen↓*) und bemüht das arbeitsrechtlich relevante Kriterium des 'Vertrauensverhältnisses zwischen Arbeitgeber und Arbeitnehmer', das durch die unglaubwürdige Darstellung der Klägerin gestört sei.
Aber auch mit dieser Begründungsfigur hat der Rechtsanwalt kein Glück. Der Arbeitsrichter weist darauf hin, daß der Rechtsanwalt in seiner Begründung mit Konflikt-Gesichtspunkten operiert, die bislang nicht geltend gemacht worden sind (*das steht aber im kündigungsschreiben selbst nich ne*).
Da sich das Ereignis selbst nicht hinreichend klären läßt, schlägt der Rechtsanwalt schließlich Vertagung der Verhandlung auf einen Kammertermin vor. Dieser Zug läßt sich so interpretieren, daß sein Reservoir an Gründen erschöpft ist und er sich Hoffnung auf den 'Beweisantritt' macht, ein Instrument, das er nicht im Gütetermin, sondern erst im Kammertermin einsetzen kann.

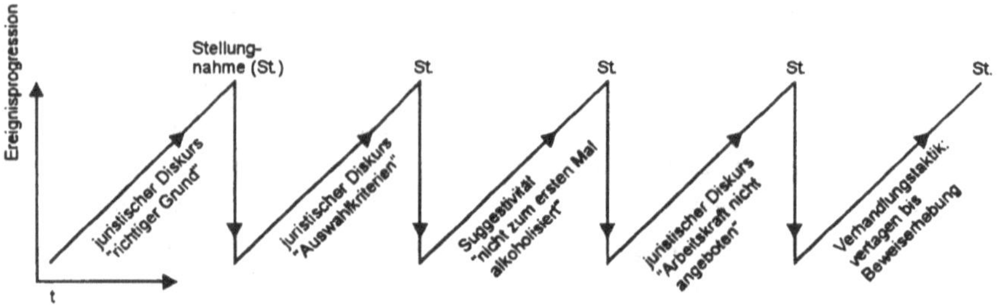


Abb.: Struktur der Aushandlungsdynamik in "Kaffee vorm Arzt"

### 5.3.6. Die Stagnation der Konflikt-Bearbeitung

Stagnation ist dadurch gekennzeichnet, daß in der inhaltlichen Bearbeitung des Konflikts kein Fortschritt feststellbar ist. Die Beteiligten versuchen jeweils, thematische Initiativen des anderen zu entkräften. Auf diese Entkräftung reagieren beide mit Wiederholungen ihrer bereits vorgebrachten thematischen Punkte. Dadurch kommt insgesamt ein Muster gegenseitigen Blockierens zustande. Es entsteht der Eindruck, daß die Teilnehmer in der Konflikt-Bearbeitung „auf der Stelle treten."[52]

Bei dem Gespräch der nachfolgenden Fallanalyse handelt es sich um eine Güteverhandlung vor dem Schiedsmann, „Die Rauferei" (3002/03).[53] In der Anschuldigung, die der Schiedsmann zu Beginn des Gesprächs verliest, wirft Frau May Frau Düster vor, in ihre Wohnung eingedrungen zu sein und sie dort verprügelt zu haben und damit Hausfriedensbruch und Körperverletzung begangen zu haben. Die einschlägigen Paragraphen werden angegeben. Frau May fordert von Frau Düster ein Buß- und ein Schmerzensgeld.
Frau Düster problematisiert in ihrer Stellungnahme den Anspruch von Frau May und entwickelt eine Gegenanschuldigung: Sie habe gute Gründe gehabt, gegen Frau May vorzugehen, denn diese belästige sie laufend mit Telefonanrufen, „spanne" ihr den Ehemann aus, ruiniere seine Gesundheit und schädige den Ruf von Frau Düster als Geschäftsfrau.
Gegenüber den in der Anschuldigung formulierten Konflikt-Aspekten stellen die von Frau Düster fokussierten Aspekte eine erhebliche Erweiterung des Konflikt-Bereichs und des Redethemas dar.

[52] Die folgende Analyse basiert auf Nothdurft (1989).

[53] Die Verhandlung ist ausführlich analysiert in den Beiträgen in Röhl (1987); dort auch eine Transkription der gesamten Verhandlung.

Der Schiedsmann bemüht sich in der nachfolgenden Konflikt-Bearbeitung, den Konflikt auf die in der Anschuldigung formulierten Gesichtspunkte zu konzentrieren.

```
B: ich=sä da ka=ma ja wieder kaufen kommen da wissn se wie tächlich

B: wie vill anrufe kommen wat sie unser jeschäf ruiniert haben↑ **
qna
B: wat   sie all jeredet hat in karlsberg↑ *           isch könnte
C: (...)                                ja d/ frau düster sie

B: noch mehr sagen aber isch sach dat ich sach et jetz nit aber
C: ma/ sie-

B: isch bin janz ehrlisch darin isch meine... ... isch bin
C:                              sie kommen hier immer

B: kein-                                   ja sischer↓
C: widder auf ein anderes thema frau dü/ frau düster

B:                                                    aber sie
C: sie kommen hier immer wieder auf dat andere thema↓

B: ruft ja schon morns um sieben a"n und is mein mann schon
C:      es geht-                 es geht do drum-

B: aufjebracht↓                          ja↓           da war ich=s
C:               es geht do drum daß sie sag mal (...)

B: einmal satt jewesen bin ich halt in ihre wohnung jefahrn ich
   war im jeschäf jewesen hat se mer persönlich sat ihre ehe
   steht auf nem papier minge ehe steht net uff=m papier ich
   schlofe noch mi=mein mann

[3002/03: 13/1ff.]
```

Im zitierten Gesprächsausschnitt ist Frau Düster wieder einmal dabei, die für sie wichtigen, schon in ihrer Stellungnahme thematisierten Gesichtspunkte in die Konflikt-Bearbeitung einzubringen. Der Schiedsmann unternimmt demgegenüber nach mehreren Fehlstarts wieder einmal den Versuch, den Redegegenstand auf den Anschuldigungssachverhalt zu fokussieren (*sie kommen hier immer widder auf ein anderes thema*) und damit Frau Düsters Gesichtspunkt unberücksichtigt zu lassen (De-Fokussierung). Diese De-Fokussierung wiederum versucht Frau Düster dadurch zu verhindern, daß sie die Relevanz ihrer Schädigungsgesichtspunkte für die Konflikt-Bearbeitung betont: *aber sie ruft ja schon morns um sieben a"n* etc. und den Aushandlungsfokus damit wieder expandiert.

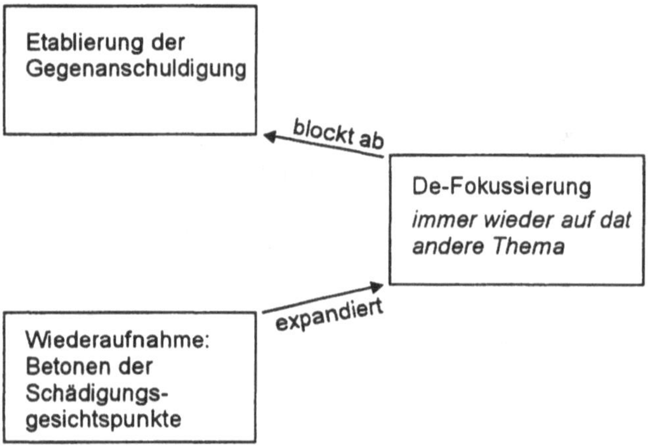


Abb.: Muster des Bezugnehmens in der "Rauferei"

Während des gesamten Aushandlungsprozesses versucht der Schiedsmann den Interaktionsgegenstand auf den in der Anschuldigung dargestellten Sachverhalt zu fokussieren, während Frau Düster ebenso hartnäckig versucht, den Sachverhalt um ihren alternativen Interpretationskontext zu expandieren. Dieses Hin-und-Her zwischen Expansion und Reduktion bestimmt den Aushandlungsprozeß, wie folgende Übersicht veranschaulicht:

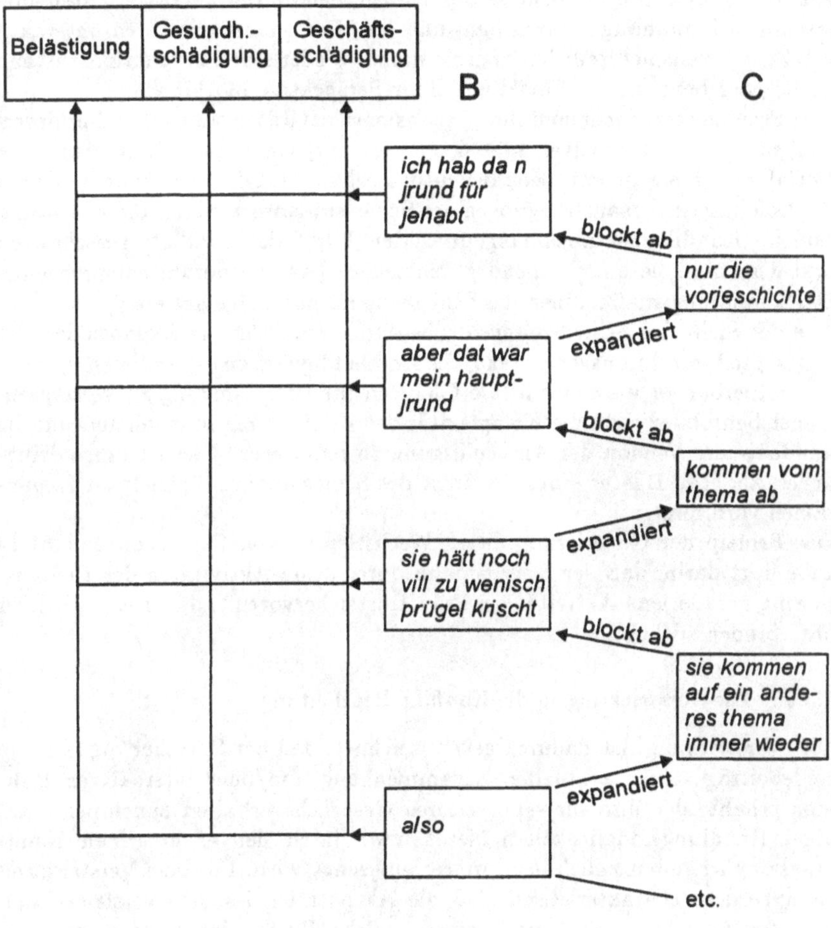


Abb.: Muster der Interaktionsdynamik in der "Rauferei"

Es bildet sich ein dynamisches, sich reproduzierendes Muster von Drängen und Abblocken heraus: Je mehr Frau Düster ihre Gesichtspunkte in die Bearbeitung des Konflikts einbringt, desto mehr blockt der Schiedsmann solche Initiativen ab, was Frau Düster veranlaßt, ihre Gesichtspunkte wiederum einzubringen etc. Der Schiedsmann greift weiterhin zu Maßnahmen der Konflikt-Konzentration, Frau Düster bringt immer ihre weitergehenden Konflikt-Gesichtspunkte ein, die aber durch die Fokussierungsaktivitäten des Schiedsmanns nicht Gesprächsgegenstand werden. Die Positionen fahren sich fest. Die Handlungsprogression stagniert.

Aus der subjektiven Sichtweise der beiden Beteiligten heraus erhalten ihre jeweiligen Bemühungen ihren Sinn und ihre Rationalität; in ihrem interaktiven Zusammenspiel freilich führen sie immer wieder einen Interaktionszustand herbei, der beide in der Entfaltung ihrer Perspektive blockiert.

Aus Frau Düsters Sicht sind ihre Expansionsaktivitäten sinnvoll und erforderlich, um ihren alternativen Interaktionskontext, vor dessen Hintergrund der Vorfall die für sie angemessene Bedeutung erhält, etablieren zu können. Durch die Defokussierungsanstrengungen des Schiedsmannes wird aus ihrer Sicht der zentrale Konfliktzusammenhang, quasi der „Nerv" des Konflikts, zerschnitten und dem muß sie entsprechend gegensteuern (was wiederum entsprechende Defokussierungsmaßnahmen des Schiedsmanns zur Folge hat etc.).

Aus der Sicht des Schiedsmanns droht durch Frau Düsters Expansionen der angesagte Interaktionsgegenstand, die Anschuldigung, zu expandieren und unkontrollierbar zu werden und die Chancen für eine Einigung zu verringern. Daher bemüht er sich, die Komplexität des Konflikt-Zusammenhangs auf die handhabbare Version der Anschuldigung zu reduzieren. Dies ist umso dringlicher, als Frau Düster – aus der Sicht des Schiedsmanns – penetrant Expansionen vornimmt.

Das Prinzip der Generierung dieses Wechselspiels von Expansion und Blokkade liegt darin, daß der Schiedsmann durch seine Aktivitäten der Defokussierung gerade jene Aktivität bei Frau Düster hervorruft, die er eigentlich zu unterbinden suchte.

### 5.3.7. Die Verstrickung in die Konflikt-Bearbeitung

Die 'Verstrickung' ist dadurch gekennzeichnet, daß der Sprecher durch seine Redebeiträge einen textuellen Zusammenhang und/oder interaktiven Rahmen schafft, der ihm für sein weiteres Gesprächsverhalten zunehmend weniger Handlungsmöglichkeiten bietet bzw. durch den er in seinen Handlungsmöglichkeiten zunehmend weiter eingeengt wird. Für eine Verstrickung ist außerdem charakteristisch, daß die Aktivitäten des Sich-Verstrickenden von der Absicht geleitet sind, gerade solche Restriktionen zu vermeiden. Durch das zunehmende Bemühen, in entsprechenden Kontexten solcherart „selbsterzeugte" Restriktionen wieder rückgängig zu machen, liefert der Sprecher seinem Gegenüber aber – ungewollt – zunehmend „Material", aus dem dieser weitere Handlungsrestriktionen dem Sprecher gegenüber entwickeln kann. So kommt ein Interaktionskontext zustande, der es dem Sprecher nicht mehr erlaubt, nichts zu tun, in dem aber alles, was er tut, gegen ihn verwandt werden kann. Der klassische Fall der Verstrickung findet sich im Kreuzverhör, in dem ein Anwalt versucht, einen Angeklagten zu Äußerungen zu bringen, durch die dieser sich in Widersprüche verstrickt. Verstrickungen können aber nicht nur auf der propositionalen Ebene erfolgen, sondern auch auf der Handlungsebene, z.B. wenn der Handelnde sich widerstrebend auf einen Handlungszusammenhang einläßt und im Laufe der Zeit immer mehr in dessen Abwicklung verwickelt wird. Verstrickungen werden alltagsweltlich charakterisiert als „immer tiefer reingeraten", „in die Falle gehen", „sich reinreiten" etc.

Im folgenden Fall geht es um die Verstrickung eines Schlichtungsbeteiligten in das Schlichtungsgeschehen selbst. Es handelt sich um eine Güteverhandlung vor dem Schiedsmann (3002/31). Beteiligt ist der Antragsteller Herr Gehlenberg, seine Frau, „seine" Zeugin Frau Boldte, der Angeschuldigte Herr Pech, und der Schiedsmann Herr Heinzel. Herr Pech wird von Herrn Gehlenberg beschuldigt, ihn beleidigt zu haben. Herr Pech erklärt zu Beginn der Verhandlung, nichts sagen zu wollen, sein Anwalt habe ihm das geraten. Trotzdem beteiligt er sich in begrenztem Maße kooperativ an der Abwicklung des Schlichtungsschemas. Diese minimalen Beteiligungen greift der Schiedsmann in einer Weise auf, die dazu führt, daß Herr Pech sich immer mehr auf das Schlichtungsschema einläßt. Dadurch werden ihm seine guten Gründe, sich der Verhandlung zu entziehen, entlockt und im Rahmen des Schlichtungskontext so interpretiert, daß sie entwertet werden. Je mehr Herr Pech sich bemüht, sich in kooperativer Weise dem Schlichtungsschema zu entziehen, desto mehr gerät er unter dessen Ablauf- und Deutungsprinzipien und verliert dadurch seine Verhandlungstrümpfe.
Aufgrund der inhaltlichen Aussagen über das Konfliktgeschehen läßt sich vermuten, daß diese Dynamik der Dynamik der realen Konfliktsituation selbst genau entspricht: Je mehr Herr Pech offenbar versucht, seinem Kontrahenten im täglichen Leben auszuweichen, desto mehr wird er von diesem in den Konflikt verwickelt, als dessen Opfer er „auf der Strecke bleibt". So im Streit und so auch in der Schlichtungsverhandlung. Äußerst widerstrebend und immer wieder seine Schuldlosigkeit beteuernd läßt er sich am Schluß darauf ein, sich bei Herrn Gehlenberg für die Beleidigung zu entschuldigen. Als das Protokoll bereits ausgefertigt ist, versucht er gar, sein Schuldeingeständnis zu widerrufen, aber vergeblich.

Bis dahin hat sich Herr Pech gegen seinen Willen, aber aufgrund eigenen Handelns, mehr und mehr in die Schlichtung verwickelt. Dieser Prozeß der Verwicklung ergibt sich sukzessiv. Er bedarf zu seiner Darstellung einer nachverfolgenden Verlaufsanalyse. Bereits der Anfang des Gesprächs ist signifikant für die Dynamik, die sich in diesem Gespräch manifestiert:
Als der Schiedsmann im Zuge der Vorstellung auch den anwesenden Gesprächsanalytiker vorstellt und dabei en passant die Einwilligung einholen will (*ich nehme an daß sie ni:chts dagegen haben wenn der herr doktor lang*) wird er von Herrn Pech unterbrochen, der wissen will, was die *sprachforschung* ist. Nach einer Erklärung schickt sich der Schiedsmann an, die Verhandlung in Gang zu setzen, wird aber von Herrn Pech wiederum unterbrochen:

```
C: so" gehn wir mal- *                          bitteschön-
B:                      aber eine frage vorweg-
```

B: äh ich hab leider meine vorladung nicht dabei↓ weil die
beim rechtsanwalt liegt↑ ** ist ja hier wie die dinge

C: was ist bitte
B: liegen- * kann man telefonisch nachfragen↑

C: was haben sie↑
B: meine vorla:dung liegt beim rechtsanwalt- *

C: ah nee↓
B: falls sie die brauchen sollten- die wird also

B: nicht gebraucht- * dann hab ich eine frage- * in der
vorladung stand da: also: nur zwei personen drin- * →das
war der herr gehlenberg und meine wenigkeit- * hier sind

C: das ist- ja
B: aber mehrere personen anwesend←äh- * anwesend-

C: bitte- * das ist frau gehlenberg- die kann ruhig
B: ich weiß

C: mitkommen- * nich-
B: äh- muß ich da- * äh kann ich darauf

C: mh we/ ja
B: bestehen daß diese personen nicht dabei sind-

C: die zeugin können sie al/
B: die ist nicht angegeben worden als

C: nei"n- * das brauch ich auch
B: zeugi"n- * in dieser- * vorladung↓

C: nicht- nein überhaupt nicht herr
B: >das wußt ich nicht-<

C: pech- * die zeugin lade ich separat ein weil die zeugen- *

C: äh: nur auf antrag äh des antragstellers mitkommen↑ * nich die
B: >mhm< mhm- * mhm- mhm-

C: zeugen sagen ja auch nur dann was aus wenn- ** wenn was kritisch
B: nur eine frage vorweg-

C: ist- * und ansonsten brauchen sie gar keine sorge zu haben

C: nich- nein nein da passiert nix- ** u:nd äh frau
B: >LACHT<

C: gehlenberg- * die ihren mann begleitet die hat äh >da is weiter nichts gegen einzuwenden↓< * gut- * nun gehn wir mal- ** dazu

[3002/31: 11/1ff.]

In dieser Episode zeigen sich mehrere für die Verhandlung signifikante Verhaltensweisen der Beteiligten und die Art ihres Zusammenspiels:

- Herr Pech unterbricht den Schiedsmann bei dessen Aktivitäten der Schema-Abwicklung, und zwar mit Fragen, die die „Legalität" der Abwicklung in Frage stellen. Damit stellt er indirekt – und wohl, ohne es zu wollen – die Autorität des Schiedsmanns als Verfahrenswalter in Frage.
- Dieses In-Frage-Stellen läßt sich bei Kenntnis der gesamten Verhandlung motiviert denken aus einer vorsichtigen, ja mißtrauischen Haltung heraus. Herr Pech wittert offenbar Unheil und hat sich vorgenommen, sich „nicht über den Tisch ziehen zu lassen". Der Schiedsmann spürt dies offenbar und versucht, dieses Mißtrauen durch eine Beschwichtigungsaktion zu besänftigen (*und ansonsten brauchen sie gar keine sorge zu haben nich-* Herr Pech lacht - *nein nein da passiert nix- ***). Ob Herrn Pechs Mißtrauen durch diese Versicherung beseitigt ist, muß bezweifelt werden. Die Beschwichtigungsaktion des Schiedsmanns macht es zwar schwer, ihr manifest etwas entgegenzusetzen, aber gerade dieses Schwer-Machen wird auf der Interpretationsfolie einer mißtrauischen Haltung als weiterer Beleg für die Richtigkeit der Haltung interpretiert werden und damit das Mißtrauen latent verstärken.[54] .
- Das in Frage-Stellen erfolgt in der sprachlichen Form von Informationsfragen, in denen Herr Pech dem Schiedsmann die Autorität zu ihrer korrekten Beantwortung zuschreibt bzw. auf deren korrekte Beantwortung durch den Schiedsmann vertraut: *kann ich darauf bestehen daß diese personen nicht dabei sind-*, statt etwa deklarativ zu formulieren: „Ich bestehe darauf, daß ...". Die Wahl gerade dieser sprachlichen Form ist signifikant für Herrn Pechs Haltung im gesamten Gespräch, einerseits dem Verfahren zu mißtrauen, andererseits aber bei der Äußerung dieses Mißtrauens eine kooperative sprachliche Form zu wählen, durch die er seiner Fragestellung selbst partiell den Boden entzieht.

Noch ehe die Verhandlung richtig beginnt, sind auf der Beziehungsebene schon entscheidende Weichen gestellt:

- Herr Pech bedroht mit seinen Infragestellungen das Image des Schiedsmanns.
- Herr Pech sieht sich durch das Verhalten des Schiedsmanns in seinem Mißtrauen bestätigt.

---

[54] Zur Dynamik der Vertrauens- und Mißtrauensbildung in Gesprächen vgl. Nothdurft (1994).

– Herr Pech zeigt sich in einer kooperativen Weise destruktiv und erlaubt damit dem Schiedsmann, ihn gegen sich selbst auszuspielen.

Auf der Ebene des manifesten Verhandlungsgeschehens sind Herrn Pechs Einwände ausgeräumt und der Schiedsmann geht nunmehr zur Aufforderung zur Stellungnahme über:

```
C: herr pech- * sie haben ja mein schreiben bekommen- *

C: und die beschuldigung von herrn gehlenberg hab ich ihnen
B: ja-

C: ja mitgeteilt- * darf ich sie mal bitten dazu- * sich mit

C: ihrem kontrahenten auseinanderzusetzen
B:                                              ja ich kann da

B: an*sich nur eins zu sagen * diese sachen sind vollkomme"n
   aus der luft gegriffen- ** und ich könnte den herrn gehlenberg
   nur auffordern sie hie"r und sofort zurücknehmen- * ansonsten
   hätte das rechtliche folgen für ihn- * mehr kann ich zu dem
   sachverhalt hier ni"cht sagen * der rechtsanwalt hat mir das
   geraten↓ *3,3*
```

[3002/31:15/3ff.]

Auffällig an Herrn Pechs Stellungnahme ist deren metakommunikative Charakterisierung *mehr kann ich zu dem sachverhalt hier ni"cht sagen- * der rechtsanwalt hat mir das geraten↓ *3,3**. Mit dieser Charakterisierung macht Herr Pech deutlich, daß er sich nur minimal auf das Schlichtungsverfahren einläßt:

- Er signalisiert die Minimalität durch die Eingangsfloskel *ja ich kann da an*sich nur eins zu sagen- **.
- Er expliziert seine Haltung der Anschuldigung gegenüber nicht, sondern bestreitet nur lakonisch (s. Kap. 3.2 „Knappe Reaktion") *diese sachen sind vollkomme"n aus der luft gegriffen- ***.
- Er macht deutlich, daß er nicht bereit ist, sich über diese minimale Reaktion hinaus auf das Schlichtungsverfahren einzulassen *mehr kann ich zu dem sachverhalt hier ni"cht sagen- **.
- Er stützt seine Haltung der minimalen Einlassung (die in der Tat der Normalform-Erwartung für Schlichten nicht entspricht) durch Verweis auf den Ratschlag seines Rechtsanwalts *der rechtsanwalt hat mir das geraten↓*.

Nach einer langen Pause (3 Sek.) beginnt der Schiedsmann, das zu tun, was Schlichter üblicherweise nach knappen Reaktionen tun: Er beginnt, die Anschuldigung zu verdeutlichen (s. 3.2). Eingebettet in diese Verdeutlichung sind einige Hinweise, die Herrn Pech offenbar deutlich machen sollen, wie

unzweckmäßig es ist, einen Anwalt hinzuzuziehen (Verweis auf Zeugin, Hinweis auf Anwaltskosten). Die Verdeutlichung der Anschuldigung erfolgt durch Wiedergabe des schriftlichen Anschuldigungstextes.
Herrn Pechs Reaktion auf die ausführlich vorgetragene Anschuldigung folgt in der inhaltlichen Tendenz seiner ersten Stellungnahme:

```
B: ja ich kann mich da nur wiederholen↑ * wenn der herr
   gehlenberg das nicht zurücknimmt↑ * macht er nen
   schwerwiegenden fehle"r- * ich kann da nur=zu sagen es liegen
   beweise vor und auch zeugen vor- * die das widerlegen können
   mehr kann ich nicht=zu sagen↓ * ich kann nur dem- * herrn
   gehlenberg anraten diese sachen zurückzunehmen↓ * →denn ich
   werd=s nicht sonst auf sich beruhen lassen >das ist für mich
   schwerwiegende anschuldigungen- * die kann ich vor gericht
   (...)↓
```

[3002/31: 21/1ff.]

Er definiert seine Stellungnahme explizit als Wiederholung und reaktiviert damit die erste Stellungnahme. Dabei markiert er die Modalität als 'nicht anders können als', als eine Haltung also, die typischerweise aus einem dichten, unumstößlichen Handlungs- und Bedingungsgefüge resultiert. Während der Duktus seiner Stellungnahme mit dem der ersten gleich ist, gibt es auf propositionaler Ebene doch einen Unterschied: In dieser zweiten Reaktion verweist Herr Pech auf *beweise*, die vorliegen und *zeugen die das* (die Anschuldigung) *widerlegen können*. Herr Pech markiert wiederum, daß er es bei diesen Andeutungen belassen muß (*mehr kann ich nicht=zu sagen↓*) und verbindet seine Andeutung wiederum mit der Projektion des Gerichtsverfahrens. Auch diese Stellungnahme ist also als minimale Einlassung markiert (Verweis auf erste minimale Einlassung, metakommunikative Charakterisierung).
Nach einem kurzen Zwischenspiel um das Mitbringen von Zeugen wendet sich der Schiedsmann an den Anschuldigenden und fordert diesen auf, den Sachverhalt darzustellen. Der Schiedsmann übergeht also die Verweigerungstendenz in Herrn Pechs Stellungnahme und reorganisiert das Schlichtungsverfahren, indem er den ersten Schritt, die Etablierung der Anschuldigung, rekonstituiert.

```
C: so" also sie behaupten nun- * nun u/ unterhalten sie sich doch

C: mal wie war=n das denn nun-    schießen se mal los-
B:                             ja-
```

[3002/31: 23/5ff.]

Herr Gehlenberg bringt daraufhin seine Anschuldigung vor (Text zum Teil in Kap. 3.5.2 „Rivalisierende Beschreibung"). Danach fragt der Schiedsmann die Zeugin, was sie *daz/ zu dem fall* sagen kann. In ihre Darstellung des Verhaltens von Herrn Pech schaltet sich dieser ein:

```
Z: und da ha"t er geschimpft und da schrie er dann auch
   wieder- * äh der alte soll sehen daß er sich nen längeren

Z: schlauch kauft- * ja↑
B:                             das wort alte hab ich nicht benutzt↓

A:     ja aber woll
Z: das sind ihre fachausdrücke herr pech-
B:                                               entschuldigung äh

Z: und zwar-
B: ich möchte da nichts weiter zu sagen ich werde diese sache

Z:                                ich-      * darf ich ausreden↑
B: vor gericht austragen lassen zunächst-

Z: * ich bin ja gefragt worden-
C:                                lassen sie erstmal frau

C: boldte erzählen↓
```

[3002/31: 33/1ff.]

Auch hier erklärt Herr Pech wieder, sich an der Verhandlung nicht beteiligen zu wollen und den Streit vor Gericht austragen zu lassen. Die Zeugin jedoch moniert, unterbrochen worden zu sein, und fährt in ihrer Darstellung fort, attestiert vom Schiedsmann, der auf die das ganze Verfahren betreffende Verweigerungserklärung Herr Pechs nicht eingeht.

Während die Zeugin mit ihrer Darstellung zu Ende kommt, ergreift Herr Pech wieder das Wort:

```
B: äh ich hab eine frage- * diese sache so wie sie hier zur
   sprache kommen- * werden die irgendwie festgehalten↓
```

[3002/31: 35/5ff.]

Auch mit diesem Beitrag beteiligt sich Herr Pech nicht an der Streitbehandlung, sondern fokussiert auf einen Verfahrensaspekt, und wiederum tut er dies, indem er den Schlichter um Unterrichtung bittet. Die Stoßrichtung seines Beitrags ist nicht explizit gemacht. Was auch immer Herrn Pechs Absicht mit diesem Beitrag gewesen sein mag, der Schlichter nutzt die Frage dazu, die Vorteile des Schlichtungsverfahrens gegenüber dem Gerichtsverfahren darzustellen. Herr Pech hat ihm mit seiner Frage eine glänzende Vorlage geliefert. Einmal am Zuge, geht der Schiedsmann zu den nächsten Schritten im Schlichtungsverfahren über, der Bewertung der Streitdarstellungen, der Herstellung von Einigungsbereitschaft und der Projektion einer gelungenen Einigung. Nach diesem Durchmarsch durch das Schlichtungsverfahren, in dem bis auf die Lösungsentwicklung alle Stationen des Schlichtungsschemas behandelt sind, gibt Herr Pech eine Erklärung ab:

```
B: herr richter- * ähm wenn das so ist- * dann will ich da mal eins
   zu sagen- * ich hatte an sich nicht vo"r- * weil mein anwalt mir
   das geraten hat- * äh da nichts zu zu sagen↓ * ich kann ihnen
   vielleicht auch ein paar sachen sagen
```

[3002/31: 41/4ff.]

Was Herrn Pech zu der Umorientierung seiner Haltung bewogen haben mag, bleibt angesichts der unklaren Referenz *wenn das so ist* undeutlich (was: *das*? wie: *so?*). Jedenfalls ist der Effekt, daß er die mit seinem Anwalt verabredete Verweigerungshaltung aufgibt und sich einen Schritt weit auf das Verfahren einläßt und in der Folge eine Darstellung der Konflikt-Konstellation und der Vorgänge in dem Haus, in dem die Streitparteien wohnen, gibt. Am Ende dieser Darstellung reformuliert er seine ursprüngliche Position:

```
B: ich hab beschimpfungen geerntet- * →und seit de"m habe ich mit
   dem mann kein wo"rt mehr geredet- * ich ha"b es versu"cht- *
   und da er diesen versuch nicht wahrhaben wollte mißla"ng- *
   tut=s mir schrecklich leid- * →ich weiß nicht wie herr gehlenberg
   zu diesen sachen kommt-← * ich kann=s mir denken↑ * ich
   will hier aber keine- * unbeweisbaren beschuldigungen aussprechen-
   ich kann diese sache nur vor gericht tragen →und ich
   werde sie gewinnen-← * das weiß ich- ** warum das kann ich
   jetzt nicht sagen- ** ich kann dem herrn gehlenberg nur raten
   diese entschuldigungen vor →diese anschuldigungen zurückzunehmen←
   das wär das be"ste für ihn↑ * ansonsten- * scheue ich da
   gar keine kosten- * bewei"sen kann ich es↓
```

[3002/31: 45/1ff.]

Diese Darstellung folgt zwar seiner ursprünglichen Position der Verweigerung, enthält aber über die Verweigerungserklärung hinaus ein zusätzliches inhaltliches Element *ich werde sie gewinnen- * das weiß ich- ** warum das kann ich jetzt nicht sagen.* Vergleicht man die bisherigen Verweigerungserklärungen von Herrn Pech auf ihre Propositionen hin, ergibt sich folgendes Bild:

| 16/2 - 17/2 | 21/1 - 22/3 | 33/5 - 36/1 | 42/4 - 47/2 |
|---|---|---|---|
| diese sachen sind vollkommen aus der luft gegriffen | | | |
| ich könnte den herrn g nur auffordern sie hier und sofort zurückzunehmen | wenn der herr g das nicht zurücknimmt macht er nen schwerwiegenden fehler | | ich kann dem herrn g nur raten diese anschuldigungen zurückzunehmen |
| ansonsten hätte das rechtliche folgen für ihn | ich werds nicht sonst auf sich beruhen lassen | ich werde diese sache vor gericht austragen lassen | ich kann diese sache nur vor gericht tragen |
| mehr kann ich zu dem sachverhalt hier nicht sagen | ich kann da nur zu sagen | ich möchte da nichts weiter zu sagen | nichts zu zu sagen |
| der rechtsanwalt hat mir das geraten | | | weil mein anwalt mir das geraten hat |
| | es liegen beweise vor und auch zeugen vor die das widerlegen können | | |
| | das ist für mich schwerwiegende anschuldigung | | |
| | | | ich werde sie gewinnen das weiß ich warum das kann ich jetzt nicht sagen |

Wie man im Vergleich sieht, ergänzt Herr Pech seine erste Stellungnahme in seinen weiteren Einlassungen um weitere – drei – Aspekte; in zwei dieser drei Aspekte gibt Herr Pech Gründe an, aufgrund deren er seine Verweigerungshaltung dem aktuellen Verfahren gegenüber einnimmt: Er verfügt über Beweise und Zeugen, durch die er die Anschuldigung vor Gericht widerlegen kann und er ist sicher, ein Gerichtsverfahren zu gewinnen. Damit, daß er diese Gründe formuliert, hat sich Herr Pech einen Schritt weit in die Verfahrensabwicklung eingelassen: Er erklärt nicht mehr nur, daß er sich nicht beteiligen will, sondern gibt Gründe für diese Haltung an, wenn auch die Gründe selbst noch nicht detailliert werden. Dieses Sich-Einlassen besteht erstens darin, daß seine Gründe diskutierbar und im Rahmen des Schlichtungsverfahrens behandelbar werden, zweitens darin, daß er implizit das aktuelle Verfahren als Rahmen oder Forum für die Darstellung dieser Gründe akzeptiert und drittens darin, daß sich aus der Angabe seiner Gründe eine Detaillierungsimplikation ergibt derart, daß er entweder gefragt werden kann, welches denn die Gründe sind oder er selbst sich veranlaßt sehen kann, die Gründe – wo sie nun schon mal ins Gespräch gebracht sind – im einzelnen auch anzugeben. Herrn Pechs Offenlegung seiner Beweggründe zielt offenbar darauf ab, „neues Geschütz" aufzufahren, mit dem sein Gegner dazu veranlaßt werden soll, seine Anschuldigung fallenzulassen. Der Preis, den Herr Pech dafür zahlt, ist der, einen Schritt von seiner ursprünglichen Verhandlungsposition abgerückt zu sein. Wir werden gleich sehen, daß Herrn Pechs Geschütz gar zum „Rohrkrepierer" wird: Der Schiedsmann nämlich stuft seine Beweggründe in ihrer Relevanz herunter, die Wirkung verpufft. Durch seinen Einigungsvorschlag veranlaßt er außerdem Herrn Pech, seine Deckung ein weiteres Stück aufzugeben und die mystifizierten Gründe für seine Verhandlungssicherheit preiszugeben.

– Relevanzabstufung

**C: also- * ich will ihnen mal jetzt folgendes sagen- * ob sie
ihren anwalt jetzt einschalten oder nicht- * das ist zunächst
völlig sekundär-**

**[3002/31: 8/1ff.]**

– Einigungsvorschlag

**C: was ist nun da dran wenn sie zum beispiel äh sich entschuldigen-
* daß sie das gesagt haben↓ * das ist doch- * >äh< ist
doch keine tragische geschichte- -**

**[3002/31: 9/3ff.]**

Herr Pech bestreitet daraufhin die Präsupposition des Einigungsvorschlags, nämlich die Faktizität des Geschehens:

**B: <ich hab es aber nicht gesagt-> * das ist ja das ganze↓**

**[3002/31: 50/1]**

woraufhin der Schiedsmann diese Faktizität durch Anrufung der Zeugin zu etablieren sucht:

C: sie ham doch jetzt drei gegen sie-
B: ja und das sagt

C: wir haben- doch drei zeugen wir haben doch herr frau
B: doch nichts-

C: gehlenberg und frau boldte- * die ham=es doch nun gehört
nun können sie doch nicht sagen wir ham=s das nie gesagt-

[3002/31: 50/2ff.]

Dieser Instanz der Zeugin setzt Herr Pech daraufhin eine Beweisinstanz entgegen und, vom Schlichter zur Detaillierung aufgefordert, deckt den *witz* der Anschuldigung auf:

C: ja mir-
B: genau das kann ich machen- * ich kann=s sogar

C: ja wie wollen sie das beweisen↑ * ich weiß es
B: bewei"sen-*

C: zwar nicht aber wie sie=s beweisen wollen-
B: an diesem

C: sie ham
B: fraglichen tag- * an diesem dreiundzwanzigsten-

C: doch gar keine zeugen- wen denn↑
B: doch die hab ich- * ich bin garnicht

B: an dem tag in dem garten gewesen wir warn garnicht zuhause- *
das ist ja der witz dabei- *

[3002/31: 50/5ff.]

Diese Tatsache, zum angeschuldigten Zeitpunkt gar nicht vor Ort gewesen zu sein, ist offenbar jener Trumpf, den Herr Pech in seiner vorhergegangenen Einlassung nur dunkel angedeutet hatte und von dem er an jener Stelle erklärt hatte, ihn nicht preisgeben zu können. Nun hat er es doch getan. Und wieder zerrinnt ihm sein Trumpf zwischen den Händen: Der Schlichter fokussiert die Verhandlung ungerührt auf die Äußerung, die Herr Pech zur Last gelegt wird, ohne auf das Argument weiter einzugehen, bemüht wiederum die Zeugin zur Stützung und schließt wiederum seinen Einigungsvorschlag unmittelbar an:

C: es geht hier darum- ** daß sie das gesagt haben- * solle:"n nicht
B: hab ich nicht↓

C: ich bin mal sehr vorsichtig- * und nach aussagen von herrn
B: ja↑

C: und frau gehlenberg sowohl auch auch von der zeugin frau bolde-

```
C: * äh besteht das ja zu recht↓ * nich wahr also haben sie das ja

C: auch gesagt was steht da↑ * was-
B:             nein das hab ich nicht gesagt das können sie sich

C:                                  do:ch das genügt was was liegt denn
B: überhaupt auf grund dieser-

C: nun da drin- * wenn sie sich entschuldigen↑ ** ob   dieser
B:                                                ich↑

C: ausdrücke- * ist doch- * ist der fall doch erledigt-
B:              wer hat↑
```

[3002/31: 54/3f.]

Nach diesem weiteren Durchmarsch durch das gesamte Schlichtungsprogramm läßt sich Herr Pech zum ersten Mal konkret auf eine der gegen ihn erhobenen Anschuldigungen ein:

```
B: das mit der zeitung kann ich auch ganz klarlegen- * es ist vor
   cirka ü"ber einem jahr gewesen↑ * daß das ruhrblatt- * ein
   gewinnspiel gestartet hat-
```

[3002/31: 56/1f.]

(Der ganze Text befindet sich in Kap. 3.5.2.)

Mit diesem Beitrag rückt Herr Pech noch weiter von seiner zu Beginn des Gesprächs geäußerten Haltung ab und läßt sich einen weiteren Schritt weit auf die Bearbeitung des Schlichtungsgegenstandes ein. Mit der Formulierung einer rivalisierenden Beschreibung hat er (zwar) auf der propositionalen Ebene der Anschuldigung eine andere Version des Geschehens entgegengesetzt, auf der Handlungsebene (aber) hat er den typischen erwartbaren Zug des Angeschuldigten vollzogen und sich damit konstruktiv an der Abwicklung des Schlichtungsschemas beteiligt und dieses Schema damit als für die aktuelle Situation gültiges bestätigt.

Herr Gehlenberg reagiert auf diese rivalisierende Beschreibung mit einer Gegendarstellung, die er mit einem globalen Angriff auf Herrn Pechs Glaubwürdigkeit einleitet:

```
A: also ich muß leider sagen- * sowie" herr pech das mund/ äh
   sein mundwerk aufmacht- * lügt er-
```

[3002/31: 58/4f.]

Auch an dieser Stelle läßt sich das bereits beschriebene Muster der Interaktionsdynamik beobachten:

Wenn Herr Pech sich an der Schemaabwicklung beteiligt (zur Anschuldigung Stellung nimmt) wird diese Beteiligung gegen ihn verkehrt, im konkreten Fall dadurch, daß seine Glaubwürdigkeit in Frage gestellt wird.

Herr Gehlenberg geht nach diesem globalen Angriff zu seiner Gegendarstellung über, in der er mit *das mit der zeitung* noch einen weiteren Streitpunkt anspricht und aus seiner Sicht darstellt.

Auch zu diesem Streitpunkt nimmt Herr Pech daraufhin Stellung *der sachverhalt ist nämlich folgendermaßen gewesen ...* . Danach lenkt Herr Pech den Fokus auf die Anschuldigung selbst zurück: *zu wem soll ich das denn gesagt haben- * das geht- * geht aus dem brief ja garnicht hervor-.*
Der Schiedsmann spezifiziert die Anschuldigung: *das das haben sie zu herrn gehlenberg gesagt >und zu frau boldte<↑.* Herr Pech reagiert auf diese reformulierte Anschuldigung mit einer paradoxen Frage *ja↑ * hab ich das gemacht↑.* Paradox ist diese Frage deshalb, weil sie im Rahmen dieses Verfahrens gerade an ihn gerichtet ist. An den Schlichter gerichtet, läßt sie sich paraphrasieren als „Sie wissen besser als ich, was ich getan habe. Daß ich etwas dazu sage, ist überflüssig." Der Schlichter behandelt die paradoxe Frage als „richtige" Frage: *jawoll- * ist doch ganz klar-.*
Herr Pech jedoch findet mit seiner Frage zu seiner ursprünglichen Haltung zurück, sich auf nichts einzulassen: *gut- * ich weise das zurück.* Aber der Interaktionskontext ist nunmehr ein anderer als zu Beginn des Gesprächs und Herrn Pechs Reformulierung seiner Haltung erfolgt jetzt auf dem Hintergrund einer Interaktionsgeschichte von rivalisierenden Beschreibungen, persönlichen Angriffen und aufgeheizter Atmosphäre. Als der Schlichter in ungeduldigem Tonfall eine Spezifizierung verlangt *was heißt denn sie weisen das zurück↑* und Herr Pech diesem Verlangen nachkommt *ich habe diese diese wörter gar nicht benutzt- * nie- * an dem fraglichen-* entwickelt sich zwischen den Beteiligten ein lebhafter Streit, in dessen Verlauf sich die Beteiligten der unterschiedlichsten Vergehen beschuldigen, und die komplexe Konfliktgeschichte zwischen den Beteiligten lebt wieder auf; die Beteiligten geraten wieder in Streit miteinander, der Streit hat die Schlichtungssituation eingeholt.

```
B: ich habe dieses dieses wörter garnicht benutzt- * nie- *

A:                          (LACHT)
Z: das ist ihr sprachschatz-
B: an dem fraglichen-                das ist ne das ist ne

A:                                   der lü:gt-
Z:                      nein- * nein-          sie ham mich
B: frechheit von ihnen-

A:                      (...)        (...)
Z: auch schon de"rart beleidigt-
B:                                   →ich bin von ihrem mann und
```

B: von- * sie" haben- * sie wollten mir doch auch schon=n

Z: das stimmt- ** da
B: schuh in=s gesicht werfen-←* nur weil- un (...)

Z: haben sie mich gereizt-
B: ich hab sie" nicht gereizt- **

Z: doch natürlich- sie haben (...)
B: auf keinen fall- ** ich hab mich nur drüber aufgeregt daß

B: ihr mann mich- * da tätlich bedroht hat- * mich erschla"gen wollte oder sonst irgendwelche sachen↓

[3002/31: 65/4ff.]

Ich breche die Fallbeschreibung an dieser Stelle ab.

Die Verstrickungen Herrn Pechs in die Schlichtungsabwicklung sind an dieser Stelle jedoch keineswegs zu Ende. Obwohl er immer wieder versucht, sich den Schlichtungsanstrengungen des Schiedsmanns zu entziehen, gerät er mit nahezu jedem Versuch tiefer in den schlichtungscharakteristischen Zusammenhang von Konfliktdeutungen und Einigungsvorschlägen. Zum Abschluß dieser Fallanalyse will ich das an zwei späteren Passagen zeigen:

(1) Das Entwerten des Trumpfes

Als es im Verlauf der Verhandlung darum geht, ob Herrn Pechs Haltung, die Anschuldigung zu bestreiten, Bestand hätte, spielt Herr Pech seinen Trumpf aus: *also ich kann beweisen daß ich an dem fraglichen tag garnicht zuhause gewesen bin↓*. In dieser Formulierung macht Herr Pech jenen Sachverhalt explizit, den er zu Beginn der Verhandlung als nicht mitteilbar markiert hatte (*ich werde sie gewinnen das weiß ich warum das kann ich jetzt nicht sagen*), und die er später als neuralgischen Punkt der Anschuldigung gekennzeichnet hatte (*ich bin garnicht an dem tag in dem garten gewesen wir waren garnicht zuhause- * das ist ja der witz dabei-*).
An der oben zitierten Stelle wird dieser Sachverhalt als beweisbar und damit gerichtsrelevant und -wirksam gekennzeichnet. Angesichts dieses Sachverhalts hätte Herrn Gehlenbergs Anschuldigung vor Gericht wahrscheinlich keinen Bestand. Der Schlichter jedoch nutzt den Rahmen der Schlichtungsverhandlung aus, um Herrn Pechs Trumpf zu entkräften:

C: das- * also herr pech herr-
A2: wenn ich mal äh hm was sagen

A2: dürfte ich-
B: ich mein ich will auch den ärger aus dem haus haben-

C: ah dann machen se=s- kinders- * w/ wir sind doch hier
A2: ich-

C: nicht päpstlicher als der pa"pst- ** dieses- * ganze was wir
hier machen↑ * ich sitze hier auch ehrenhalber hier-

[3002/31: 90/5ff.]

Mit seinem *kinders- * w/ wir sind doch hier nicht päpstlicher als der pa"pst-* bemüht er den (immer wieder beschworenen) informellen Charakter der Schlichtungssituation als Ressource, um Herrn Pechs Argument den Wind aus den Segeln zu nehmen: Was vor Gericht als Einwand ausgereicht hätte, um die Anschuldigung in sich zusammenbrechen zu lassen, definiert der Schiedsmann als übertriebene Genauigkeit, die zum Charakter des Schlichtungsverfahrens als informellem Verfahren nicht paßt und über die man als Bagatelle hinweggehen kann. An späterer Stelle nutzt der Schlichter den Schlichtungsrahmen nochmals in der gleichen Weise als Ressource gegen Herrn Pechs Trumpf:

C: also- * herr pech bedauert den vorfall vom dreiundzwanzigsten
mai fünfundachtzig- ** und entschuldigt sich für die- * ob das

C: datum ob das ob das nun am zwanzig/ ob das nun am donnerstag war

C: <u>oder am dienstag- ** und</u> entschuldigt sich für die- *
Z: <u>ja die:nstag- * ka:nn-</u>

C: beleidigende entschuldigt sich für die- * beleidigende
äußerung über herrn gehlenberg↓*

[3002/31: 130/2ff.]

So endet Herrn Pechs Trumpf als nebensächliche Ungenauigkeit der Sachverhaltsfeststellung, über die man hinweggehen kann. Dieses Drüberweggehenkönnen findet sich auch auf syntaktischer und textueller Ebene des Redebeitrags und führt rhetorisch betrachtet dazu, daß es Herrn Pech schwergemacht wird, diesen Punkt nochmals aufzugreifen.
Wichtig für die analytische Einschätzung dieser Passage ist, daß diese Umdefinition von Herrn Pechs Trumpf der Konstitution des Schlichtungsrahmens als Definitionsrahmen bedarf und Herr Pech zur Konstitution dieses Rahmens durch seine Einlassungen beigetragen hat.

(2) Das Ausspielen der Krankheit

In der Verhandlung finden sich eine ganze Reihe von Anstrengungen des Schiedsmanns, Herrn Pech zum Einlenken auf seinen Einigungsvorschlag, sich bei Herrn Gehlenberg zu entschuldigen, zu bewegen. In einem dieser Anläufe schreibt der Schlichter Herrn Pech die Eigenschaft zu, *schnell mit=dem wort* zu sein.

C: nein herr herr herr- * pech machen se doch nicht- *
B: ach-

C: bitte machen se doch keinen fehler- ich darf sie noch ein/ machen sie doch bitte keinen fehler ** also ich unterstelle zunächst daß herr gehlenberg und frau boldte

C: ehrenwerte leute sind- * wie sie wissen-

B: da sag ich auch

C: nich- * punkt und daß sie- * etwas schnell mit=em wort

B: nichts andres zu

C: sind- ** nich↑ das * geht aus dieser verhandlung auch

B: (...)

C: hervor- * und wenn sie nun-

B: (... ...) gut äh- *

[3002/31: 112/2ff.]

Absicht des Schiedsmanns ist es offenbar, plausibel zu machen, daß das inkriminierte Geschehen sich tatsächlich ereignet hat. Bevor er jedoch dazu kommt, diese Konsequenz zu formulieren, wird er von Herrn Pech unterbrochen:

B: (... ...) gut äh- * nein da möcht ich noch das ist

C: ja- bitte was↑

B: wichtig- * ich bin schilddrüsenkrank↓ ich bin

B: schi"lddrüsenkrank- * ich bin lei"cht erregbar↓ * das

C: ja da müssen sie sich noch mehr

B: möcht ich dazu sagen↓

C: beherrschen↓

B: ja das weiß ich- * aber deswegen rutschen

B: mir solche sachen auch nicht raus- * deswegen kann man das

B: nicht verallgemeinern↓

[3002/31: 113/2ff.]

Die Zielsetzung, die Herr Pech an dieser Stelle mit der Einführung seiner Erkrankung verbindet, ist nicht eindeutig zu bestimmen: Entweder wendet er sich gegen die Darstellung, eine beleidigende Äußerung sei ihm „rausgerutscht" und will stattdessen betonen, für die Äußerung aufgrund seiner Krankheit überhaupt nicht verantwortlich zu sein, oder aber – und das erscheint wahrscheinlicher – er will betonen, daß er besonders, mehr als andere Menschen, sein Verhalten kontrolliert, da er um das Problem seiner „leichten Erregbarkeit" weiß. Wie auch immer die Zielsetzung sein mag, die Reaktion des Schlichters ist deutlich: Er spielt die Disposition von Herrn Pech sofort gegen diesen aus: *ja dann müssen sie sich noch mehr beherrschen* und entwertet den Zug damit in seiner lokalen Funktion. Im weiteren läßt er die

Angelegenheit offen und versucht sich abermals daran, Herrn Pech seinen Einigungsvorschlag schmackhaft zu machen. Später aber wird er die Krankheit wieder aufgreifen und gegen Herrn Pech verwenden: Im Zuge einer komplexen Bearbeitung von Herrn Pech, den Einigungsvorschlag zu akzeptieren, appelliert der Schiedsmann:

```
C: da muß man doch mal zu sich kommen und muß sagen also schön- **
   äh ich bin der jüngere und sie sind gar der letzte [im Haus
   eingezogene Mieter] und sie sind sehr leicht erregt und ihre- **

C: schilddrüsen/ äh schilddrüsenerkranku"ng- * (... ... ...)
B:                           mhm sie haben diese auf (... ...)

C: na sehen sie und- * da hab ich mir gesagt da müssen sie
B: (... ... ... ...)

C: sich etwas mehr noch zurückhalten- * wenn man das weiß nich↓ *
   wenn einer zuckerkrank ist dann darf er eben nicht soviel süßes
   essen dann darf er nich so dick werden↑ * und wenn einer erregt
   ist und er weiß das- * dann muß er sich dahin etwas mehr
   zurückhalten↓* also- * ich glaube herr pech wenn sie- * sich
   wegen dieses vorfalls hier- * sagen wir mal hier- * auch uns
   entschuldigen↑

[3002/31: 119/5ff.]
```

In dieser Darstellung taucht Herrn Pechs Krankheit aus dem von ihm eingeführten Kontext heraus auf; sie wird von dem Schiedsmann benutzt, um erstens plausibel zu machen, daß Herr Pech die inkriminierten Beleidigungen geäußert hat und um zweitens den Fall in Gestalt eines allgemeinen Verhaltensregulativs zu formulieren und ihn damit als „klaren Fall" darzustellen: *wenn einer erregt ist und er weiß das- * dann muß er sich dahin etwas mehr zurückhalten↓*. Herrn Pechs Krankheit wird so gegen ihn gewendet.

## 6. Nochmals: Die allmähliche Verfertigung des Streitens beim Reden

Nach einem heftigen Streit befragt, worum es denn gegangen sei, antwortete der Linguist S. I. Hayakawa: „words – just words".
Aber natürlich ist dies nicht die ganze Antwort, denn es ging doch um mehr – man hatte sich gestritten. Zwar sind es „nur Wörter", aus denen der Streit besteht (von allen parasprachlichen Qualitäten des Sprechens, Schreiens und Brüllens einmal abgesehen!), aber im Verlauf des Formulierens und Austauschens dieser Wörter bildet sich der Streit als Gegenstand und Qualität der Interaktion heraus. Der Konflikt-Charakter dessen, worüber die Beteiligten in Schlichtungsgesprächen reden, kommt allmählich, im Verlauf des Redens, zustande.

Dieser Prozeß der allmählichen Verfertigung des Streites in Schlichtungsgesprächen soll abschließend noch einmal herausgearbeitet werden.

Natürlich haben die zwei Beteiligten bereits vor Beginn des Gesprächs ihre Erfahrungen miteinander, gegenseitig Wut aufeinander, vernichtende Urteile übereinander.
Aber mit Beginn des Schlichtungsgesprächs reicht das „Haben" dieser Erfahrungen allein nicht mehr aus, es muß gesprochen werden; mit sprachlosem Schmollen, mit schweigendem Gekränktsein, kommt man durch die metakommunikative Verhandlung der Sache gerade nicht hindurch. Was auch immer vorgefallen sein mag, wie auch immer es wahrgenommen worden sein mag – es muß sprachlich hervorgebracht, in symbolischer Gestalt dargestellt werden.

Aber was der Initiant eines Schlichtungsgesprächs zunächst darstellt, ist nicht „der Konflikt", es ist die Darstellung einer persönlichen Schädigung, geprägt von einseitiger Darstellung, kein Konflikt zwischen den beiden, sondern eine Anschuldigung gegen den anderen, dargestellt in charakteristischen sprachlichen Versatzstücken.

<u>Anschuldigung</u>
Die Klage-Formel
Der Schauplatz
Das Vergehen
Gescheiterte Beschwichtigung
Die Verankerung
Die Schädigung
Das Delikt
Der Codex
Die Forderung

Würde der Beschuldigte diese Darstellung mit allen Implikationen akzeptieren, würde er sich entschuldigen und Kompensation leisten, könnte die Auseinandersetzung beendet sein, noch bevor sie richtig angefangen hat; es fiele schwer, überhaupt von Streit zu sprechen. Tatsächlich aber setzt der Beschuldigte in Schlichtungsgesprächen in der Regel der Anschuldigung Widerstand entgegen: er bestreitet, rechtfertigt, erklärt, weist zurück; und er gründet seine Haltung auf umfangreiche Darstellungen der Wirklichkeit.

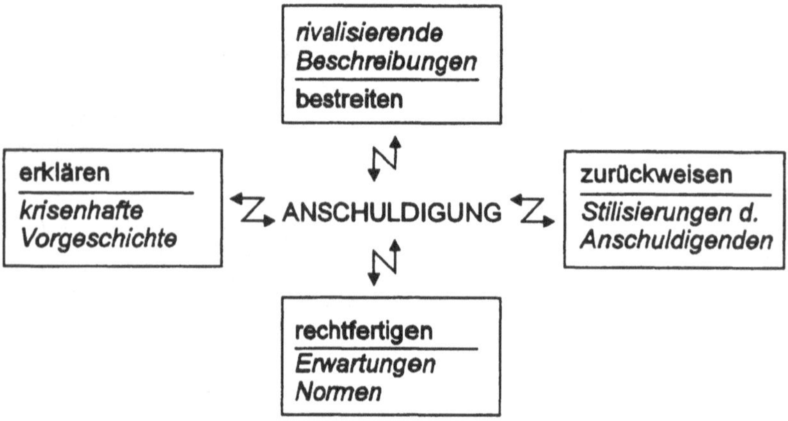


Abb.: Reaktionsstrategien gegen Anschuldigungen und ihre strategischen Mittel (kursiv)

Aufgrund solcher Reaktionen erfährt der Redegegenstand einen qualitativen Sprung:
Zum einen gibt es jetzt auf propositionaler Ebene „Aussage gegen Aussage" – aus der einseitigen Darstellung von Schädigung sind konkurrierende Darstellungen von Wirklichkeit geworden. Zum anderen manifestiert sich auf der Handlungsebene Widerstand gegen die Anschuldigung und damit wird das, was als prototypisch für einen Streit gilt, das antagonistische Moment, in der Schlichtungssituation selbst leibhaftig.

Daraufhin passieren mehrere Prozesse gleichzeitig:

Der Schlichter stellt aus den divergierenden Darstellungen der Streitparteien (wenn man sie mittlerweile so bezeichnen kann) überhaupt erst einmal eine übergreifende, zusammenhängende, beide Schilderungen integrierende Darstellung her, er faßt den Bezug der beiden zueinander in ein griffiges Konzept, bringt ihn auf einen alltagsweltlich suggestiven Begriff. Angesichts des bis dahin etablierten Kontextes handelt es sich in der Regel um Konzepte und Begriffe, in denen der streitige Charakter der Sozialbeziehung zwischen den beiden Parteien in Rechnung gestellt ist, den Begriffen als Präsupposition zugrundeliegt oder durch sie eigens formuliert wird: ***daß ihr streit ghabt hett ...***

Der Streit gewinnt damit eine zusätzliche Qualität als Konzept, auf dessen Grundlage das debattierte Geschehen interpretiert, diskutiert und formatiert werden kann. ***was auch immer passiert sein mag***, es wird durch das Schlichter-Handeln zu
- einem entschuldbaren Vergehen,
- einem normierten Vergehen,
- einem minimal-gesicherten Vergehen,
- einem Bestandteil eines institutionellen Bearbeitungsgangs.

Diese Formatierungsaktivitäten des Schlichters erfolgen in Auseinandersetzung und im Zusammenspiel mit den Beiträgen der Streitparteien. Diese nehmen auf die Darstellungen des je anderen Bezug, setzen sich mit ihnen kontrovers auseinander, zerpflücken Gegnerversionen, beschwören eigene Glaubwürdigkeit, diskreditieren den anderen, streiten miteinander, geraten in Muster des Bezugnehmens hinein, die im Laufe des Gesprächs selbst Konflikt-Qualität erhalten. Hier kommt es wiederum zu einem qualitativen Sprung: Der Konflikt ist nicht mehr nur Redegegenstand, sondern wird zum generierenden Prinzip im kommunikativen Umgang der Beteiligten miteinander, wird gleichsam in die Struktur der Interaktion selbst implementiert.
Wie die Streitparteien miteinander umgehen, enthüllt mehr über ihren Streit als die vielen Worte, in denen sie ihre Positionen darstellen. Der Konflikt
- wird verschleppt,
- eskaliert,
- stagniert.

Die Vorgeschichte wird wiederbelebt und die Beteiligten verstricken sich in die Auseinandersetzung.
In ihrer metakommunikativen Auseinandersetzung geraten die Beteiligten jetzt in die Bahnen dieser Auseinandersetzung selbst.

Im Zuge dieser Auseinandersetzung stabilisieren sich zusätzlich auch die Interpretationshaltungen, aus denen die Streitparteien das Gesprächsgeschehen wahrnehmen und erleben; unaufgelöste Mißverständnisse, gescheiterte Reparaturanstrengungen fördern globale Beurteilungen des Gegners, der „einfach nicht will", „auf stur schaltet", „sich dumm stellt" etc.

So kommt es insgesamt zum Schlagabtausch kontroverser Darstellungen, zum Wechselspiel vorgefaßter Meinungen und Haltungen, die sich im Verlauf des Gesprächs nur allzuleicht bestätigen lassen, zu stillschweigenden Unterstellungen des Streits durch den Schlichter, zum Wiederaufleben der alten Konflikt-Konstellation aufgrund der sich entwickelnden Gesprächsdynamik, in deren Bahnen die Parteien geraten und in denen sie sich festfahren. „Just words"? – Der Streit kann letztendlich die Qualität einer als übermächtig erlebten Existenzweise gewinnen, die die Beteiligten in ihren Handlungsmöglichkeiten einengt, sie lähmt oder die Qualität eines Zwangs, der die Beteiligten in seinen Bann schlägt. Die Gesprächspassagen, in denen die Beteiligten nur noch schweigen, und die, in denen sie nicht aufhören zu streiten, legen Zeugnis von beiden Varianten der Verdinglichung ab.

„Just words"? Ja und Nein. Wenn es denn etwas zu schlichten gibt, wird man dieses dialektische Verhältnis zur Grundlage nehmen müssen.

## 7. Literatur


Apeltauer, Ernst (1977): Elemente und Verlaufsformen von Streitgesprächen. Münster. (Diss. masch.).

Auwärter, Manfred/Kirsch, Edith (1982): Die Generierung fiktionaler Realität im kindlichen Handpuppenspiel. In: Soeffner, H.G. (Hg.): Beiträge zu einer empirischen Sprachsoziologie. Tübingen. S. 91-114.

Bennett, W.L./Feldmann, M.S. (1981): Reconstructing Reality in the Courtroom. London.

Berens, Franz Josef et al. (1976): Projekt Dialogstrukturen. Ein Arbeitsbericht. München.

Berne, Eric (1967): Spiele der Erwachsenen. Reinbek.

Bliesener, Thomas (1984): Gesprächskrisen. Opladen.

Bliesener, Thomas/Köhle, Karl (1986): Die ärztliche Visite. Chance zum Gespräch. Opladen.

Bliesener, Thomas/Nothdurft, Werner (1978): Episodenschwellen und Zwischenfälle. Zur Dynamik der Gesprächsorganisation. Hamburg.

Bogoch, Bryna/Danet, Brenda (1984): Challenge and control in lawyer-client-interaction: A case study in an Israeli Legal Aid office. In: Text 4, S. 249-275.

Caesar-Wolff, Beate (1984): The construction of 'adjudicable' evidence in a West German civil hearing. In: Text 4, S. 193-223.

Comaroff, John/Roberts, Simon (1981): Rules and Processes. Chicago, London.

Cresswell, Max J. (1979): Die Sprache der Logik und die Logik der Sprache. Berlin.

Dieckmann, Walter/Paul, Ingwer (1983): „Aushandeln" als Konzept der Konversationsanalyse. Eine wort- und begriffgeschichtliche Analyse. In: Zeitschrift für Sprachwissenschaft 2, S. 169-196.

Ehlich, Konrad (1986): Interjektionen. Tübingen.

Ehrich, Veronika/Koster, Charlotte (1983): Discourse Organization and Sentence Form: The Structure of Room Descriptions in Dutch. In: Discourse Processes 6, S. 91-105.

Felstiner, William et al. (1980): The Emergence and Transformation of Disputs: Naming, Blaiming, Claiming. In: Law and Society Review 15, S. 631-653.

Frankenberg, Hartwig (1979): Familienkonflikte und ihre sprachliche Bewältigung. Frankfurt/M.

Fritz, Gerd/Hundsnurscher, Franz (1975): Sprechaktsequenzen. Überlegungen zur Vorwurf/Rechtfertigungs-Interaktion. In: Der Deutschunterricht 27, S. 81-103.

Galtung, Johan (1972): Institutionalisierte Konfliktlösung – ein theoretisches Paradigma. In: Bühl, W. (Hg.): Konflikt und Konfliktstrategie. München. S. 113-177.

Gessner, Volkmar (1976): Recht und Konflikt. Tübingen.

Glaser, Barney/Strauss, Anselm (1965): Awareness of Dying.

Glasl, Friedrich (1980): Konfliktmanagement. Stuttgart u. Bern.

Gülich, Elisabeth/Kotschi, Thomas (1987): Reformulierungshandlungen als Mittel der Textkonstitution. In: Motsch, W. (Hg.): Satz, Text, sprachliche Handlung. Berlin. S. 199-261.

Gulliver, Philip H. (1973): Negotations as a Mode of Dispute Settlement: Towards a General Model. In: Law and Society Review 7, S. 667-691.

Habermas, Jürgen (1976): Was heißt Universalpragmatik? In: Apel, Karl Otto (Hg.): Sprachpragmatik und Philosophie. Frankfurt/M. S. 174-272.

Haley, Jay (1963): Strategies of Psychotherapy. New York.

Heritage, John (1978): Aspects of the flexibility of natural language use: a reply to Philipps. In: Sociology 12, S. 79-103.

Hoffmann, Ludger (1983): Kommunikation vor Gericht. Tübingen.

Hoffmann, Ludger (1990): Vom Ereignis zum Fall. Sprachliche Muster der Darstellung und Überprüfung von Sachverhalten vor Gericht. In: Schönert, J. (Hg.): Erzählte Kriminalität. Zur Typologie und Funktion von narrativen Darstellungen in Strafrechtspflege, Publizistik und Literatur. Tübingen. S. 87-115.

Hoffmann, Ludger/Nothdurft, Werner (1989): Kommunikation und Kommunikationsprobleme in Institutionen. In: Förster, J. et al. (Hg.): Wozu noch Germanistik? Stuttgart. S. 118-132.

Holly, Werner (1979): Imagearbeit in Gesprächen. Zur linguistischen Beschreibung des Beziehungsaspekts. Tübingen.

Juchem, Johann/Schmitz, Hans Walter (1985): Über Aushandeln und unproblematische Kommunikation bei Dieckmann/Paul. In: Zeitschrift für Sprachwissenschaft 4, S. 94-101.

Kallmeyer, Werner (1979): Kritische Momente. Zur Konversationsanalyse von Interaktionsstörungen. In: Frier, Wolfgang/Labroisse, Gerd (Hg.): Grundfragen der Textwissenschaft. Amsterdam. S. 59-109.

Kallmeyer, Werner (1981): Aushandlung und Bedeutungskonstitution. In: Schröder, Peter/Steger, Hugo (Hg.): Dialogforschung. Düsseldorf. S. 89-127.

Keller, Monika (1984): Rechtfertigungen. Zur Entwicklung praktischer Erklärungen. In: Edelstein, Wolfgang/Habermas, Jürgen (Hg.): Soziale Interaktion und soziales Verstehen. Beiträge zur Entwicklung der Interaktionskompetenz. Frankfurt/M. S. 253-299.

Klein, Wolfgang (1995): Schlichten in der Vergleichsbehörde. Die Herbeiführung von Einigung. In: Nothdurft, Werner (Hg.): Streit schlichten. Berlin. S. 29-133.

Klein, Wolfgang/Nothdurft, Werner (1987): „Die Rauferei" oder „dat andere thema". Einführende Bemerkungen zur Gesprächsanalyse einer Güteverhandlung vor dem Schiedsmann. In: Röhl, Klaus F. (Hg.): Das Güteverfahren mit dem Schiedsmann. Soziologische und kommunikationswissenschaftliche Untersuchungen. Köln. S. 543-564.

Labov, William (1976): Regeln für rituelle Beschimpfungen. In: Labov, William: Sprache im sozialen Kontext. Bd. 2. Kronberg.

Labov, William/Fanshel, David (1977): Therapeutic Discourse. Psychotherapy as Conversation. New York etc.

Lakoff, George (1987): Woman, Fire and Dangerous Things. Chicago.

Lewandowski, (1976): Linguistisches Wörterbuch. Bd.2. 2. Auflage Heidelberg.

Loftus, E./Palmer, J.C. (1974): Reconstruction of Automobile Destruction: An Example of the Interaction between Language and Memory. In: Journal of Verbal Learning und Verbal Behavior 13, S. 585-589.

Mummendey, Amelie et al. (1982): „Aggressiv sind immer die anderen." Plädoyer für eine sozialpsychologische Perspektive in der Agressionsforschung. In: Zeitschrift für Sozialpsychologie 13, S. 177-193.

Nader, Laura/Todd, Harry F. (1978): Introduction. In: Nader, L./ Todd, H.F. (eds.): The Disputing Process. Law in Ten Societies. New York. S. 1-40.

Nothdurft, Werner (1984): „... äh folgendes problem äh ...": Die interaktive Ausarbeitung 'des Problems' in Beratungsgesprächen. Tübingen.

Nothdurft, Werner (1986): Zündstoff. Das Management explosiver Sachverhalte in Schlichtungsgesprächen. In: Worstbrock, F.J./Koopmann, H. (Hg.): Formen und Formgeschichte des Streitens. - Der Literaturstreit. Bd. 2 der Akten des VII. Internationalen Germanisten-Kongresses, Göttingen 1985. Tübingen. S. 12-23.

Nothdurft, Werner (1987a): Die Ordnung des Konflikts. Gesprächsanalyse der Konfliktbehandlung. In: Röhl, K.F. (Hg.): Das Güteverfahren vor dem Schiedsmann. Soziologische und kommunikationswissenschaftliche Untersuchungen. Köln. S. 565-609.

Nothdurft, Werner (1987b): Gesprächsanalyse subjektiver Konflikt-Organisationen. Ein natürliches Design zur Rekonstruktion individuellen Konfliktverständnisses. In: Bergold, Jarg/Flick, Uwe (Hg.): Ein-Sichten. Zugänge zur Sicht des Subjekts mittels qualitativer Forschung. Tübingen. S. 98-114.

Nothdurft, Werner (1989): Interaktive Paradoxa konsensueller Konfliktlösung. Der Fall des „Schiedsmanns". In: Hoffmann, L. (Hg.): Rechtsdiskurse. Untersuchungen zur Kommunikation im Gerichtsverfahren. Tübingen. S. 197-215.

Nothdurft, Werner (1994): Kompetenz und Vertrauen in Beratungsgesprächen. In: Nothdurft, Werner et al.: Beratungsgespräche. Analyse asymmetrischer Dialoge. Tübingen. S. 183-228.

Nothdurft, Werner (1995a): Gesprächsanalyse von Schlichtung. Die Geschichte eines Forschungsprojekts und die Entwicklung seiner Ergebnisse. In: Nothdurft, Werner (Hg.): Streit schlichten. Berlin. S. 1-26.

Nothdurft, Werner (1995b): „... und wie is es mit kulanz?" Schlichtung in einer Schiedsstelle für den Gebrauchtwagenhandel. In: Nothdurft, Werner (Hg.): Streit schlichten. Berlin. S. 364-421.

Nothdurft, Werner (i.V.): Subjektive Konfliktorganisation. Eine systematische Darstellung gesprächsanalytischer Beobachtungen zur Konfliktsicht von Streitparteien in Schlichtungsgesprächen. (Habilitationsschrift).

Pander-Maat, Henk (1985): Argumentation: Zur Charakterisierung und Abgrenzung eines Forschungsgegenstandes. In: Studium Linguistik 16, S. 1-21.

Pollner, Melvin (1987): Mundane reason. Reality in everyday and sociological discourse. Cambridge.

Quasthoff, Uta (1980): Gemeinsames Erzählen als Form und Mittel im sozialen Konflikt oder Ein Ehepaar erzählt eine Geschichte. In: Ehlich, Konrad (Hg.): Erzählen im Alltag. Frankfurt/M. S. 109-141.

Redder, Angelika (1984): Modalverben im Unterrichtsdiskurs. Pragmatik der Modalverben am Beispiel eines institutionellen Diskurses. Tübingen.

Rehbein, Jochen (1972): Entschuldigungen und Rechtfertigungen. In: Wunderlich, Dieter (Hg.): Linguistische Pragmatik. Frankfurt/M. S. 288-317.

Rehbein, Jochen (1976): Planen I, II. Planbildung in Sprechhandlungssequenzen. Trier.

Reitemeier, Ulrich (1995): Der Streit mit dem Handwerker. Zur Mikrosoziologie der Güteverhandlung vor der Handwerkskammer. In: Nothdurft, Werner (Hg.): Streit schlichten. Berlin. S. 268-363.

Röhl, Klaus F. (1977): Der konfliktsoziologische Ansatz in der Rechtssoziologie. In: Rechtstheorie 8, S. 93-119.

Röhl, Klaus F. (Hg.) (1987): Das Güteverfahren vor dem Schiedsmann. Soziologische und kommunikationswissenschaftliche Untersuchungen. Köln.

Sacks, Harvey (1974): On the Analysability of Stories by Children. In: Turner, R. (ed.): Ethnomethodology. Harmondsworth. S. 216-232.

Sacks, Harvey/Schegloff, Emmanuel (1979): Two preferences in the organization of reference to persons in conversation and their interaction. In: Psathas, G. (ed.): Everyday language. Studies in Ethnomethodology. New York. S. 15-21.

Schank, Gerd (1987): Linguistische Konfliktanalyse. Ein Beitrag der Gesprächsanalyse. In: Schank, Gerd/Schwitalla, Johannes (Hg.): Konflikte in Gesprächen. Tübingen. S. 18-98.

Schlegel, Leonhard (1984): Die transaktionale Analyse nach Eric Berne und seinen Schülern. München.

Schönholz, Siegfried (1984): Alternativen im Gerichtsverfahren. Zur Konfliktlösung vor dem Arbeitsgericht unter besonderer Berücksichtigung des Prozessvergleichs. Amsterdam.

Schröder, Peter (1995): Besser ein magerer Vergleich als ein fetter Prozeß. Zur Güteverhandlung im Arbeitsgericht. In: Nothdurft, Werner (Hg.): Streit schlichten. Berlin. S. 134-267.

Schwitalla, Johannes (1987): Sprachliche Mittel der Konfliktreduzierung in Streitgesprächen. In: Schank, Gerd/Schwitalla, Johannes (Hg.): Konflikte in Gesprächen. Tübingen. S. 99-175.

Scott, Marvin B./Lyman, Stanford M. (1976): Praktische Erklärungen. In: Auwärter, M./Kirsch, E./Schröter, K. (Hg.): Seminar: Kommunikation, Interaktion, Identität. Frankfurt/M. S. 73-114.

Spranz-Fogasy, Thomas (1986): 'Widersprechen': Zu Form und Funktion eines Aktivitätstyps in Schlichtungsgesprächen; eine gesprächsanalytische Untersuchung. Tübingen.

Staw, Barry M. (1976): Knee-Deep in the Big Muddy: A Study of Escalating Commitment to a Chosen Course of Action. In: Organizational Behavior and Human Performance 16, S. 27-44.

Staw, Barry M./Ross, Jerry (1987): Behavior in Escalation Situations: Antecedents, Prototypes and Solutions. In: Research in Organizational Behavior 9, S. 39-78.

Sykes, Gresham M./Matza, David (1957): Techniques of Neutralization: A Theory of Delinquency. In: American Sociological Review 22, S. 664-670.

Tedeschi, J.T./Lindskold, S. (1976): Social Psychology. New York.

Ungeheuer, Gerold (1972): Kommunikative und extrakommunikative Betrachtungsweisen in der Phonetik. In: Ungeheuer, Gerold: Sprache und Kommunikation. Hamburg. S. 37-50.

Watzlawick, Paul et al. (1969): Menschliche Kommunikation. Formen, Störungen, Paradoxien. Bern.

Watzlawick, Paul et al. (1974): Lösungen. Zur Theorie und Praxis menschlichen Wandels. Bern.

## 8. Register

## 9. Verzeichnis der Transkriptionszeichen

| | |
|---|---|
| ja **aber**<br>**nein nie** | simultan gesprochene Äußerungen stehen übereinander und sind unterstrichen |
| + | unmittelbarer Anschluß/Anklebung bei Sprecherwechsel |
| * | kurze Pause |
| ** | etwas längere Pause (bis max. 1 Sekunde) |
| ***3,5*** | längere Pause mit Zeitangabe in Sekunden (ggf. Minuten und Sekunden, dann eigens markiert: min.) |
| = | Verschleifung (Elision) eines oder mehrerer Laute zwischen Wörtern (z.B. *sa=mer* für *sagen wir*) |
| / | Wort- oder Konstruktionsabbruch |
| (...) | unverständliche Sequenz (Punkt entspricht Silbe) |
| **(war)** | vermuteter Wortlaut |
| **(gunst?kunst)** | Alternativlautungen |
| ↑ | steigende Intonation (z.B. *kommst du mit↑*) |
| ↓ | fallende Intonation (z.B. *jetzt stimmt es↓*) |
| - | schwebende Intonation (z.B. *ich sehe hier-*) |
| ” | auffällige Betonung (z.B. *aber ge”rn*) |
| : | auffällige Dehnung (z.B.*ich war so: fertig*) |
| ←immer ich → | langsamer (relativ zum Kontext) |
| →immerhin ← | schneller (relativ zum Kontext) |
| >vielleicht < | leiser (relativ zum Kontext) |
| <manchmal > | lauter (relativ zum Kontext) |
| **LACHT** | Wiedergabe nichtmorphemisierter Äußerung auf der Sprecherzeile (im Gegensatz zu z.B.: *ha ha ha*) |
| **IRONISCH** | Kommentar zur Äußerung (auf der Kommentarzeile) |
| **QUIETSCHEN** | nicht-kommunikatives (akustisches) Ereignis in der Gesprächssituation (auf der Kommentarzeile) |
| # # | Extensionszeichen für den Kommentarbereich (auf Sprecher- und Kommentarzeile synchron) |
| [...] | Auslassung in Transkripten (ggf. mit näheren Angaben zum Umfang o.ä.) |